建设工程招标投标政策和收费标准汇编

下册

主　编·周同伟
副主编·朱婧琎　邓 凯

图书在版编目（CIP）数据

建设工程招标投标政策和收费标准汇编：上、下册／周同伟主编. —北京：中国石化出版社，2020.4
ISBN 978-7-5114-5716-5

Ⅰ. ①建… Ⅱ. ①周… Ⅲ. ①建筑工程-招标投标法-汇编-中国②建筑工程-费用-标准-汇编-中国
Ⅳ. ①D922.297.9②TU723

中国版本图书馆 CIP 数据核字（2020）第 041147 号

未经本社书面授权，本书任何部分不得被复制、抄袭，或者以任何形式或任何方式传播。版权所有，侵权必究。

中国石化出版社出版发行
地址：北京市东城区安定门外大街 58 号
邮编：100011 电话：(010)57512500
发行部电话：(010)57512575
http://www.sinopec-press.com
E-mail：press@sinopec.com
北京科信印刷有限公司印刷
全国各地新华书店经销
*
710×1000 毫米 16 开本 48 印张 788 千字
2020 年 4 月第 1 版　2020 年 4 月第 1 次印刷
定价：260.00 元（上下册）

《建设工程招标投标政策和收费标准汇编》
编 委 会

主　　编　周同伟

副 主 编　朱婧琎　邓　凯

执行主编　郭　磊　王　恒

编　　委　欧新刚　雷爱先　严　谨　李爱萍
高永胜　谢志丹　王　平　杨　光
刘　宁　陈东峰　蒋　硕　高秀平
杜　阳　姜继忠　童　欢　赵　月
唐建丽

前　言

工程招投标作为一种竞争性的工程发包方式，是国际普遍做法。20 世纪 80 年代，我国在工程建设领域引入招标投标机制。经过 40 年的发展，我国的招标拍卖制度体系基本健全，对规范建筑市场主体行为、优化配置资源、促进建筑业与国际接轨、健全社会主义市场经济体制发挥了重要作用。为便于政府部门、投资主体、工程建设单位、研究机构掌握工程建设领域招标投标政策和取费标准，规范建设工程招标投标活动，我们对中央和地方出台的招标采购法律法规政策标准作了系统梳理和汇总，形成了《建设工程招标投标政策和收费标准汇编》。

本书分上、下两册。上册是招标投标法律法规政策，按照效力等级排序，收编了法律、法规、规章、规范性文件及司法解释等 7 类 94 个文件；下册是招标投标中的收费规范，收编了 20 个取费标准和依据。本书是从事建筑安装工程招标采购管理的工具书，是政府部门、招投标机构、房地产开发建设单位的实务政策指南，也是高等院校和研究机构从事建安工程招标采购政策研究的参考用书。

本书由北京房山新城投资有限责任公司的周同伟主编，朱婧琎、邓凯副主编，邓凯、郭磊统稿。在编写过程中，得到了北京市房山区建设工程招标投标管理办公室的大力支持，北京房山新城投资有限责任公司的郭磊、杜阳同志提供了全部资料，唐建丽、姜继忠、赵月做了大量整理工作，在此一并表示感谢。

由于编者水平所限，疏漏之处在所难免，恳请批评指正。

目　录

中国勘察设计协会关于市政工程设计服务成本要素信息统计分析情况的通报

（中设协字〔2019〕7 号）

各地方、各部门勘察设计同业协会，解放军工程建设协会，中国勘察设计协会各分支机构，各会员单位：

为充分发挥市场在资源配置中的决定性作用，维护市政工程设计市场公平有序的竞争环境，确保市政工程的设计质量，中国勘察设计协会委托市政工程设计分会组织开展了市政工程设计服务成本要素信息统计分析工作，重点对全国各地区市政工程设计单位 2013 年至 2017 年五个年度市政工程设计服务成本要素信息进行了调查、统计、测算和分析。

本次市政工程设计服务成本调查工作，对全国各地区不同类型的市政工程设计单位进行了抽样调查，主要收集了市政工程设计服务范围和内容、服务收入、服务项目人力资源要素配置、对应市政工程设计工程费的设计基本服务成本（含税金）等大量生产要素数据信息，采集的数据信息在市政工程设计行业具有一定的代表性。

市政工程设计分会组织相关单位对采集的大量数据信息进行了汇总、分析与归纳，并组织行业专家进行了多轮次的研讨和论证，形成了市政工程设计服务两类成本要素信息，一类是市政工程设计服务不同等级工程技术人员的人工成本信息，另一类是对应不同额度工程费的设计基本服务成本（含税金）的信息。现将市政工程设计服务两类成本要素信息予以通报，供市政工程设计市场各相关方参考。

由于市政工程设计市场不断发展变化，中国勘察设计协会将持续开展市政工程设计服务成本要素的调查、统计与分析工作，并不定期进行相关信息通报，以反映市政工程设计市场的成本现状，为维护市政工程设计市场秩序，反对不正当竞争，保证工程设计质量提供信息支持。

附件：

表1　市政工程设计服务人工日法综合成本信息表

职称等级	人工成本(元/天)	职称等级	人工成本(元/天)
正高级技术职称	7105	中级技术职称	4365
高级技术职称	5270	初级及以下技术职称	2790

注：本表适用于市政工程技术服务。

表2　市政工程设计基本服务成本信息表

序号	项目工程费（万元）	设计基本服务成本基数（万元）	工程复杂程度影响系数			
			Ⅰ级	Ⅱ级	Ⅲ级	Ⅳ级
1	200	11.3	0.85	1.0	1.15	1.3
2	500	26.1				
3	1000	48.5				
4	3000	129.8				
5	5000	204.9				
6	8000	312.0				
7	10000	367.3				
8	20000	683.0				
9	40000	1270.1				
10	60000	1825.8				
11	80000	2361.9				
12	100000	2884.0				
13	200000	5118.4				
14	400000	9518.2				
15	600000	13682.1				
16	800000	17700.1				
17	1000000	21612.9				
18	2000000	40191.2				
19	5000000	97500.0				
20	10000000	190000.0				

注：1.“设计基本服务”指设计人根据发包人的委托，按国家法律、技术规范和设计深度要求向发包人提供编制初步设计(含初步设计概算)、施工图设计(不含编制工程量清单及施工图预算)服务，提供相应设计技术交底、解决施工中的设计技术问题、参加竣工验收等服务。

2.“设计基本服务成本基数”(含税金)是设计单位实际发生的成本(含税金)的采样分析数据，项目工程费处于两个数值区间的，采用直线内插法进行成本测算。

3.“工程复杂程度影响系数”是不同工程复杂程度对设计单位基本服务成本基数影响程度的调整系数分析数据。

4.“项目工程费”为经过批准的项目设计概算中的建筑安装工程费、设备与工器具购置费之和。

5.“设计基本服务成本”为“基本服务成本基数”与复杂程度影响系数、专业系数、附加系数的乘积，其中附加系数如有两项及以上，将各附加系数相加，减去附加系数的个数，加上定值1，作为附加系数成本测算值，专业系数与附加系数信息见后续附表。

表 3　市政工程设计复杂程度影响系数及成本附加系数信息表

表 3-1-1　道路工程复杂程度影响系数信息表

复杂程度	工程设计条件	调整系数
Ⅰ级	街区及场区内部道路等	0.85
Ⅱ级	支路、次干路工程及附属工程	1.0
Ⅲ级	城市快速路工程、城市主干路、广场工程、停车场工程及附属工程	1.15
Ⅳ级	1. 汽车试验场工程；2. 城市智能交通工程	1.3

表 3-1-2　道路工程成本附加系数信息表

序号	工程设计条件	附加系数
1	城市道路通过地下管网密集区	1.1
2	海绵城市及道路下方敷设管廊	1.1~1.2
3	跨越铁路、地铁等既有构筑物	1.3
4	道路维修、改扩建	1.2~1.4

表 3-1-3　城市立交、桥梁、隧道工程复杂程度影响系数信息表

复杂程度	工程设计条件	调整系数
Ⅰ级	1. 单孔跨径为 5~20m 或多孔跨径总长为 8~30m(含 30m)的桥梁； 2. 长度 3km 以内的敞开式隔声屏。	0.85
Ⅱ级	1. 单孔跨径为 20~40m(含 20m)或多孔跨径总长为 30~100m 的桥梁； 2. 简单城市立交桥、梁式结构的人行天桥、人行地下通道、涵洞工程； 3. 长度大于 3km 的敞开式隔声屏； 4. 长度≤500m 或开挖跨度≤10m 的隧道工程。	1.0
Ⅲ级	1. 单孔跨径 50m 以上的预应力混凝土简支梁，跨径 100m 以上的预应力混凝土连续梁或刚构，跨度 400m 以下拱桥，跨度 1000m 以下斜拉桥，跨度 1500m 以下地锚式悬索桥，跨度 300m 以下自锚式悬索桥； 2. 500m<长度≤1000m 或 10m<开挖跨度≤15m 的隧道工程； 3. 非梁式结构的人行天桥； 4. 城市高架桥； 5. 全苜蓿叶型、枢纽型等各类独立的互通式立体交叉工程； 6. 封闭式隔声屏。	1.15

续表

复杂程度	工程设计条件	调整系数
Ⅳ级	1. 跨度400m以上拱桥，跨度1000m以上斜拉桥，跨度1500m以上地锚式悬索桥，跨度300m以上自锚式悬索桥，以及不能归类为以上桥型的新型桥型； 2. 现况桥梁拆除、维修加固工程； 3. 长度>1000m或开挖跨度>15m的隧道工程； 4. 地质条件复杂隧道、水下隧道、大直径盾构隧道(管片外径大于10m)、浅埋暗挖隧道。	1.3

注：隧道工程包括城市地下道路、地下车库联络道、山岭隧道和水下隧道。

表3-1-4　城市立交、桥梁、隧道工程成本附加系数信息表

序号	工程设计条件	附加系数
1	桥梁、隧道通过地下管网密集区和敏感建筑群	1.1
2	桥梁景观照明	1.2
3	桥梁、隧道工程改扩建	1.3
4	景观桥梁(含景观人行天桥)	1.5~2.0
5	现况桥梁、隧道维修加固(含安全设施维修加固)	2.0
6	Ⅰ级工程附加	2.0

表3-1-5　公共交通工程复杂程度影响系数信息表

复杂程度	工程设计条件	调整系数
Ⅰ级	独立公交站台	0.85
Ⅱ级	面积≤6000m^{2}的公交场站	1.0
Ⅲ级	1. 面积>6000m^{2}的公交场站； 2. 公共交通专用道、公交枢纽、城市综合客运交通枢纽(交通方式小于等于两种)。	1.15
Ⅳ级	1. 城市综合客运交通枢纽(交通方式大于两种)； 2. 快速公交系统(BRT)。	1.3

表3-1-6　公共交通工程成本附加系数信息表

序号	工程设计条件	附加系数
1	快速公交系统(BRT)穿越城市中心密集区域、公交场站改造	1.1
2	运营智能信息系统	1.3

续表

序号	工程设计条件	附加系数
3	城市客运交通枢纽改造	1.4
4	城市客运交通枢纽位于中心城区、城市重点地段或换乘高架、地面车站	1.5
5	城市客运交通枢纽二次装修工程设计	2.0
6	Ⅰ级工程附加	2.0
7	城市客运交通枢纽导向标识	3.0

注：城市客运交通枢纽附加调整系数只适用于分部工程是单独委托的项目。

表 3–1–7　交通专项成本信息表（万元）

序号	（建筑）面积（万平方米）	综合交通调查	交通影响评价报告	交通组织设计
1	≤2	5	15	12
2	5	10	20	16
3	10	10	30	24
4	20	20	40	32
5	50	20	100	80
6	100	30	150	120
7	200	30	200	160
8	500	40	250	200
9	1000	40	300	240
10	≥2000	50	400	320

注：按项目建筑面积（指建设项目总建筑面积，包括地上和地下建筑面积）统计，建筑面积处于两个数值区间的，采用直线内插法查询专项咨询成本。

表 3–2–1　给排水工程复杂程度影响系数信息表

复杂程度	工程设计条件	调整系数
Ⅰ级	1. 一般给水（含再生水）管线（DN≤0.15m，无管线交叉）工程；	0.85
	2. 一般排水地下管线（DN≤0.6m，无管线交叉）工程	
Ⅱ级	1. 城区给水（含再生水）管线（DN≤0.15m，有管线交叉）；	1.0
	2. 城区排水管线，一般排水地下管线（DN≤0.6m，有管线交叉）工程	
Ⅲ级	1. 大中型排水管线（DN>0.6m）工程；大中型给水管线（DN>0.15m）工程；	1.15
	2. 排水渠、涵；	
	3. 泵站、地下调蓄池、水闸等构筑物；	

续表

复杂程度	工程设计条件	调整系数
Ⅲ级	4. 单舱综合管沟工程；	1.15
	5. 海绵城市、雨水收储设施	
Ⅳ级	1. 净水厂、污水处理厂、再生水处理厂、工业废水处理、污泥处理工程、海水淡化及水处理工程；	1.3
	2. 长距离超大型输配水管线(长度≥10.0km、管径≥2.4m)；	
	3. 长距离超大型的排水管线(长度≥5.0km、管径≥3.0m,)；	
	4. 多舱综合管沟工程；	
	5. 取水口(取水头部)工程	

表 3-2-2　给排水工程成本附加系数信息表

序号	工程设计条件	附加系数
1	各类给排水管线(含综合管沟)穿越管网密集区或穿越既有建构筑物(铁路、地铁、河道及道路等)	1.1
2	净水厂、污水处理厂、再生水厂及泵站	1.1
3	给排水管线(含综合管沟)改扩建	1.1
4	海绵城市、雨水收储设施	1.1
5	地下式净水厂、污水处理厂及再生水厂	1.2~1.3
6	二次供水系统改扩建	1.2~1.3
7	厂站改扩建	1.4

表 3-2-3　环境卫生工程复杂程度影响系数信息表

复杂程度	工程设计条件	调整系数
Ⅰ级	1. 公厕及收集站；	0.85
	2. ≤150t/d 小型垃圾转运站及收集站	
Ⅱ级	1. ≤450t/d 中型垃圾转运站(或分选)；	1.0
	2. ≤500t/d 卫生填埋场；	
	3. 一般工业固废	
Ⅲ级	1. >450t/d 大型垃圾转运站(或分选)；	1.15
	2. >500t/d 卫生填埋场；	
	3. 垃圾及污泥生化处理厂；	
	4. 粪便处理厂；	
	5. 填埋气体收集利用工程；	

续表

复杂程度	工程设计条件	调整系数
Ⅲ级	6. 环境修复工程（含土壤修复、填埋场封场、黑臭水体治理及流域环境综合整治等）；	1.15
	7. 电子垃圾资源化；	
	8. 畜禽无害化处理；	
	9. 建筑垃圾处理工程	
Ⅳ级	1. 废物协同性处置工程；	1.3
	2. 医疗废物及危险废物处理处置工程；	
	3. 地下式垃圾转运站、处理处置工程；	
	4. 餐厨垃圾等生物质处理工程；	
	5. 垃圾焚烧处理工程；	
	6. 垃圾全程分类、资源再利用工程	

注：垃圾填埋场、环境修复工程含景观设计要求，景观设计部分参见园林绿化工程。

表 3-2-4　环境卫生工程成本附加系数信息表

序号	工程设计条件	附加系数
1	垃圾转运、处理处置设施工程含有渗滤液处理	1.1
2	垃圾处理工程中含能源利用	1.15
3	废物处理处置工程含综合利用	1.4

表 3-2-5　管线综合成本信息表

序号	设计阶段	成本[万元/(根·千米)]
1	规划或方案	0.5
2	施工图设计	1.0

注：单项委托市政工程设计管线综合成本低于 8 万元，综合成本测算为 8 万元。

表 3-2-6　管线综合成本附加系数信息表

序号	工程设计条件	附加系数
1	管线累计>7 根	1.1
2	改造道路管线综合	1.1
3	管线交叉平均每公里累计>15 次	1.2
4	道路路口平均间距<300m	1.2

注：附加系数根据具体情况可累积。

表 3-3-1　燃气工程复杂程度影响系数信息表

复杂程度	工程设计条件	调整系数
Ⅰ级	1. 庭院户内燃气管道工程； 2. 自然气化的燃气瓶组供应站工程。	0.85
Ⅱ级	1. 小时流量≤30000m^3调压站； 2. 燃气中压管线； 3. ≤20000 户气化站、混气站； 4. ≤500m^3 的储配站工程或总容积≤500m^3LNG 站。	1.0
Ⅲ级	1. 燃气高压管线； 2. 大于 20000 户气化站、混气站； 3. 大于 500m^3 且≤5000m^3 的储配站或≤总容积 5000m^3LNG 站； 4. ≤500m 燃气管线的穿、跨越工程； 5. 门站，加气站； 6. 小时流量大于 30000m^3调压站。	1.15
Ⅳ级	1. 大于 5000m^3 的储配站或大于 5000m^3LNG 站； 2. 大于 500m 燃气管线的穿跨越工程； 3. LNG 液化工厂。	1.3

注：1. 储配站指高压球罐储存输送，低压气柜储存、净化、加压输送。

2. 加气站指 CNG 加气母站和 CNG、LNG 加气常规站。

表 3-3-2　热力工程复杂程度影响系数信息表

复杂程度	工程设计条件	调整系数
Ⅰ级	1. 供热小区管网(二级网)工程	0.85
Ⅱ级	1. ≤2MW 的小型换热站工程； 2. DN≤400mm 热水管道工程； 3. 10t/h(7MW)及以下锅炉房。	1.0
Ⅲ级	1. >2MW 的换热站工程； 2. DN≤400mm 蒸汽管道工程； 3. 400mm<DN<1200mm 热水管道工程； 4. 大于 10t/h(7MW)，小于等于 20t/h(14MW)锅炉房； 5. 穿、跨越管线。	1.15
Ⅳ级	1. DN>400mm 蒸汽管道工程； 2. DN≥1200mm 热水管道工程； 3. 供热面积大于 500 万 m^2 的加压泵站、中继能源站或隔压换热站工程；换热首站； 4. 多热源联网工程； 5. 蒸汽锅炉和热水锅炉合建的热源厂； 6. 不同容量规模锅炉合建的热源厂； 7. 大于 20t/h(14MW)锅炉房。	1.3

表 3-3-3　燃气热力工程成本附加系数信息表

序号	工程设计条件	附加系数
1	燃气热力工程改扩建	1.4

表 3-4-1　城市轨道交通工程复杂程度影响系数信息表

复杂程度	工程设计条件	调整系数
Ⅲ级	地铁工程、轻轨工程、单轨、有轨电车	1.15
Ⅳ级	磁浮工程	1.3

表 3-4-2　城市轨道交通工程管线综合成本信息表

序号	类　　别	成本(万元/处)
1	高架车站	15
2	地面车站	15
3	地下车站	20
4	风井	8

表 3-4-3　城市轨道交通工程管线综合成本附加系数信息表

序号	工程设计条件	附加系数
1	同期实施的换乘站	按 2 座计
2	地下车站位于十字路口范围内	1.2
3	明挖区间管线综合费用	按管线长度计算
4	高架车站、地面车站含 2km 区间另计管线综合费用	按管线长度计算

表 3-4-4　城市轨道交通工程成本附加系数信息表

序号	工程设计条件	附加系数
1	土建工程穿越地下管网及建筑物、构筑物密集地区	1.1
2	高架车站、地面车站	
2.1	高架、地面车站位于城市新区、开发区，周边交通环境简单	1.3
2.2	高架、地面车站位于城市一般地区	1.4
2.3	高架、地面车站位于中心城区、城市重点地段或换乘高架、地面车站	1.5
3	地下车站	
3.1	普通地下车站	1.1
3.2	换乘地下站或位于中心城区、城市重点地段的普通地下车站	1.2

续表

序号	工程设计条件	附加系数
3.3	位于中心城区、城市重点地段的换乘地下车站	1.3
3.4	多线换乘以及换乘设计涉及既有车站改造的地下车站	1.5
4	控制中心、指挥中心	1.2
5	车辆基地	
5.1	停车场	1.1
5.2	车辆段	1.3
5.3	涉及上盖开发的停车场、车辆段	1.5
6	既有线改扩建	1.4
7	装修与景观	2.0
8	导向标识(换乘站取上限)	2.5~3.0

注：大修厂相关成本附加系数参照车辆段工程。

表 3-4-5　城市轨道交通工程无投资类单项设计成本信息表

序号	城市轨道交通工程设计项目类型	成本核算单位	设计成本
1	线路设计	万元/公里	10
2	限界设计	万元/公里	5
3	行车组织与运行管理设计	万元/公里	3
4	车辆设计	万元/项	50
5	环控系统设计	万元/地下公里	6
6	调线调坡设计	万元/公里	5
7	全线市政交通接驳规划设计	万元/公里	8

表 4　市政工程设计其他服务成本附加系数信息表

序号	服务内容		成本附加系数
1	总体设计		0.05~0.1
2	总包服务、主体协调		0.05~0.1
3	BIM 设计	利用设计成果	0.1~0.2
		利用 BIM 完成设计	0.3~0.5
4	消防性能化设计		0.02
5	绿色建筑(公共交通)		0.02
6	编制施工图预算		0.1
7	编制竣工图		0.08

续表

序号	服务内容		成本附加系数
8	单独编制工程设计方案		0.3
9	编制施工招标技术文件	国内(设备)	0.12
		国内(土建)	0.08
		国际(设备)	0.18
		国际(土建)	0.15
		控制价(含工程量清单)	0.15
		控制价(在工程量清单基础上)	0.08
		工程量清单	0.1
10	建设过程第三方设计咨询		0.15~0.3
11	复核设计		0.15~0.2
12	新技术、新工艺		0.1~0.2

注：工程设计总体总包费，其成本按工程费0.55%~0.6%测算(或设计基本服务成本的20%~30%)，上表成本附加系数的测算基数为设计基本服务成本。

表5　市政工程设计专业系数、各阶段工作量比例信息表

表5-1　市政工程设计专业系数信息表

序号	工程类型		专业调整系数
1	道路交通工程	城市道路工程	1
		桥梁隧道工程	1.1
		公共交通工程	1
2	给排水、环境工程		1
3	燃气热力工程	燃气工程	1.1
		热力工程	1
4	城市轨道交通工程		1.1

表5-2　市政工程各阶段工作量比例信息表

序号	设计阶段 工程类型	初步设计/%	施工图设计/%
1	道路交通工程	50	50
2	给排水环境工程	50	50
3	燃气热力工程	50	50
4	城市轨道交通工程	45	55

中国勘察设计协会关于园林和景观设计服务成本要素信息统计分析情况的通报

（中设协字〔2018〕119号）

各地方、各部勘察设计同业协会，解放军工程建设协会，中国勘察设计协会各分支机构，各会员单位：

为充分发挥市场在资源配置中的决定性作用，维护园林和景观设计市场公平有序的竞争环境，确保园林和景观工程的设计质量。中国勘察设计协会委托园林和景观设计分会组织开展了园林和景观设计服务成本要素信息统计分析工作，对全国近百家园林景观设计单位2014年至2017年四个年度园林和景观设计服务成本要素信息进行了调查、统计、测算和分析。

本次设计服务成本调查工作，对全国各地区不同类型的园林和景观设计单位进行了抽样调查，主要收集了园林和景观设计服务范围和内容、服务收入、成本构成、直接人工成本及其占总成本的权重比例、服务项目人力资源要素配置、对应园林和景观设计建安费的设计基本服务成本（含税金）等大量生产要素数据信息，采集的数据在园林和景观设计行业具有一定的代表性。

园林和景观设计分会聘请专业咨询公司对采集的数据信息进行了汇总、分析与归纳，并组织行业专家进行了多轮次的研讨和论证，形成了园林和景观设计服务两类成本要素信息，一类是园林和景观设计服务不同等级工程技术人员的直接人工成本信息，另一类是对应不同额度建安费的设计基本服务成本（含税金）的信息。现将园林和景观设计服务两类成本要素信息予以通报，供园林和景观设计市场各相关方参考。

由于园林和景观设计市场不断发展变化，中国勘察设计协会将持续开展园林和景观设计服务成本要素的调查、统计与分析工作，并不定期进行相关信息通报，以反映园林和景观设计市场的成本现状，为维护园林和景观设计市场秩序，反对不正当竞争，保证为工程设计质量提供信息支持。

附件：

表 1　园林和景观设计服务人工成本信息表

技术人员等级	人工成本(元/人工日)	技术人员等级	人工成本(元/人工日)
正高级技术职称	7170	中级技术职称	4376
高级技术职称	5318	初级技术职称及其他技术人员	2815

注：本表适用于技术服务。

表 2-1　建安费与设计基本服务成本对应信息表

序号	项目建安费额(万元)	设计基本服务成本基数(万元)	工程复杂程度影向系数			
			Ⅰ级	Ⅱ级	Ⅲ级	Ⅳ级
1	200	11.4	0.85	1.00	1.15	1.30
2	500	26.4				
3	1000	49.1				
4	3000	131.3				
5	5000	207.3				
6	8000	315.7				
7	10000	368.8				
8	20000	685.8				
9	40000	1275.3				
10	60000	1833.4				
11	80000	2371.7				
12	100000	2896.0				
13	200000	5140.7				
14	400000	9559.6				
15	600000	13741.6				
16	800000	17777.1				
17	1000000	21706.8				
18	2000000	40366.0				

注：

①“项目建安费额”为经过批准的建设项目初步设计概算中的建筑安装工程费、设备与工器具购置费之和。

②“设计基本服务”指设计人根据发包人的委托，按国家法律、技术规范和设计深度要求向发包人提供编制方案设计、初步设计(含初步设计概算)、施工图设计(不含编制工程量清单及施工图预算)服务，提供相应设计技术交底、解决施工中的设计技术问题、参加竣工验收等服务。

③“设计基本服务成本基数”是设计单位实际发生的成本(含税金)的采样分析数据。

④“工程复杂程度影响系数”是不同工程复杂程度对设计单位基本服务成本基数影响程度的调整系数的分析数据。

表 2-2　工程复杂程度表

等级	工程设计关型
Ⅰ级	1. 生态林、防护绿地 2. 生产绿地
Ⅱ级	1. 道路绿化工程 2. 一般标准公共建筑环境、企事业单位与居住区园林景观工程； 3. 风景林
Ⅲ级	1. 城市景观大道工程、滨水景观 2. 高标公共建筑环境、企事业单位与居住区园林景观工程； 3. 省级风景名胜区
Ⅳ级	1. 公园、度假村、星级酒店、高尔夫球场、广场、会展园林、街心花园、屋顶花园、室内花园、古典园林、专类园、园林小品等绿化工程 2. 国家级风景名胜区、国家公园

注：

① 工程复杂程度Ⅰ级主要有如下特征：

A. 人工培育种植的单一品种的成片树林、防护绿地工程；

B. 生产绿地工程。

② 工程复杂程度Ⅱ级主要有如下特征：

A. 植物品种两种及以上的、标准较高的道路绿化工程，或风景林工程；

B. 一般标准、花草树木品种较少、设计复杂程度一般的公共建筑环境、企事业单位与居住区的绿化工程。

③ 工程复杂程度Ⅲ级主要有如下特征：

A. 人行道外侧绿地宽度超过 5m 的城市重点道路绿化工程，如商业步行街、城市主要景观线的道路绿化工程；

B. 高标准、园林小品较多、设计复杂，或发包方有特殊要求的公共建筑环境、企事业单位与居住区的绿化工程。

④ 工程复杂程度Ⅳ级主要有如下特征：

A. 古典园林，是指以江南古典园林、北方皇家园林和寺观园林为代表的中国传统山水园林形式；

B. 园林小品是指园林和景观设计中的亭、廊、花架、景墙等休息设施。

表 3　园林和景观设计其他服务成本附加系数信息表

序号	服务内容	服务成本附加系数
1	景观建筑、仿古建筑	0. 3~0. 6
2	改扩建和综合整治项目	0. 3~0. 6
3	总体设计	0. 1

续表

序号	服务内容	服务成本附加系数
4	设计总包服务、主体设计协调	0. 1~0. 2
5	编制施工图预算	0. 1
6	编制工程竣工图	0. 08
7	驻场配合服务	0. 1~0. 2

注：

① 发包人要求设计人提供附表 3 中所列的服务时，设计服务成本相应增加，“服务成本附加系数”反映了所增加成本与设计基本服务成本基数的比例关系，有区间值的系对不同服务内容、不同深度与复杂程度采集、分析的结果。

② “总体设计”指初步设计之前，一些项目需要分期建设、发包人要求编制的总体设计(总体规划设计)。一般建设项目的总平面或总图设计不属于总体设计范畴。

③ “设计总包服务”指设计人承担全部(含分包)设计管理责任，“主体设计协调”指建设项目由两个或者两个以上设计人承担时，发包人确定其中一个设计人承担主体设计协调服务，对设计的合理性和整体性负责。

表 4　园林和景观设计各阶段工作量比例信息表

设计阶段工程类型	方案设计/%	初步设计/%	施工图设计/%
Ⅰ、Ⅱ级(无初步设计)	50		50
Ⅰ、Ⅱ级(无初步设计)	30	20	50
Ⅲ、Ⅳ级	35	20	45

注：非全过程设计项目，各阶段比例均增加 10%。

国家发展改革委员会　财政部《行政事业性收费标准管理办法》的通知

（发改价格规〔2018〕988 号）

党中央有关部门，国务院各部委、各直属机构，全国人大常委会办公厅，全国政协办公厅，高校院，高法院，有关人民团体，各省、自治区、直辖市发展改革委、物价局、财政厅(局)：

为加强国家机关和事业单位收费管理，规范收费标准管理行为，提高收费决策的科学性和透明度，维护公民、法人和其他组织的合法权益，我们对 2006 年印发的《行政事业性收费标准管理暂行办法》进行修订，形成了《行政事业性收费标准管理方法》。现印发给你们，请遵照执行。

行政事业性收费标准管理办法

第一章　总　　则

第一条　为加强行政事业性收费标准管理，保护公民、法人和其他组织的合法权益，规范对收费标准的管理行为，提高收费决策的科学性和透明度，根据《中华人民共和国价格法》《中华人民共和国预算法》及国务院有关规定，制定本办法。

第二条　中华人民共和国境内列入行政事业性收费目录清单的收费项目，收费标准的申请、受理、调查、论证、审核、决策、公布、公示、监督、检查等，适用本办法。法律法规另有规定的，从其规定。

第三条　本办法所称行政事业性收费（以下简称“收费”），是指国家机关、事业单位、代行政府职能的社会团体及其他组织根据法律法规等有关规定，依照国务院规定程序批准，在实施社会公共管理，以及在向公民、法人和其他组织提供特定公共服务过程中，向特定对象收取的费用。

第四条 收费标准实行中央和省两级审批制度。国务院和省、自治区、直辖市人民政府(以下简称“省级政府”)的价格、财政部门按照规定权限审批收费标准。未列入行政事业性收费目录清单的收费项目，一律不得审批收费标准。

中央有关部门和单位(包括中央驻地方单位，下同)，以及全国或者区域(跨省、自治区、直辖市)范围内实施收费的收费标准，由国务院价格、财政部门审批。其中，重要收费项目的收费标准应当由国务院价格、财政部门审核后报请国务院批准。

除上款规定的其他收费标准，由省级政府价格、财政部门审批。其中，重要收费项目的收费标准应当由省级政府价格、财政部门审核后报请省级政府批准。

第五条 地域成本差异较大的全国或者区域(跨省、自治区、直辖市)范围内实施的收费标准，国务院价格、财政部门可以授权省级政府价格、财政部门审批。专业性强且类别较多的考试、注册等收费，省级以上政府价格、财政部门可以制定收费标准的上限，由行业主管部门在上限范围内确定具体收费标准。

第六条 审批收费标准应当遵循以下原则：

(一) 公平、公正、公开和效率的原则；

(二) 满足社会公共管理需要，合理补偿管理或者服务成本，并与社会承受能力相适应的原则；

(三) 促进环境保护、资源节约和有效利用，以及经济和社会事业持续发展的原则；

(四) 符合国际惯例和国际对等的原则。

第七条 公民、法人或者其他组织有权对收费的实施和管理进行监督，可以拒绝缴纳和举报违反法律法规以及本办法规定的收费。

第二章　申请和受理

第八条 除法律法规和省级以上人民政府另有规定外，收费单位申请制定或者调整收费标准，应当按照管理权限向国务院价格、财政部门或者省级政府价格、财政部门(以下简称“价格、财政部门”)提出书面申请。

国务院价格、财政部门负责审批的收费标准，由中央有关部门，省级政府或者其价格、财政部门向国务院价格、财政部门提出书面申请。省级政府价格、财政部门负责审批的收费标准，由省级政府有关部门、地市级人民政府或者其价格、财政部门向省级政府价格、财政部门提出书面申请。

第九条 申请制定或者调整收费标准应当提供以下材料：

（一）申请制定或者调整的收费标准方案、依据和理由，预计年度收费额或者近三年年度收费额、调整后的收费增减额；

（二）申请制定或者调整收费标准的成本测算材料；

（三）相关的法律法规、规章和政策规定；

（四）收费单位的有关情况，包括收费单位性质、职能设置、人员配备、经费来源等；

（五）对收费对象及相关行业的影响；

（六）价格、财政部门认为应当提供的其他相关材料。

申请人应当对提供材料的真实性、完整性、合法性负责。

第十条 价格、财政部门收到申请后，应当对申请材料进行初步审查。申请材料齐全、符合规定要求的，应当予以受理，并告知申请单位；申请材料不齐全或者内容不符合规定要求的，应当一次性告知申请单位对申请材料进行修改或者补充。

第十一条 具有下列情形之一的申请，不予以受理：

（一）申请依据与现行法律法规、规章和政策相抵触的；

（二）制定或者调整收费标准的理由不充分或者明显不合理的；

（三）提供虚假材料的；

（四）超出价格、财政部门审批权限的。

对不予受理的申请，应当在接到申请之日起 15 个工作日内书面通知申请单位，并说明理由。

第三章 审批程序和原则

第十二条 价格、财政部门受理申请后，可对收费成本进行审核，审查申请收费标准与收费单位履行职能需要是否相适应，以及实施收费的操作性、社会承受能力等相关事宜。价格、财政部门可以委托第三方机构进行收费成本审核。

第十三条 价格、财政部门可以采用召开座谈会、论证会、听证会或者书面征求意见等形式，征求社会有关方面的意见。

第十四条 对符合规定申请的收费标准，应当根据收费的不同性质和成本构成特点实行分类审核。

第十五条 行政管理类收费，即根据法律法规规定，在行使国家管理职能时，向被管理对象收取的费用，收费标准按照行使管理职能的需要从严审核。其中，各种证件、牌照、簿卡等证照收费标准按照证照印制、发放的直接成本，即印制费用、运输费用、仓储费用及合理损耗等成本进行审核。

证照印制费用原则上按照招标价格确定。全国统一印制，分散发放的证照，应当分别制定印制证照和具体发放证照部门的收费标准。

第十六条 资源补偿类收费，即根据法律法规规定向开采、利用自然和社会公共资源者收取的费用，收费标准参考相关资源的价值或者其稀缺性，并考虑可持续发展等因素审核。

对开采利用自然资源造成生态破坏、环境污染或者其他环境损坏的，审核收费标准时，应当充分考虑相关生态环境治理和恢复成本。

第十七条 鉴定类收费，即根据法律法规规定，行使或者代行政府职能强制实施检验、检测、检定、认证、检疫等收取的费用，收费标准根据行使管理职能的需要，按照鉴定的场地费用、人员劳务费、仪器设备折旧、流动耗材损耗及其他成本审核。

第十八条 考试类收费，即根据法律法规、国务院或者省级政府文件规定组织考试收取的费用，以及组织经人力资源和社会保障部批准的专业技术资格、执业资格和职业资格考试收取的费用，收费标准按照考务工作、组织报名、租用考试场地、聘请监考人员等组织考试的成本审核。

在全国范围内统一组织的考试，可以分别制定中央有关单位向各地考试机构收取的考务费标准和各地考试机构向考生收取的考试费标准。

第十九条 培训类收费，即根据法律法规或者国务院规定开展强制性培训收取的费用，收费标准按照聘请师资、租用培训场地、编制培训资料、交通支出等培训成本审核。

第二十条 收费涉及与其他国家或者地区关系的，收费标准按照国际惯例和对等原则审核。

第二十一条 其他类别的收费标准，根据管理或者服务需要，按照成本补偿和非营利原则审核。

第二十二条 价格、财政部门原则上自受理申请之日起 60 个工作日内作出收费标准审批决定。申请单位同时申请设立收费项目和制定收费标准的，原则上在收费立项文件印发之日起 60 个工作日内作出收费标准审批决定。

对需要召开听证会的，根据听证的有关程序执行，听证时间不计入收费标准审批时限。

上述审批时限不包括上报国务院或者省级政府批准的时间。因特殊原因超过审批时限的，应当书面告知申请单位。

第二十三条 价格、财政部门审批收费标准的决定，以公文形式发布。主要内容包括：收费主体、收费对象、收费范围、计费(量)单位和标准、收费频次、执行期限等。

第二十四条 初次制定的收费标准，可以规定试行期。试行期满后继续收费的，申请单位应当在试行期满60个工作日前，按照规定程序和要求重新申请收费标准，由价格、财政部门根据试行情况和本办法规定重新审批。

第四章 管理和监督

第二十五条 除涉及国家秘密外，价格、财政部门应当及时将审批的收费标准告知申请单位，并向社会公布。

第二十六条 收费单位应当在收费地点的显著位置公示收费项目、收费标准、收费主体、计费单位、收费依据、收费范围、收费对象、减免规定、监督举报电话等，自觉接受社会监督。

第二十七条 价格、财政部门应当加快建立收费标准执行情况后评估制度，对收费标准执行情况进行监测或定期审核，加强事中事后监管。

法律法规及国务院规定发生变化，或者收费成本、范围、对象等情况变动较大的，价格、财政部门应当及时调整收费标准。

第二十八条 收费单位应当建立健全内部收费管理制度，严格执行国家各项收费管理规定。

第二十九条 行业主管部门应当加强对本行业收费单位的指导，督促收费单位依法依规收费。

第五章 法律责任

第三十条 收费单位违反规定，具有下列情形之一的，由各级价格、财政部门按照职责分工责令改正，并按照有关法律法规和党中央、国务院关于收费管理的有关规定进行查处。

（一）擅自制定收费标准的；

（二）不执行规定收费标准和减免政策的，或者采取分解收费项目、增加收费频次、延长收费时限、扩大收费范围等方式变相提高收费标准的；

（三）已明令取消的收费项目或者停止执行的收费标准仍然收费的；

（四）未按照规定向社会公示收费项目、收费标准收费的；

（五）其他违反收费管理规定的。

第三十一条 各级政府及其部门违反本办法规定，擅自审批收费标准的，责令改正，情节严重的给予通报批评，并对直接负责的主管人员和其他直接责任人员，依法给予处分。

第三十二条 各级价格、财政部门工作人员在收费管理工作中，滥用职权、徇私舞弊、玩忽职守、索贿受贿，构成犯罪的，依法追究刑事责任；尚不构成犯罪的，依法给予处分。

第六章 附 则

第三十三条 价格、财政部门在审批收费标准时，需要委托第三方机构进行成本审核、评估论证的，委托所需费用按照有关规定纳入部门预算。

第三十四条 本办法由国家发展改革委、财政部按照各自职责负责解释。

第三十五条 本办法自2018年5月1日起执行。《国家发展改革委、财政部关于印发〈行政事业性收费标准管理暂行办法〉的通知》（发改价格〔2006〕532号）同时废止。

中华人民共和国财政部关于印发《中央和国家机关培训费管理办法》的通知

（财行〔2016〕540号）

党中央各部门，国务院各部委、各直属机构，全国人大常委会办公厅，全国政协办公厅，高法院，高检院，各人民团体，各民主党派中央，全国工商联，新疆生产建设兵团财务局、组织部、公务员局：

为进一步推进厉行节约反对浪费制度体系建设，推进干部教育培训事业持续健康发展，我们对《中央和国家机关培训费管理办法》（财行〔2013〕523号）进行了修订。现将修订后的《中央和国家机关培训费管理办法》印发给你们，请认真遵照执行。

附件：中央和国家机关培训费管理办法

附件：

中央和国家机关培训费管理办法

第一章　总　　则

第一条　为进一步规范中央和国家机关培训工作，保证培训工作需要，加强培训经费管理，依据《中华人民共和国公务员法》《干部教育培训工作条例》和其他有关法律法规，制定本办法。

第二条　本办法所称培训，是指中央和国家机关及其所属机构使用财政资金在境内举办的三个月以内的各类培训。

第三条　本办法所称中央和国家机关，是指党中央各部门，国务院各部委、各直属机构，全国人大常委会办公厅，全国政协办公厅，最高人民法院，最高人民检察院，各人民团体，各民主党派中央和全国工商联（以下简称各单位）。

第四条　各单位举办培训应当坚持厉行节约、反对浪费的原则，实行单位内部统一管理，增强培训计划的科学性和严肃性，增强培训项目的针对性和实效性，保证培训质量，节约培训资源，提高培训经费使用效益。

第二章　计划和备案管理

第五条　建立培训计划编报和审批制度。各单位培训主管部门制订的本单位年度培训计划(包括培训名称、目的、对象、内容、时间、地点、参训人数、所需经费及列支渠道等)，经单位财务部门审核后，报单位领导办公会议或党组(党委)会议批准后施行。

第六条　年度培训计划一经批准，原则上不得调整。因工作需要确需临时增加培训项目的，报单位主要负责同志审批。

第七条　各单位年度培训计划于每年 3 月 31 日前同时报中央组织部、财政部、国家公务员局备案。

第三章　开支范围和标准

第八条　本办法所称培训费，是指各单位开展培训直接发生的各项费用支出，包括师资费、住宿费、伙食费、培训场地费、培训资料费、交通费以及其他费用。

(一) 师资费是指聘请师资授课发生的费用，包括授课老师讲课费、住宿费、伙食费、城市间交通费等。

(二) 住宿费是指参训人员及工作人员培训期间发生的租住房间的费用。

(三) 伙食费是指参训人员及工作人员培训期间发生的用餐费用。

(四) 培训场地费是指用于培训的会议室或教室租金。

(五) 培训资料费是指培训期间必要的资料及办公用品费。

(六) 交通费是指用于培训所需的人员接送以及与培训有关的考察、调研等发生的交通支出。

(七) 其他费用是指现场教学费、设备租赁费、文体活动费、医药费等与培训有关的其他支出。

参训人员参加培训往返及异地教学发生的城市间交通费，按照中央和国家机关差旅费有关规定回单位报销。

第九条　除师资费外，培训费实行分类综合定额标准，分项核定、总额控制，各项费用之间可以调剂使用。综合定额标准如下：

元/人天

培训类别	住宿费	伙食费	场地、资料、交通费	其他费用	合计
一类培训	500	150	80	30	760
二类培训	400	150	70	30	650
三类培训	340	130	50	30	550

一类培训是指参训人员主要为省部级及相应人员的培训项目。

二类培训是指参训人员主要为司局级人员的培训项目。

三类培训是指参训人员主要为处级及以下人员的培训项目。

以其他人员为主的培训项目参照上述标准分类执行。

综合定额标准是相关费用开支的上限。各单位应在综合定额标准以内结算报销。

30天以内的培训按照综合定额标准控制；超过30天的培训，超过天数按照综合定额标准的70%控制。上述天数含报到撤离时间，报到和撤离时间分别不得超过1天。

第十条 师资费在综合定额标准外单独核算。

（一）讲课费(税后)执行以下标准：副高级技术职称专业人员每学时最高不超过500元，正高级技术职称专业人员每学时最高不超过1000元，院士、全国知名专家每学时一般不超过1500元。

讲课费按实际发生的学时计算，每半天最多按4学时计算。其他人员讲课费参照上述标准执行。

同时为多班次一并授课的，不重复计算讲课费。

（二）授课老师的城市间交通费按照中央和国家机关差旅费有关规定和标准执行，住宿费、伙食费按照本办法标准执行，原则上由培训举办单位承担。

（三）培训工作确有需要从异地(含境外)邀请授课老师，路途时间较长的，经单位主要负责同志书面批准，讲课费可以适当增加。

第四章 培训组织

第十一条 培训实行中央和地方分级管理，各单位举办培训，原则上不得下延至市、县及以下。

第十二条 各单位开展培训，应当在开支范围和标准内优先选择党校、行政学院、干部学院以及组织人事部门认可的其他培训机构承办。

第十三条 组织培训的工作人员控制在参训人员数量的10%以内，最多不超过10人。

第十四条 严禁借培训名义安排公款旅游；严禁借培训名义组织会餐或安排宴请；严禁组织高消费娱乐健身活动；严禁使用培训费购置电脑、复印机、打印机、传真机等固定资产以及开支与培训无关的其他费用；严禁在培训费中列支公务接待费、会议费；严禁套取培训费设立“小金库”。

培训住宿不得安排高档套房，不得额外配发洗漱用品；培训用餐不得上高档菜肴，不得提供烟酒；除必要的现场教学外，7日以内的培训不得组织调研、考察、参观。

第十五条 邀请境外师资讲课，须严格按照有关外事管理规定，履行审批手续。境内师资能够满足培训需要的，不得邀请境外师资。

第十六条 培训举办单位应当注重教学设计和质量评估，通过需求调研、课程设计和开发、专家论证、评估反馈等环节，推进培训。

工作科学化、精准化；注重运用大数据、“互联网+”等现代信息技术手段开展培训和管理。所需费用纳入部门预算予以保障。

第五章 报销结算

第十七条 报销培训费，综合定额范围内的，应当提供培训计划审批文件、培训通知、实际参训人员签到表以及培训机构出具的收款票据、费用明细等凭证；师资费范围内的，应当提供讲课费签收单或合同，异地授课的城市间交通费、住宿费、伙食费按照差旅费报销办法提供相关凭据；执行中经单位主要负责同志批准临时增加的培训项目，还应提供单位主要负责同志审批材料。

各单位财务部门应当严格按照规定审核培训费开支，对未履行审批备案程序的培训，以及超范围、超标准开支的费用不予报销。

第十八条 培训费的资金支付应当执行国库集中支付和公务卡管理有关制度规定。

第十九条 培训费由培训举办单位承担，不得向参训人员收取任何费用。

第六章 监督检查

第二十条 各单位应当将非涉密培训的项目、内容、人数、经费等情况，以适当方式公开。

第二十一条 各单位应当于每年3月31日前将上年度培训计划执行情况(包括培训名称、对象、内容、时间、地点、参训人数、工作人员数、经费开支及列支渠道、培训成效、问题建议等)报送中央组织部、财政部、国家公务员局。

第二十二条 中央组织部、财政部、国家公务员局等有关部门对各单位培训活动和培训费管理使用情况进行监督检查。主要内容包括：

(一) 培训计划的编报是否符合规定；

(二) 临时增加培训计划是否报单位主要负责同志审批；

(三) 培训费开支范围和开支标准是否符合规定；

(四) 培训费报销和支付是否符合规定；

(五) 是否存在虚报培训费用的行为；

(六) 是否存在转嫁、摊派培训费用的行为；

(七) 是否存在向参训人员收费的行为；

(八) 是否存在奢侈浪费现象；

(九) 是否存在其他违反本办法的行为。

第二十三条 对于检查中发现的违反本办法的行为，由中央组织部、财政部、国家公务员局等有关部门责令改正，追回资金，并予以通报。对相关责任人员，按规定予以党纪政纪处分；涉嫌违法的，移交司法机关处理。

第七章 附　　则

第二十四条 各单位可以按照本办法，结合本单位业务特点和工作实际，制定培训费管理具体规定。

第二十五条 中央组织部、国家公务员局组织的调训和统一培训，有关部门组织的援外培训，不适用本办法，按有关规定执行。

第二十六条 中央事业单位培训费管理参照本办法执行。

第二十七条 本办法由财政部会同中央组织部、国家公务员局负责解释。

第二十八条 本办法自2017年1月1日起施行。《中央和国家机关培训费管理办法》(财行〔2013〕523号)同时废止。

中国勘察设计协会关于建筑设计服务成本要素信息统计分析情况的通报

（中设协字〔2016〕89号）

各地方、各部门勘察设计同业协会，解放军工程建设协会，中国勘察设计协会各分支机构，各会员单位：

为充分发挥市场在资源配置中的决定性作用，维护建筑设计市场公平有序的竞争环境，确保建筑工程的设计质量，中国勘察设计协会建筑设计分会组织开展了建筑设计服务成本要素信息统计分析工作，对全国百余家建筑设计单位2013年至2015年三个年度建筑设计服务成本要素信息进行了调查、统计、测算和分析。

本次设计服务成本调查工作，对全国各地区不同类型的建筑设计单位进行了抽样调查，主要收集了建筑设计服务范围和内容、服务收入、成本构成、直接人工成本及其占总成本的权重比例、服务项目人力资源要素配置、对应建筑工程建安费的设计基本服务成本（含税金）等大量生产要素数据信息，采集的数据在建筑设计行业具有一定的代表性。

建筑设计分会组织行业专家对采集的大量数据信息进行了汇总、分析与归纳，并组织了多轮次的研讨和论证，形成了建筑设计服务两类成本要素信息，一类是建筑设计服务不同等级工程技术人员的直接人工成本信息，另一类是对应不同额度建安费的设计基本服务成本（含税金）的信息。现将建筑设计服务两类成本要素信息予以通报，供建筑设计市场各相关方参考。

由于建筑设计市场不断发展变化，中国勘察设计协会将持续开展建筑设计服务成本要素的调查、统计与分析工作，并不定期进行相关信息通报，以反映建筑设计市场的成本现状，为维护建筑设计市场秩序，反对不正当竞争，保证工程设计质量提供信息支持。

附件：

附表一　建筑设计服务直接人工成本与人工日法综合成本系数信息表

技术人员等级	直接人工成本(元/人工日)	人工日法综合成本系数
教授(研究员)级高级工程(建筑)师	2679	2.75
高级工程(建筑)师	2083	2.45
工程(建筑)师	1765	2.15
初级技术人员	1176	2.00

注：

1. “直接人工成本”是指建筑设计服务过程中人员的工资、津贴、社会保险和福利等支出。

2. “人工日”是参照《全国建筑设计劳动(工日)定额》的劳动管理指标与相关规定而定。

3. “人工日法综合成本系数”是考虑直接人工成本以外的企业其他成本(含税金)等因素的影响，反映不同等级技术人员直接人工成本与企业综合成本的比例关系。

4. 本表适用于建筑工程设计、工程咨询、驻场等服务。

附表二　建安费与设计基本服务成本对应信息表

序号	项目建安费额(万元)	设计基本服务成本基数(万元)	工程复杂程度影响系数			
			简单工程	一般工程	复杂工程	特别复杂工程
1	200	10.4	0.85	1.0	1.15	1.3
2	500	24.0				
3	1000	44.6				
4	3000	119.4				
5	5000	188.5				
6	8000	287.0				
7	10000	335.3				
8	20000	623.5				
9	40000	1159.4				
10	60000	1666.7				
11	80000	2156.1				
12	100000	2632.7				
13	200000	4673.3				
14	400000	8690.5				
15	600000	12492.4				
16	800000	16161.0				

注：

1. “设计基本服务”指设计人根据发包人的委托，按国家法律、技术规范和设计深度要求向发包人提供编制方案设计、初步设计(含初步设计概算)、施工图设计(不含编制工程量清单及施工图预算)服务，提供相应设计技术交底、解决施工中的设计技术问题、参加竣工验收等服务。

2. “设计基本服务成本基数”(含税金)，是设计单位实际发生的成本(含税金)的采样分析数据。

3. “工程复杂程度影响系数”是不同工程复杂程度对设计单位基本服务成本基数影响程度的调整系数的分析数据。

4. “工程复杂程度”详见《全国建筑设计劳动(工日)定额》(2014年修编版)。

附表三　建筑设计其他服务成本附加系数信息表

序号	服务内容	服务成本附加系数	备注
1	总体设计	0.1	
2	设计总包服务、主体设计协调	0.1~0.2	
3	绿色建筑设计	一星：0.05 二星：0.15 三星：0.30	
4	BIM 技术设计	0.2~0.5	
5	被动式节能设计	0.1~0.3	
6	预制装配式设计	0.1~0.3	
7	建筑智能化设计	0.1~0.35	
8	编制施工招标技术文件	0.1	
9	编制工程量清单	0.06~0.1	
10	编制施工图预算	0.1	
11	建设过程第三方设计咨询	0.1~0.3	
12	编制竣工图	0.1	

注：

1. 发包人要求设计人提供附表三中所列的服务时，设计服务成本相应增加，“服务成本附加系数”反映了所增加成本与设计基本服务成本基数的比例关系，有区间值的系对不同服务内容、不同深度与复杂程度采集、分析的结果。

2. “总体设计”指初步设计之前，一些项目需要分步建设，发包人要求编制的总体设计（总体规划设计）。一般建设项目的总平面布置或总图设计不属于总体设计范畴。

3. “设计总包服务”指设计人承担全部（含分包）设计管理责任，“主体设计协调”指建设项目由两个或者两个以上设计人承担时，发包人确定其中一个设计人承担主体设计协调服务，对设计的合理性和整体性负责。

中华人民共和国财政部关于印发《基本建设项目建设成本管理规定》的通知

（财建〔2016〕504号）

党中央有关部门，国务院各部委、各直属机构，军委后勤保障部，武警总部，全国人大常委会办公厅，全国政协办公厅，高法院，高检院，各民主党派中央，有关人民团体，各中央管理企业，各省、自治区、计划单列市财政厅（局），新疆生产建设兵团财务局：

为推动各部门、各地区进一步加强基本建设成本核算管理，提高资金使用效益，针对基本建设成本管理中反映出的主要问题，依据《基本建设财务规则》，现印发《基本建设项目建设成本管理规定》，请认真贯彻执行。

附件1

基本建设项目建设成本管理规定

第一条 为了规范基本建设项目建设成本管理，提高建设资金使用效益，依据《基本建设财务规则》（财政部令第81号），制定本规定。

第二条 建筑安装工程投资支出是指基本建设项目（以下简称项目）建设单位按照批准的建设内容发生的建筑工程和安装工程的实际成本，其中不包括被安装设备本身的价值，以及按照合同规定支付给施工单位的预付备料款和预付工程款。

第三条 设备投资支出是指项目建设单位按照批准的建设内容发生的各种设备的实际成本（不包括工程抵扣的增值税进项税额），包括需要安装设备、不需要安装设备和为生产准备的不够固定资产标准的工具、器具的实际成本。

需要安装设备是指必须将其整体或几个部位装配起来，安装在基础上或建筑物支架上才能使用的设备。不需要安装设备是指不必固定在一定位置或支架上就可以使用的设备。

第四条 待摊投资支出是指项目建设单位按照批准的建设内容发生的，应当分摊计入相关资产价值的各项费用和税金支出。主要包括：

（一）勘察费、设计费、研究试验费、可行性研究费及项目其他前期费用；

（二）土地征用及迁移补偿费、土地复垦及补偿费、森林植被恢复费及其他为取得或租用土地使用权而发生的费用；

（三）土地使用税、耕地占用税、契税、车船税、印花税及按规定缴纳的其他税费；

（四）项目建设管理费、代建管理费、临时设施费、监理费、招标投标费、社会中介机构审查费及其他管理性质的费用；

（五）项目建设期间发生的各类借款利息、债券利息、贷款评估费、国外借款手续费及承诺费、汇兑损益、债券发行费用及其他债务利息支出或融资费用；

（六）工程检测费、设备检验费、负荷联合试车费及其他检验检测类费用；

（七）固定资产损失、器材处理亏损、设备盘亏及毁损、报废工程净损失及其他损失；

（八）系统集成等信息工程的费用支出；

（九）其他待摊投资性质支出。

项目在建设期间的建设资金存款利息收入冲减债务利息支出，利息收入超过利息支出的部分，冲减待摊投资总支出。

第五条 项目建设管理费是指项目建设单位从项目筹建之日起至办理竣工财务决算之日止发生的管理性质的支出。包括不在原单位发工资的工作人员工资及相关费用、办公费、办公场地租用费、差旅交通费、劳动保护费、工具用具使用费、固定资产使用费、招募生产工人费、技术图书资料费（含软件）、业务招待费、施工现场津贴、竣工验收费和其他管理性质开支。

项目建设单位应当严格执行《党政机关厉行节约反对浪费条例》，严格控制项目建设管理费。

第六条 行政事业单位项目建设管理费实行总额控制，分年度据实列支。总额控制数以项目审批部门批准的项目总投资（经批准的动态投资，不含项目建设管理费）扣除土地征用、迁移补偿等为取得或租用土地使用权而发生的费用为基数分档计算。具体计算方法见附件。

建设地点分散、点多面广、建设工期长以及使用新技术、新工艺等的项目，项目建设管理费确需超过上述开支标准的，中央级项目，应当事前报项目主管部门审核批准，并报财政部备案，未经批准的，超标准发生的项目建设管理费由项目建设单位用自有资金弥补；地方级项目，由同级财政部门确定审核批准的要求和程序。

施工现场管理人员津贴标准比照当地财政部门制定的差旅费标准执行；一般不得发生业务招待费，确需列支的，项目业务招待费支出应当严格按照国家有关规定执行，并不得超过项目建设管理的5%。

第七条 使用财政资金的固有和国有控股企业的项目建设管理费，比照第六条规定执行。国有和国有控股企业经性项目的项目资本中，财政资金所占比例未超过50%的项目建设管理费可不执行第六条规定。

第八条 政府设立（或授权）、政府招标产生的代建制项目，代建管理费由同级财政部门根据代建内容和要求，按照不高于本规定项目建设管理费标准核定，计入项目建设成本。

实行代建制管理的项目，一般不得同时列支代建管理费和项目建设管理费，确需同时发生的，两项费用之和不得高于本规定的项目建设管理费限额。

建设地点分散、点多面广以及使用新技术、新工艺等的项目，代建管理费确需超过本规定确定的开支标准的，行政单位和使用财政资金建设的事业单位中央项目，应当事前报项目主管部审核批准，并报财政部备案；地方项目，由同级财政部门确定审核批准的要求和程序。

代建管理费核定和支付应当与工程进度、建设质量结合，与代建内容、代建绩效挂钩，实行奖优罚劣。同时满足按时完成项目代建任务、工程质量优良、项目投资控制在批准概算总投资范围3个条件的，可以支付代建单位利润或奖励资金，代建单位利润或奖励资金一般不得超过代建管理费的10%，需使用财政资金支付的，应当事前报同级财政部门审核批准；未完成代建任务的，应当扣减代建管理费。

第九条 项目单项工程报废净损失计入待摊投资支出。

单项工程报废应当经有关部门或专业机构鉴定。非经营性项目以及使用财政资金所占比例超过项目资本50%的经营性项目，发生的单项工程报废经鉴定后，报项目竣工财务决算批复部门审核批准。

因设计单位、施工单位、供货单位等原因造成的单项工程报废损失，由责任单位承担。

第十条 其他投资支出是指项目建设单位按照批准的项目建设内容发生的房

屋购置支出，基本畜禽、林木等的购置、饲养、培育支出，办公生活用家具、器具购置支出，软件研发及不能计入设备投资的软件购置等支出。

第十一条 本办法自2016年9月1日起施行。《财政部关于切实加强政府投资项目代建制财政财务管理有关问题的指导意见》(财建〔2004〕300号)同时废止。

附件2

项目建设管理费总额控制数费率表

单位：万元

工程总概算	费率(%)	算例	
		工程总概算	项目建设管理费
1000以下	2	1000	1000×2%=20
1001~5000	1.5	5000	20+(5000-1000)×1.5%=80
5001~10000	1.2	10000	80+(10000-5000)×1.2%=140
10001~50000	1	50000	140+(50000-10000)×1%=540
50001~100000	0.8	100000	540+(100000-50000)×0.8%=940
100000以上	0.4	200000	940+(200000-100000)×0.4%=1340

中华人民共和国财政部关于印发《中央和国家机关工作人员赴地方差旅住宿费标准明细表》的通知

（财行〔2016〕71号）

党中央有关部门，国务院各部委、各直属机构，全国人大常委会办公厅，全国政协办公厅，高法院，高检院，各民主党派中央，全国工商联，有关人民团体：

按照《关于调整中央和国家机关差旅住宿费标准等有关问题的通知》（财行〔2015〕497号）的有关规定，中央和国家机关工作人员到各省会城市、直辖市、计划单列市出差，执行财政部制定的住宿费上限标准；到各省、自治区、直辖市、计划单列市所辖市县出差执行地方财政部门制定的住宿费标准。根据财政部的统一部署，目前，各地财政部门已将差旅住宿费标准细化到地市。为方便执行，我们将相关标准汇总整理后，制定了《中央和国家机关工作人员赴地方差旅住宿费标准明细表》，现印发给你们，自2016年5月1日起执行。

附件：

中央和国家机关工作人员赴地方差旅住宿费标准明细表

单位：元/（人·天）

地区（城市）		住宿费标准			旺季地区	旺季浮动标准			
						旺季期间	旺季上浮价		
		部级	司局级	其他人员			部级	司局级	其他人员
北京	全市	1100	650	500					
天津	6个中心城区、滨海新区、东丽区、西青区、津南区、北辰区、武清区、宝坻区、静海区、蓟县	800	480	380					
	宁河区	600	350	320					

续表

地区（城市）		住宿费标准			旺季地区	旺季浮动标准			
						旺季期间	旺季上浮价		
		部级	司局级	其他人员			部级	司局级	其他人员
河北	石家庄市、张家口市、秦皇岛市、廊坊市、承德市、保定市	800	450	350	张家口市	7~9月、11~3月	1200	675	525
					秦皇岛市	7~8月	1200	680	500
					承德市	7~9月	1000	580	580
	其他地区	800	450	310					
山西	太原市、大同市、晋城市	800	480	350					
	临汾市	800	480	330					
	阳泉市、长治市、晋中市	800	480	310					
	其他地区	800	400	240					
内蒙古	呼和浩特市	800	460	350					
	其他地区	800	460	320	海拉尔市、满洲里市、阿尔山市	7~9月	1200	690	480
					二连浩特市	7~9月	1000	580	400
					额济纳旗	9~10月	1200	690	480
辽宁	沈阳市	800	480	350					
	其他地区	800	480	330					
大连	全市	800	490	350	全市	7~9月	960	590	420
吉林	长春市、吉林市、延边州、长白山管理区	800	450	350	吉林市、延边州、长白山管理区	7~9月	960	540	420
	其他地区	750	400	300					
黑龙江	哈尔滨市	800	450	350	哈尔滨市	7~9月	960	540	420
	其他地区	750	450	300	牡丹江市、伊春市、大兴安岭地区、黑河市、佳木斯市	6~8月	900	540	360
上海	全市	1100	600	500					

续表

地区（城市）		住宿费标准			旺季地区	旺季浮动标准			
						旺季期间	旺季上浮价		
		部级	司局级	其他人员			部级	司局级	其他人员
江苏	南京市、苏州市、无锡市、常州市、镇江市	900	490	380					
	其他地区	900	490	360					
浙江	杭州市	900	500	400					
	其他地区	800	490	340					
宁波	全市	800	450	350					
安徽	全省	800	460	350					
福建	福州市、泉州市、平潭综合实验区	900	480	380					
	其他地区	900	480	350					
厦门	全市	900	500	400					
江西	全省	800	470	350					
山东	济南市、淄博市、枣庄市、东营市、烟台市、潍坊市、济宁市、泰安市、威海市、日照市	800	480	380	烟台市、威海市、日照市	7~9月	960	570	450
	其他地区	800	460	360					
青岛	全市	800	490	380	全市	7~9月	960	590	450
河南	郑州市	900	480	380					
	其他地区	800	480	330	洛阳市	4~5月上旬	1200	720	500
湖北	武汉市	800	480	350					
	其他地区	800	480	320					
湖南	长沙市	800	450	350					
	其他地区	800	450	330					
广东	广州市、珠海市、佛山市、东莞市、中山市、江门市	900	550	450					
	其他地区	850	530	420					
深圳	全市	900	550	450					

续表

<table>
<tr><th colspan="2" rowspan="3">地区(城市)</th><th colspan="3">住宿费标准</th><th rowspan="3">旺季地区</th><th colspan="4">旺季浮动标准</th></tr>
<tr><th rowspan="2">部级</th><th rowspan="2">司局级</th><th rowspan="2">其他人员</th><th rowspan="2">旺季期间</th><th colspan="3">旺季上浮价</th></tr>
<tr><th>部级</th><th>司局级</th><th>其他人员</th></tr>
<tr><td rowspan="2">广西</td><td>南宁市</td><td>800</td><td>470</td><td>350</td><td></td><td></td><td></td><td></td><td></td></tr>
<tr><td>其他地区</td><td>800</td><td>470</td><td>330</td><td>桂林市、北海市</td><td>1~2月、7~9月</td><td>1040</td><td>610</td><td>430</td></tr>
<tr><td rowspan="3">海南</td><td rowspan="2">海口市、三沙市、儋州市、五指山市、文昌市、琼海市、万宁市、东方市、定安县、屯昌县、澄迈县、临高县、白沙县、昌江县、乐东县、陵水县、保亭县、琼中县、洋浦开发区</td><td rowspan="2">800</td><td rowspan="2">500</td><td rowspan="2">350</td><td>海口市、文昌市、澄迈县</td><td>11~2月</td><td>1040</td><td>650</td><td>450</td></tr>
<tr><td>琼海市、万宁市、陵水县、保亭县</td><td>11~3月</td><td>1040</td><td>650</td><td>450</td></tr>
<tr><td>三亚市</td><td>1000</td><td>600</td><td>400</td><td>三亚市</td><td>10~4月</td><td>1200</td><td>720</td><td>480</td></tr>
<tr><td rowspan="2">重庆</td><td>9个中心城区、北部新区</td><td>800</td><td>480</td><td>370</td><td></td><td></td><td></td><td></td><td></td></tr>
<tr><td>其他地区</td><td>770</td><td>450</td><td>300</td><td></td><td></td><td></td><td></td><td></td></tr>
<tr><td rowspan="7">四川</td><td>成都市</td><td>900</td><td>470</td><td>370</td><td></td><td></td><td></td><td></td><td></td></tr>
<tr><td>阿坝州、甘孜州</td><td>800</td><td>430</td><td>330</td><td></td><td></td><td></td><td></td><td></td></tr>
<tr><td>绵阳市、乐山市、雅安市</td><td>800</td><td>430</td><td>320</td><td></td><td></td><td></td><td></td><td></td></tr>
<tr><td>宜宾市</td><td>800</td><td>430</td><td>300</td><td></td><td></td><td></td><td></td><td></td></tr>
<tr><td>凉山州</td><td>750</td><td>430</td><td>330</td><td></td><td></td><td></td><td></td><td></td></tr>
<tr><td>德阳市、遂宁市、巴中市</td><td>750</td><td>430</td><td>310</td><td></td><td></td><td></td><td></td><td></td></tr>
<tr><td>其他地区</td><td>750</td><td>430</td><td>300</td><td></td><td></td><td></td><td></td><td></td></tr>
<tr><td rowspan="2">贵州</td><td>贵阳市</td><td>800</td><td>470</td><td>370</td><td></td><td></td><td></td><td></td><td></td></tr>
<tr><td>其他地区</td><td>750</td><td>450</td><td>300</td><td></td><td></td><td></td><td></td><td></td></tr>
<tr><td rowspan="2">云南</td><td>昆明市、大理州、丽江市、迪庆州、西双版纳州</td><td>900</td><td>480</td><td>380</td><td></td><td></td><td></td><td></td><td></td></tr>
<tr><td>其他地区</td><td>900</td><td>480</td><td>330</td><td></td><td></td><td></td><td></td><td></td></tr>
<tr><td rowspan="2">西藏</td><td>拉萨市</td><td>800</td><td>500</td><td>350</td><td>拉萨市</td><td>6~9月</td><td>1200</td><td>750</td><td>530</td></tr>
<tr><td>其他地区</td><td>500</td><td>400</td><td>300</td><td>其他地区</td><td>6~9月</td><td>800</td><td>500</td><td>350</td></tr>
<tr><td rowspan="2">陕西</td><td>西安市</td><td>800</td><td>460</td><td>350</td><td></td><td></td><td></td><td></td><td></td></tr>
<tr><td>榆林市、延安市</td><td>680</td><td>350</td><td>300</td><td></td><td></td><td></td><td></td><td></td></tr>
</table>

续表

地区(城市)		住宿费标准			旺季地区	旺季浮动标准			
						旺季期间	旺季上浮价		
		部级	司局级	其他人员			部级	司局级	其他人员
陕西	杨凌区	680	320	260					
	咸阳市、宝鸡市	600	320	260					
	渭南市、韩城市	600	300	260					
	其他地区	600	300	230					
甘肃	兰州市	800	470	350					
	其他地区	700	450	310					
青海	西宁市	800	500	350	西宁市	6~9月	1200	750	530
	玉树州、果洛州	600	350	300	玉树州	5~9月	900	525	450
	海北州、黄南州	600	350	250	海北州、黄南州	5~9月	900	525	375
	海东市、海南州	600	300	250	海东市、海南州	5~9月	900	450	375
	海西州	600	300	200	海西州	5~9月	900	450	300
宁夏	银川市	800	470	350					
	其他地区	800	430	330					
新疆	乌鲁木齐市	800	480	350					
	石河子市、克拉玛依市、昌吉州、伊犁州、阿勒泰地区、博州、吐鲁番市、哈密地区、巴州、和田地区	800	480	340					
	克州	800	480	320					
	喀什地区	780	480	300					
	阿克苏地区	700	450	300					
	塔城地区	700	400	300					

国家发展改革委员会关于进一步放开建设项目专业服务价格的通知

（发改价格〔2015〕299 号）

国务院有关部门、直属机构，各省、自治区、直辖市发展改革委、物价局：

为贯彻落实党的十八届三中全会精神，按照国务院部署，充分发挥市场在资源配置中的决定性作用，决定进一步放开建设项目专业服务价格。现将有关事项通知如下：

一、在已放开非政府投资及非政府委托的建设项目专业服务价格的基础上，全面放开以下实行政府指导价管理的建设项目专业服务价格，实行市场调节价。

（一）建设项目前期工作咨询费，指工程咨询机构接受委托，提供建设项目专题研究、编制和评估项目建议书或者可行性研究报告，以及其他与建设项目前期工作有关的咨询等服务收取的费用。

（二）工程勘察设计费，包括工程勘察收费和工程设计收费。工程勘察收费，指工程勘察机构接受委托，提供收集已有资料、现场踏勘、制定勘察纲要，进行测绘、勘探、取样、试验、测试、检测、监测等勘察作业，以及编制工程勘察文件和岩土工程设计文件等服务收取的费用；工程设计收费，指工程设计机构接受委托，提供编制建设项目初步设计文件、施工图设计文件、非标准设备设计文件、施工图预算文件、竣工图文件等服务收取的费用。

（三）招标代理费，指招标代理机构接受委托，提供代理工程、货物、服务招标，编制招标文件、审查投标人资格，组织投标人踏勘现场并答疑，组织开标、评标、定标，以及提供招标前期咨询、协调合同的签订等服务收取的费用。

（四）工程监理费，指工程监理机构接受委托，提供建设工程施工阶段的质量、进度、费用控制管理和安全生产监督管理、合同、信息等方面协调管理等服务收取的费用。

（五）环境影响咨询费，指环境影响咨询机构接受委托，提供编制环境影响报告书、环境影响报告表和对环境影响报告书、环境影响报告表进行技术评估等服务收取的费用。

二、上述5项服务价格实行市场调节价后，经营者应严格遵守《价格法》、《关于商品和服务实行明码标价的规定》等法律法规规定，告知委托人有关服务项目、服务内容、服务质量，以及服务价格等，并在相关服务合同中约定。经营者提供的服务，应当符合国家和行业有关标准规范，满足合同约定的服务内容和质量等要求。不得违反标准规范规定或合同约定，通过降低服务质量、减少服务内容等手段进行恶性竞争，扰乱正常市场秩序。

三、各有关行业主管部门要加强对本行业相关经营主体服务行为监管。要建立健全服务标准规范，进一步完善行业准入和退出机制，为市场主体创造公开、公平的市场竞争环境，引导行业健康发展；要制定市场主体和从业人员信用评价标准，推进工程建设服务市场信用体系建设，加大对有重大失信行为的企业及负有责任的从业人员的惩戒力度。充分发挥行业协会服务企业和行业自律作用，加强对本行业经营者的培训和指导。

四、政府有关部门对建设项目实施审批、核准或备案管理，需委托专业服务机构等中介提供评估评审等服务的，有关评估评审费用等由委托评估评审的项目审批、核准或备案机关承担，评估评审机构不得向项目单位收取费用。

五、各级价格主管部门要加强对建设项目服务市场价格行为监管，依法查处各种截留定价权，利用行政权力指定服务、转嫁成本，以及串通涨价、价格欺诈等行为，维护正常的市场秩序，保障市场主体合法权益。

六、本通知自2015年3月1日起执行。此前与本通知不符的有关规定，同时废止。

北京市建设工程造价管理协会关于调整“北京市建设工程造价咨询服务参考费用及费用指数”后的解释和自律管理

（京价协〔2015〕011号）

根据《住房城乡建设部关于推进建筑业发展和改革的若干意见》（建市〔2014〕92号）（简称若干意见）、《北京市工程造价咨询行业自律公约》（简称自律公约）的规定。北京市建设工程造价管理协会（简称京价协）于2011年发布的《关于公布北京市建设工程造价咨询参考费用及费用指数的说明》（简称参考费用及指数）至今已五年了，经过工程造价咨询市场对“参考费用及指数”的运用，参考费用获得了参与工程造价咨询各方主体的认可，有效地遏制了不合理的竞争行为。近年来北京市的物价均有上涨，特别是人工工资上涨幅度较大。因此，京价协经研究决定调整“参考费用及指数”。

一、调整“参考费用及指数”的依据

本次调整是在2011年“参考费用及指数”的基础上，根据本市工程造价咨询市场变化的情况，京价协跟踪了北京市工程造价咨询单位会员实际完成的各种类型的造价咨询服务所需要的人工费、软件使用费、办公场所费用、管理费、利润、税金等项目数据，结合北京市公布的社会平均工资，以及参考相关省市公布的工程造价咨询服务费用标准，京价协采用科学的方法综合测算后调整了“参考费用及指数”。本次测算的数据均来源于工程造价咨询单位会员。

二、调整后的“参考费用及指数”使用的解释

《北京市建设工程造价咨询参考费用》（见附件1）计算方法：

（一）采用差额定率分档累进方法计算工程造价咨询费用

例如：

某工程建筑安装工程造价为6000万元，计算工程量清单编制费用如下：

200万元×3.2‰=0.64万元

（500-200）×2.7‰=0.81万元

(2000-500)×2.4‰=3.6 万元

(6000-2000)×2.1‰=8.4 万元

合计费用=0.64+0.81+3.6+8.4=13.45 万元

（二）对于小型咨询项目或专项工程造价咨询服务项目，采用上述办法不便计算的，可以参照《工程造价咨询日参考费用》(见附件 2)由委托方与被委托方约定；

（三）对于工程结算审核的效益费用，建议谁受益，谁付费，费用由委托方负责将受益的第三方费用收取后与本方的费用一并支付给被委托方。

（四）通过对北京市建设工程造价咨询市场的跟踪测算，对《北京市建设工程造价咨询费用指数》(见附件 3)做了相应调整，费用指数反映北京市建设工程造价咨询费用的变动及变动幅度。

三、注意事项

（一）被委托方应遵守国家法规和行业行为准则，按照《建设工程造价咨询合同(示范文本)》与委托方签订咨询服务合同，明确服务内容、支付方式，并按照业务规程提供质量合格的服务；

（二）委托方应按合同约定及时向工程造价咨询企业提供开展咨询业务所必须的工作条件和资料；

（三）被委托方提交的工程造价咨询成果文件达不到合同规定工作内容、目的和要求的，应负责修改完善，委托方不另支付咨询费用；

（四）工程造价咨询合同履行过程中，由委托方或被委托方自身失误造成对方损失的，应按合同相应条款予以赔偿；

（五）涉外工程造价咨询业务，如有特殊要求的，被委托方可与委托方参照国外有关收费办法或按本次调整后“参考费用及指数”与委托方协商确定服务费用。

四、本“参考费用及指数”实行行业自律管理

住房和城乡建设部下发的“若干意见”第五条二十三款规定“鼓励行业协会研究制定非政府投资工程咨询服务类收费行业参考价，抵制恶意低价、不合理低价竞争行为，维护行业发展利益”；以及京价协组织签订的“自律公约”第十条“签约企业应当按照国家或行业制定的工程造价咨询收费标准收取咨询服务费用，工程造价咨询服务费价格应当在《建设工程造价咨询合同》中约定。不得恶意压低服务费价格进行不正当竞争。不损害其他企业和咨询行业的合法权益”的规定。

按照“若干意见”要求和“自律公约”规定，本次修改的“参考费用及指数”实行行业自律管理。

（一）京价协对北京市工程造价咨询服务收费市场的跟踪调研时，发现工程造价咨询服务成本随市场的变化在不断的变动。因此，京价协决定每年5月份之前，各工程造价咨询单位会员应向京价协报送经测算的《北京市建设工程造价专业人员人工成本参数》（见附件4）、《北京市建设工程造价咨询企业经营管理成本参数》（见附件5），京价协将所报的数据作为跟踪市场调整“参考费用及指数”的重要依据。要求数据真实可靠，并对所填报的数据负责；

（二）北京市工程造价咨询单位会员在承揽造价咨询业务时，需结合工程造价咨询服务范围及质量要求，依据“参考费用及指数”，合理报价，不得低于工程项目服务成本价；

不管采取任何方式收取费用，均不得低于工程项目服务成本价竞争。

（三）工程造价咨询企业非京价协单位会员的，不得使用或参考“参考费用及指数”收取工程造价咨询服务费用，且不接收所报的“人工和经营成本”数据；

（四）京价协将建立举报机制，工程造价咨询单位会员在承揽咨询业务时恶意压价、低于工程项目服务成本价竞标，扰乱工程造价咨询市场。任何单位和个人均有义务举报，京价协接到举报后将组织专家进行核实，经核实举报的事实成立、属实，按“自律公约”第四章惩戒与奖励第二十二条、第二十三条、第二十四条规定进行惩戒。并记入企业信用档案。

五、调整后的“参考费用”于2015年7月15日（包括15日）执行。

附件1：《北京市建设工程造价咨询参考费用》

附件2：《工程造价咨询日参考费用》

附件3：《北京市建设工程造价咨询费用指数》

附件4：《北京市建设工程造价专业人员人工成本参数》

附件5：《北京市建设工程造价咨询企业经营管理成本参数》

附件 1：

北京市建设工程造价咨询参考费用

序号	咨询项目名称		工作内容	费用基数	划分差额定率分档累进方法						测算时未包括的内容
					≤200万元	200万～500万元	500万～2000万元	2000万～10000万元	10000万～50000万元	≥50000万元	
1	工程概算编制		依据初步设计文件计算工程量，套用概算定额，编制工程概算	建设项目总投资	2.5‰	2‰	1.8‰	1.5‰	1.3‰	1.2‰	
2	工程量清单编制		依据施工图设计、工程量清单计算规范计算工程量，按工程量清单计价规范编制工程量清单，包括工程量和特征描述	建筑安装工程造价	3.2‰	2.7‰	2.4‰	2.1‰	1.9‰	1.6‰	
3	清单预算编制		依据发布的工程量清单编制清单预算	建筑安装工程造价	2.7‰	2.1‰	1.9‰	1.7‰	1.4‰	1.3‰	不含清单编制
4	定额预算编制		依据施工图设计计算工程量，套用预算定额，编制工程预算	建筑安装工程造价	4‰	3.5‰	3‰	2.5‰	2‰	1.5‰	
5.1	工程结算审查	（1）基本费用	依据发承包合同，进行工程量价调整，确定工程结算金额	建筑安装工程造价	4.5‰	4‰	3.5‰	3‰	2.5‰	2‰	
		（2）效益费用		|核减额|+核增额	5至10%						
5.2	工程结算审查			建筑安装工程造价	8‰	7‰	6‰	5‰	4‰	3‰	

续表

序号	咨询项目名称	工作内容	费用基数	划分差额定率分档累进方法						测算时未包括的内容
				≤200万元	200万～500万元	500万～2000万元	2000万～10000万元	10000万～50000万元	≥50000万元	
6	工程实施阶段全过程造价控制	编制工程量清单、清单预算编制、施工过程造价管理、进行工程结算审查	建筑安装工程造价	18‰	15‰	13‰	11‰	9.5‰	8‰	
7	工程造价纠纷鉴证	对纠纷项目的工程造价以及由此延伸而引起的经济问题，进行鉴别和判断并提供鉴定意见	鉴证标的额	12.8‰	10.7‰	8.6‰	6.4‰	5.4‰	4.3‰	
8	竣工决算编制	依据工程结算成果文件和财务资料编制竣工决算	建设项目总投资	2‰	1.8‰	1.5‰	1.3‰	1.2‰	1.0‰	不含财务决算

说明：1. 工程主材和工程设备无论是否计入工程造价，均应计入取费基数；

2. 工程结算审查项目5.1、5.2两种计费方式，由甲乙双方自行选择；其中5.1的计费方式按(1)+(2)计算，效益费用应由受益人支付；

3. 工程实施阶段全过程造价控制，不包括中标价的审核、图纸改版导致重新计量等工作，发生时咨询费用由甲乙双方协商确定；其他咨询项目若发生此类情况，参照执行；

4. 单独委托的装饰工程、安装工程和修缮工程应在上述费用的基础上乘以1.2的系数；

5. 工程概算、工程量清单、清单预算、定额预算、竣工决算的审核费用应在上述费用的基础上乘以0.9的系数；

6. 每单咨询合同按上述费用计算不足3000元时，按3000～3500元计取咨询费用；

7. 凡要求计算钢筋精细计量的，按钢筋重量以14～16元/吨，另计费用；

8. 建设项目前期工作的咨询费用，包括建设项目专题研究、编制和评估项目建议书或者可行性研究报告，以及其他与建设项目前期工作有关的咨询服务费用参考市场行情由甲乙双方协商确定；

9. 工程设计阶段的前期造价控制，如配合设计方案比选、优化设计、限额设计等，根据咨询工作内容和工作量，咨询费用由甲乙双方协商确定；

10. 此表格费率上下浮动幅度为20%。

附件 2：

工程造价咨询日参考费用

序号	项目名称	金额（元/工日）
1	有高级职称或注册造价工程师的咨询人员	2000~3000
2	有中级职称和工程造价员的咨询人员	1280~1920
3	造价员	800~1200
4	其他人员	640~960

附件 3：

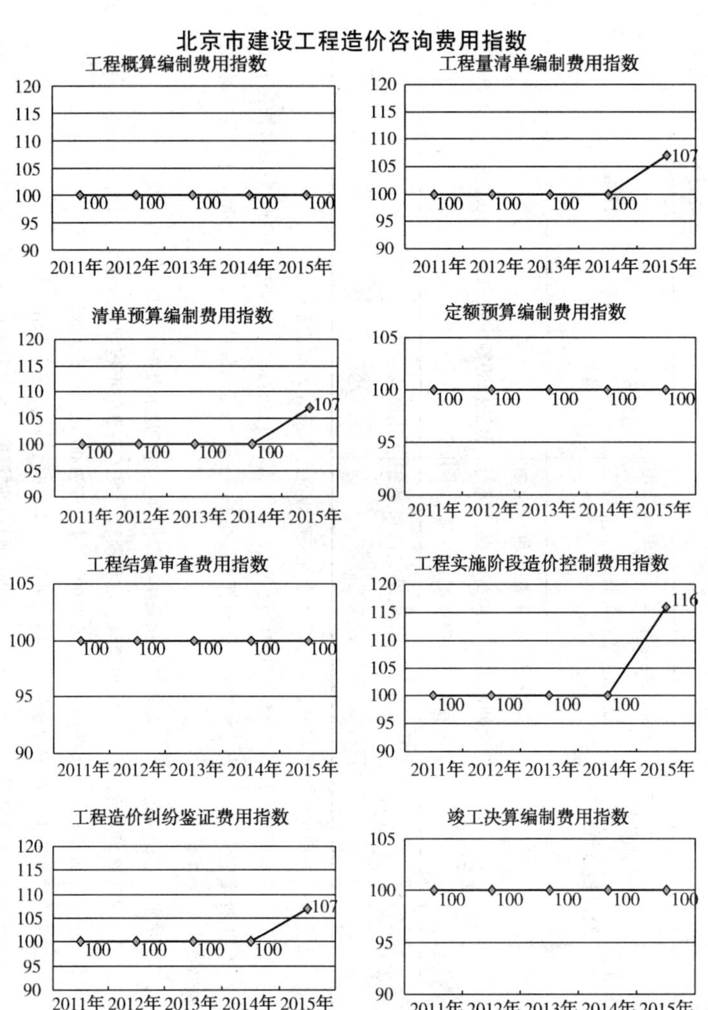

附件4：

北京市建设工程造价专业人员人工成本参数

序号	名称	年度费用总额（万元）	人数	人均年度费用总额［万元/（人·年）］	人均年度工日数（工日）	公司经营模式（工资+加班费+奖金或工资+计件工资+奖金）
一	造价师					
二	造价员					

填表说明：

1. 年度费用总额=造价专业人员一年的各种费用（工资、社保、奖金、津贴、加班费、项目承包奖励等）的总和。

2. 人均年度费用总额=造价专业人员一年的各种费用（工资、社保、奖金、津贴、加班费、项目承包奖励等）的总和/造价专业人员人数。

3. 造价专业人员一年度所有的劳动时间（法定工作时间+加班工作时间），每8小时为一个工日。人均年度工日数=全公司一个年度总工日/造价专业人员人数。

4. 公司经营模式根据公司实际情况填写。

5. 若公司在北京外的省市有分公司的，此表反映北京本部的造价专业人员人工成本。

附件5：

北京市建设工程造价咨询企业经营管理成本参数

序号	名　　称	年度费用总额（万元）	说　　明
一	软件		年度摊销的软件费用
二	电脑		年度折旧费用
三	办公耗材		年度办公耗材总费用
四	房租/自有房屋折旧		年度房租/自有房屋折旧额度
1	房租		
2	自有房屋折旧		
五	管理人员成本（工资、奖金）		年度公司行政人员费用总额（包括董事长、总经理以及所有的非造价专业管理人员的费用）
六	业务招待费		年度业务招待费总额
七	宣传费		年度公司宣传费总额
八	会议费		年度公司会议费总额
九	车辆使用费		年度车辆使用费总额

续表

序号	名　　称	年度费用总额(万元)	说　　明
十	其他费用		年度其他未标明费用总额(此处可以扩展，标明其他费用的具体名称)
1			
2			
十一	税金		
十二	合计		

填表说明：1. 此表反映北京本部的成本费用。

审核人：　　　　　　填报人：　　　　　　填报人电话：

国家发展改革委员会关于放开部分建设项目服务收费标准有关问题的通知

（发改价格〔2014〕1573 号）

国务院有关部门、直属机构，各省、自治区、直辖市发展改革委、物价局：

为贯彻落实党的十八届三中全会精神和国务院关于进一步简政放权、推进职能转变的要求，根据当前市场竞争情况，经商住房和城乡建设部同意，决定放开部分建设项目服务收费标准。现就有关事项通知如下：

放开除政府投资项目及政府委托服务以外的建设项目前期工作咨询、工程勘察设计、招标代理、工程监理等 4 项服务收费标准，实行市场调节价。采用直接投资和资本金注入的政府投资项目，以及政府委托的上述服务收费，继续实行政府指导价管理，执行规定的收费标准；实行市场调节价的专业服务收费，由委托双方依据服务成本、服务质量和市场供求状况等协商确定。

各级价格主管部门要强化市场价格监测，加强市场价格行为监管和反价格垄断执法，依法查处各类价格违法行为，维护正常的市场秩序，保障市场主体合法权益。

在放开收费标准过程中遇到的问题和建议，请及时报告我委（价格司）。

上述规定自 2014 年 8 月 1 日起执行。此前有关规定与本通知不符的，按本通知规定执行。

中国建设工程造价管理协会
关于规范工程造价咨询服务收费的通知

（中价协〔2013〕35号）

各省、自治区、直辖市建设工程造价管理协会，各专业委员会：

应会员单位对工程造价咨询服务收费的有关诉求，为了促进工程造价咨询行业的健康发展，根据国清〔2002〕6号文《国务院清理整顿经济鉴证类社会中介机构领导小组关于规范工程咨询行业管理的通知》、国办发〔2007〕36号《国务院办公厅关于加快推进行业协会商会改革和发展的若干意见》的有关精神，我协会在收集、整理和分析各地工程造价咨询收费标准的基础上，结合当前工程造价咨询收费的实际情况，编制了建设工程造价咨询服务收费标准（见附件），现将规范工程造价咨询服务收费的有关事宜通知如下：

一、依法设立具有工商行政管理部门核发的《企业法人营业执照》，并取得建设行政主管部门《工程造价咨询企业资质证书》的企业，应按照《建设工程造价咨询合同（示范文本）》与委托方签订咨询合同，并在承接工程造价咨询业务时向委托方收取工程造价咨询服务费。

二、工程造价咨询服务收费是指工程造价咨询企业接受社会委托，从事投资估算、工程概算、工程量清单、招标控制价、工程预算、工程结算、竣工决算的编制与审核，建设项目各阶段的工程造价控制等与工程造价业务有关的咨询服务，并出具工程造价咨询成果文件等业务活动所收取的费用。

三、工程造价咨询服务应当遵循公平公正、诚实守信、自愿有偿、委托方付费的原则（法律、法规另有规定的除外）。

四、工程造价咨询企业应遵守国家法律、法规和有关标准，并应严格按照行业的执业准则、管理规范、操作规程、造价咨询成果文件质量标准等提供质量合格的服务。

五、工程造价咨询企业因提交的飞程造价咨询成果文件达不到合同规定的要求或质量标准，应负责修改完善，委托方不应另行支付咨询费。

六、工程造价咨询合同履行过程中，由于委托方或工程造价咨询企业失误造成对方损失或达不到合同约定要求的，应按双方合同约定中的相应条款予以赔偿。

七、签订工程造价咨询合同时，地方有关部门已发布收费标准的按其规定执行；地方没有发布或收费标准中项目不全的，可参照本标准。

附件 1：建设工程造价咨询收费基准价

附件 2：建设工程造价咨询收费专业工程调整系数表

附件 3：建设工程造价咨询附加收费表

附件 1：

建设工程造价咨询收费基准价

序号	咨询项目名称	工作内容	收费基数（X）	划分标准（万元）					
				$X\leqslant200$	$200<X\leqslant500$	$500<X\leqslant2000$	$2000<X\leqslant10000$	$10000<X\leqslant50000$	$X>50000$
1	工程概算编制	依据初步设计文件计算工程量，套用概算定额，编制工程概算	建安工程费用	3‰	2.5‰	2‰	1.8‰	1.6‰	1.5‰
2	工程量清单编制	依据施工图设计计算工程量，按工程量清单计价规范编制工程量清单，包括工程量和特征描述	建安工程费用	5‰	4‰	3‰	2.2‰	1.8‰	1.5‰
3	招标控制价编制	依据发布的工程量清单，编制招标控制价	建安工程费用	2.0‰	1.8‰	1.6‰	1.4‰	1.2‰	1.0‰
4	工程预算编制	依据施工图设计计算工程量，套用预算定额，编制工程预算	建安工程费用	4‰	3.5‰	3‰	2.5‰	2‰	1.5‰
5	工程结算审查	依据发承包合同，进行工程量价调整，确定工程结算金额	建安工程费用	8‰	7‰	6‰	5‰	4‰	3‰
6	全过程造价咨询	编制工程量清单、招标控制价、施工过程造价管理、进行工程结算审查	建安工程费用	–	–	–	12‰	10‰	8‰
7	竣工决算编制	依据工程结算成果文件和财务资料编制竣工决算	建安工程费用	2.0‰	1.5‰	1.2‰	1.0‰	0.8‰	0.6‰

续表

序号	咨询项目名称	工作内容	收费基数(X)	划分标准(万元)					
				$X \leq 200$	$200<X \leq 500$	$500<X \leq 2000$	$2000<X \leq 10000$	$10000<X \leq 50000$	$X>50000$
8	工程造价纠纷鉴定	对纠纷项目的工程造价以及由此延伸而引起的经济问题，进行鉴别和判断并提供鉴定意见	鉴定标的额	12‰	10‰	8‰	6‰	5‰	4‰

说明：

1. 工程造价咨询收费基准价根据项目的类别、工程造价金额等因素采取差额费率分档累进方法计算；
2. 工程造价咨询服务收费，地区调整系数为0.9~1.1；
3. 工程造价咨询服务收费，可针对不同专业工程进行调整，见附件2；
4. 需要进行钢筋工程精细计算的，另计取工程造价咨询附加收费，见附件3。

附件2：

建设工程造价咨询收费专业工程调整系数表

序号	工程类别	专业调整系数
1	市政工程	0.8
2	水利电力工程	0.9
3	机场场道工程	0.7
4	公路、道路工程	0.8
5	城市轨道工程	0.8
6	桥梁、隧道工程	0.7
7	港口工程	0.8
8	井巷矿山工程	1.1
9	园林绿化工程	1.1
10	装饰装修工程	1.2
11	仿古建筑工程	1.2
12	安装工程	1.2
13	其他工程	1.0

使用说明：

1. 房屋建筑工程和其他未涵盖的专业工程调整系数为1；
2. 投资额较大，计量和计价相对简单的市政、水利电力、机场、港口、城市轨道等工程，降低其收费系数；
3. 投资额较小，计贷和计价相对复杂的园林、装饰装修、仿古、安装、井巷矿山等工程，提高其收费系数。

附件 3：

建设工程造价咨询附加收费表

序号	咨询项目名称	收费基数(吨)	收费标准(元/吨)
1	工程量清单钢筋精细计量	钢筋重量	12
2	结算审查钢筋精细计量	钢筋重量	18

国家发展改革委员会关于降低部分建设项目收费标准规范收费行为等有关问题的通知

（发改价格〔2011〕534号）

住房城乡建设部、环境保护部，各省、自治区、直辖市发展改革委、物价局：

为贯彻落实国务院领导重要批示和全国纠风工作会议精神，进一步优化企业发展环境，减轻企业和群众负担，决定适当降低部分建设项目收费标准，规范收费行为。现将有关事项通知如下：

一、降低保障性住房转让手续费，减免保障性住房租赁手续费。经批准设立的各房屋交易登记机构在办理房屋交易手续时，限价商品住房、棚户区改造安置住房等保障性住房转让手续费应在原国家计委、建设部《关于规范住房交易手续费有关问题的通知》（计价格〔2002〕121号）规定收费标准的基础上减半收取，即执行与经济适用住房相同的收费标准；因继承、遗赠、婚姻关系共有发生的住房转让免收住房转让手续费；依法进行的廉租住房、公共租赁住房等保障性住房租赁行为免收租赁手续费；住房抵押不得收取抵押手续费。

二、规范并降低施工图设计文件审查费。各地应加强施工图设计审查收费管理，经认定设立的施工图审查机构，承接房屋建筑、市政基础设施工程施工图审查业务收取施工图设计文件审查费，以工程勘察设计收费为基准计费的，其收费标准应不高于工程勘察设计收费标准的6.5%；以工程概（预）算投资额比率计费的，其收费标准应不高于工程概（预）算投资额的2‰；按照建筑面积计费的，其收费标准应不高于2元/平方米。具体收费标准由各省、自治区、直辖市价格主管部门结合当地实际情况，在不高于上述上限的范围内确定。各地现行收费标准低于收费上限的，一律不得提高标准。

三、降低部分行业建设项目环境影响咨询收费标准。各环境影响评价机构对估算投资额100亿元以下的农业、林业、渔业、水利、建材、市政（不含垃圾及危险废物集中处置）、房地产、仓储（涉及有毒、有害及危险品的除外）、烟草、邮电、广播电视、电子配件组装、社会事业与服务建设项目的环境影响评价（编制环境影响报告书、报告表）收费，应在原国家计委、国家环保总局《关于规范环境影响咨询收费有关问题的通知》（计价格〔2002〕125 号）规定的收费标准基础上下调 20%收取；上述行业以外的化工、冶金、有色等其他建设项目的环境影响评价收费维持现行标准不变。环境影响评价收费标准中不包括获取相关经济、社会、水文、气象、环境现状等基础数据的费用。

四、降低中标金额在 5 亿元以上招标代理服务收费标准，并设置收费上限。货物、服务、工程招标代理服务收费差额费率：中标金额在 5 亿~10 亿元的为 0.035%；10 亿~50 亿元的为 0.008%；50 亿~100 亿元为 0.006%；100 亿元以上为 0.004%。货物、服务、工程一次招标（完成一次招标投标全流程）代理服务费最高限额分别为 350 万元、300 万元和 450 万元，并按各标段中标金额比例计算各标段招标代理服务费。

中标金额在 5 亿元以下的招标代理服务收费基准价仍按原国家计委《招标代理服务收费管理暂行办法》（〔2002〕1980 号，以下简称《办法》）附件规定执行。按《办法》附件规定计算的收费额为招标代理服务全过程的收费基准价格，但不含工程量清单、工程标底或工程招标控制价的编制费用。

五、适当扩大工程勘察设计和工程监理收费的市场调节价范围。工程勘察和工程设计收费，总投资估算额在 1000 万元以下的建设项目实行市场调节价；1000 万元及以上的建设项目实行政府指导价，收费标准仍按原国家计委、建设部《关于发布〈工程勘察设计收费管理规定〉的通知》（计价格〔2002〕10 号）规定执行。

工程监理收费，对依法必须实行监理的计费额在 1000 万元及以上的建设工程施工阶段的收费实行政府指导价，收费标准按国家发展改革委、建设部《关于印发〈建设工程监理与相关服务收费管理规定〉的通知》（发改价格〔2007〕670 号）规定执行；其他工程施工阶段的监理收费和其他阶段的监理与相关服务收费实行市场调节价。

六、各地应进一步加大对建设项目及各类涉房收费项目的清理规范力度。要严禁行政机关在履行行政职责过程中，擅自或变相收取相关审查费、服务费，对自愿或依法必须进行的技术服务，应由项目开发经营单位自主选择服务机构，相关机构不得利用行政权力强制或变相强制项目开发经营单位接受指定服务并强制收取费用。

本通知自 2011 年 5 月 1 日起执行。现行有关规定与本通知不符的，按本通知规定执行。

中华人民共和国财政部　国家测绘局关于印发《测绘生产成本费用定额及有关细则》的通知

（财建〔2009〕17号）

国务院有关部门，各省、自治区、直辖市、计划单列市财政厅（局）、测绘行政主管部门，新疆生产建设兵团测绘主管部门：

为了规范测绘事业单位预算编制和支出行为，加强国家基础测绘项目定额管理，提高资金使用效益，财政部、国家测绘局联合修订了《测绘生产成本费用定额》及《测绘生产成本费用定额计算细则》、《测绘生产困难类别细则》，现印发给你们，自印发之日起执行。对于执行中发现的问题，请及时向我们反映。

附件：1. 测绘生产成本费用定额（略）

2. 测绘生产成本费用定额计算细则

3. 测绘生产困难类别细则（略）

附件2：

测绘生产成本费用定额计算细则

总说明

一、为了进一步规范测绘事业单位预算管理，准确编制预算，监督预算执行，加强测绘生产成本费用核算，提高资金使用效益，结合《测绘事业单位财务制度》《测绘事业单位会计制度》，特制订《测绘生产成本费用定额》。

二、本定额适用于纳入事业单位财务管理体系的测绘生产单位。

三、本定额包括大地测量、摄影测量与遥感、地形数据采集与编辑、地图编制、数据库入库、界线测绘、工程测量、海洋测绘与江湖水下测量等专业的工作项目。

四、本定额所列测绘工作项目原则上以产品为成本对象，按《测绘事业单位财务制度》规定的成本费用项目，分三种困难类别计算相应的成本费用。在无人区、荒漠区、常年冰雪覆盖区等难以到达的特别困难地区作业时，在确定这类地区外业工作项目定额时，应在相应的测绘项目困难类别Ⅱ类所列定额的基础上提高1~3倍。

五、本定额中各个测绘工作项目的成本费用数据是以1999年至2007年国家经济发展水平和测绘生产成本费用实际消耗水平为基础，分析影响测绘生产成本费用变动的各种经济因素和技术因素，经过反复测算和论证后确定的。

六、本定额中各个测绘工作项目的“定额工日”是根据当前测绘生产技术方法、产品形式和技术装备水平确定的。

七、本定额中成本费用计算的几项因素的确定：

1. 测绘生产作业期：外业180天，内业220天。

2. 成本费用构成比列：直接费用82%，间接费用6%，期间费用12%。

3. 成本费用中包含1.5%的测绘工作项目设计费和3.0%的成果验收费。

4. 成本费用中没有包含折旧费用或修购基金。修购基金应按《测绘事业单位财务制度》的规定另行计提。

5. 雪峰测量、国界测绘、地理信息系统建设等特殊项目，根据实际情况进行经费预算。

6. 涉及成本费用的有关系数按下表执行。

系数名称	系数(%)	适用专业
长迁系数 1000~2000千米 2000~3000千米 3000千米以上	 3.0 6.0 8.0	大地测量外业、摄影测量与遥感外业、地形数据采集与编辑外业、界线测绘、工程测绘、海洋测绘与江湖水下测量
高原系数	7.0	同上
高寒、高温系数	5.0	同上
带状系数	30.0(15.0)	图上宽度≤1分米(1分米<图上宽度≤2.5分米)的1：500~1：2000比例尺带状地形测绘
小面积系数	标准幅×1.3定额	测区面积不足一幅的1：500~1：2000比例尺地形图按一个标准幅计算
修测系数	$\frac{修测面积}{标准幅面积}$×标准幅定额×1.3	1：500~1：2000比例尺地形图修测

续表

系数名称	系数(%)	适用专业
面积系数	$\frac{实际面积-标准面积}{标准面积}\times 80$	工作量单位为“幅”的测绘生产项目

注：

(1) 长迁系数是指测区长距离搬迁(含出测、收测)时，成本费用定额增加的比例。

(2) 高原系数是指作业区域平均海拔高度≥3500米时，成本费用定额增加的比例。

(3) 高寒、高温系数是指在省、自治区、直辖市人民政府规定的高温、高寒地区作业时，成本费用定额增加的比例。

(4) 带状系数是指进行铁路、公路或其他带状测绘作业时，成本费用定额增加的比例。

(5) 小面积系数是指进行面积不足一幅的(1：500)~(1：2000)比例尺地形图测绘时，成本费用定额增加的比例。

(6) 修测系数是指进行(1：500)~(1：2000)比例尺地形图修测时，成本费用定额增加的比例。

(7) 面积系数是指施测图幅实际面积大于标准面积时，成本费用定额增加的比例。

七、有关测绘工作项目的图幅标准面积按下表执行。

地形图比例尺	分幅方法	实地面积（平方千米）	图上面积（平方千米）	地形图比例尺	分幅方法	实地面积（平方千米）	图上面积（平方千米）
1：1000000	国际分幅		22	1：10000	国际分幅	25	25
1：500000	国际分幅		22	1：5000	国际分幅	6. 25	25
1：250000	国际分幅		23	1：2000	正方形分幅	1. 00	25
1：100000	国际分幅	1600	16	1：1000	正方形分幅	0. 25	25
1：50000	国际分幅	400	16	1：500	正方形分幅	0. 0625	25

八、本定额由财政部和国家测绘局负责解释和修订。

九、本定额自2009年2月5日起执行。

测绘生产成本费用定额计算表

专业：大地测量　　单位：元

工作项目	计量单位	困难类别	总成本	工资	材料费	运输费	其他直接费	间接费用	期间费用	定额工日	班组定员
(一) 电磁波测距一、二等边	条	Ⅰ	13,452. 81	5,760. 00	360. 28	3,080. 22	1,830. 80	807. 17	1,614. 34	24	12
		Ⅱ	19,836. 90	10,320. 00	360. 28	3,198. 67	2,387. 31	1,190. 21	2,380. 43	43	
		Ⅲ	24,556. 32	13,680. 00	360. 28	3,277. 64	2,818. 26	1,473. 38	2,946. 76	57	

续表

工作项目	计量单位	困难类别	总成本	工资	材料费	运输费	其他直接费	间接费用	期间费用	定额工日	班组定员
三、四等边	条	Ⅰ	6,197.74	2,880.00	210.00	1,227.79	764.36	371.86	743.73	12	12
		Ⅱ	8,846.68	4,880.00	210.00	1,274.94	969.34	530.80	1,061.60	20	
		Ⅲ	10,853.44	6,240.00	210.00	1,306.44	1,143.38	651.21	1,302.41	26	
（二）天文测量拉普拉斯点一、二等	点	Ⅰ	38,870.49	18,480.00	1,018.73	7,430.22	4,944.85	2,332.23	4,664.46	77	7
		Ⅱ	46,532.03	23,760.00	1,018.73	7,715.98	5,661.56	2,791.92	5,583.84	99	
		Ⅲ	53,380.68	28,560.00	1,018.73	7,906.58	6,286.92	3,202.84	6,405.68	119	
经纬度点一等	点	Ⅰ	28,217.95	13,200.00	1,018.73	5,366.22	3,553.77	1,693.08	3,386.15	55	5
		Ⅱ	34,067.31	17,280.00	1,018.73	5,554.72	4,081.74	2,044.04	4,088.08	72	
		Ⅲ	38,262.15	20,160.00	1,018.73	5,710.25	4,485.98	2,295.73	4,591.46	84	
经纬度点二等	点	Ⅰ	21,619.64	10,080.00	794.93	4,127.92	2,725.25	1,297.18	2,594.36	42	5
		Ⅱ	26,456.40	13,440.00	794.93	4,286.65	3,172.67	1,587.38	3,174.77	56	
		Ⅲ	30,550.88	16,320.00	794.93	4,392.49	3,544.30	1,833.05	3,666.11	68	
人仪差测定	台次	Ⅰ Ⅱ Ⅲ	17,430.42	9,600.00	535.64	2,413.23	1,744.07	1,045.83	2,091.65	40	
（三）基线测量	条(2千米)	Ⅰ Ⅱ Ⅲ	99,264.39	52,800.00	1,076.37	17,021.96	10,498.47	5,955.86	11,911.73	220	15
（四）重力测量 1. 绝对重力测量选点，埋标石	点	Ⅰ	40,901.27	17,280.00	3,276.00	4,931.28	8,051.76	2,454.08	4,908.15	72	6
		Ⅱ	60,437.85	25,920.00	4,164.48	7,396.92	12,077.64	3,626.27	7,252.54	108	
		Ⅲ									
观测	点	Ⅰ	68,879.27	21,600.00	220.60	30,528.10	4,132.30	4,132.76	8,265.51	90	6
		Ⅱ	82,943.11	30,240.00	220.60	32,134.85	5,417.90	4,976.59	9,953.17	126	
		Ⅲ									
2. 相对重力测量选点，埋标志	点	Ⅰ	4,560.45	1,920.00	330.48	880.35	608.74	273.63	547.25	8	2
		Ⅱ	5,935.50	2,880.00	330.48	902.33	754.30	356.13	712.26	12	
		Ⅲ									
选点、埋标石	点	Ⅰ	13,602.48	5,760.00	747.31	2,641.10	2,005.62	816.15	1,632.30	24	6
		Ⅱ	17,838.52	8,640.00	747.31	2,707.13	2,533.15	1,070.31	2,140.62	36	
		Ⅲ									

续表

工作项目	计量单位	困难类别	总成本	工资	材料费	运输费	其他直接费	间接费用	期间费用	定额工日	班组定员
基本点观测	点	Ⅰ	55,699.72	10,800.00	220.60	30,528.10	4,125.07	3,341.98	6,683.97	45	10
		Ⅱ	63,321.81	14,160.00	220.60	32,134.85	5,408.43	3,799.31	7,598.62	59	
		Ⅲ									
一等点观测	点	Ⅰ	14,648.85	6,720.00	132.25	3,224.14	1,935.67	878.93	1,757.86	28	8
		Ⅱ	17,374.00	8,640.00	132.25	3,304.73	2,169.70	1,042.44	2,084.88	36	
		Ⅲ									
二等、一等引点观测	点	Ⅰ	7,181.25	3,120.00	97.71	1,760.67	916.24	430.88	861.75	13	7~8
		Ⅱ	9,080.67	4,320.00	97.71	1,876.56	1,157.88	544.84	1,089.68	18	
		Ⅲ	10,452.97	5,280.00	97.71	1,922.91	1,276.81	627.18	1,254.36	22	
重力加密点观测	点	Ⅰ	1,983.60	720.00	52.59	564.72	289.24	119.02	238.03	3	6~7
		Ⅱ	3,298.83	1,680.00	52.59	586.34	386.11	197.93	395.86	7	
		Ⅲ	4,307.18	2,400.00	52.59	600.82	478.48	258.43	516.86	10	

测绘生产成本费用定额计算表

专业：海洋测绘与江湖水下测量　　　　单位：元

工作项目	计量单位	困难级别	总成本	工资	材料费	运输费	其他直接费	间接费用	期间费用	定额工日	班组定员
水准点上重力测定	点	Ⅰ Ⅱ Ⅲ	602.05	312.00	34.71	83.11	63.86	36.12	72.25	1.3	4
长基线上格值测定	台次	Ⅰ Ⅱ Ⅲ	16,959.06	4,080.00	95.44	8,599.07	1,131.92	1,017.54	2,035.09	17	2
短基线上格值测定	台次	Ⅰ Ⅱ Ⅲ	2,602.32	1,200.00	50.53	550.24	333.13	156.14	312.28	5	2
（五）水准测量 1. 选埋浅层基岩标石	点	Ⅰ	26,849.34	11,520.00	1,010.23	5,970.92	3,515.31	1,610.96	3,221.92	48	6
		Ⅱ	30,068.85	14,160.00	1,010.23	5,970.92	3,515.31	1,804.13	3,608.26	59	
		Ⅲ	32,995.68	16,560.00	1,010.23	5,970.92	3,515.31	1,979.74	3,959.48	69	
2. 基本标石	点	Ⅰ	9,219.60	3,360.00	793.12	1,979.39	1,427.56	553.18	1,106.35	14	6
		Ⅱ	11,076.32	4,560.00	793.12	2,055.48	1,673.98	664.58	1,329.16	19	
		Ⅲ	12,246.52	5,280.00	793.12	2,106.23	1,862.80	734.79	1,469.58	22	

测绘生成成本费用定额计算表

专业：大地测量　　　　单位：元

工作项目	计量单位	困难类别	总成本	工资	材料费	运输费	其他直接费	间接费用	期间费用	定额工日	班组定员
普通标石	点	Ⅰ	6,595.50	2,400.00	527.05	1,397.20	1,084.06	395.73	791.46	10	6
		Ⅱ	8,455.49	3,600.00	527.05	1,450.93	1,355.52	507.33	1,014.66	15	
		Ⅲ	9,921.42	4,560.00	527.05	1,486.75	1,561.76	595.29	1,190.57	19	
墙角标志	点	Ⅰ Ⅱ Ⅲ	2,332.31	720.00	225.22	358.23	609.04	139.94	279.88	3	3
2. 观测 一等水准	千米	Ⅰ	2,089.40	1,080.00	32.50	372.40	228.41	125.36	250.73	4.5	8
		Ⅱ	2,494.05	1,368.00	32.50	384.16	260.46	149.64	299.29	5.7	
		Ⅲ	2,854.50	1,632.00	32.50	386.27	289.92	171.27	342.54	6.8	
二等水准	千米	Ⅰ	1,732.17	888.00	28.28	312.04	192.06	103.93	207.86	3.7	8
		Ⅱ	2,070.94	1,128.00	28.28	323.47	218.42	124.26	248.51	4.7	
		Ⅲ	2,440.85	1,392.00	28.28	336.84	244.38	146.45	292.90	5.8	
三等水准	千米	Ⅰ	851.49	432.00	16.28	152.91	97.03	51.09	102.18	1.8	5
		Ⅱ	1,117.89	624.00	16.28	159.19	117.20	67.07	134.15	2.6	
		Ⅲ	1380.85	816.00	16.28	163.34	136.68	82.85	165.7	3.4	
四等水准	千米	Ⅰ	725.28	360.00	15.12	134.15	85.46	43.52	87.03	1.5	5
		Ⅱ	925.69	504.00	15.12	137.83	102.12	55.54	111.08	2.1	
		Ⅲ	1,124.22	648.00	15.12	140.44	118.30	67.45	134.91	2.7	
一等渡河水准	处	Ⅰ	48,268.66	21,600.00	857.16	10,531.37	6,591.77	2,896.12	5,792.24	90	10
		Ⅱ	77,351.27	43,200.00	857.16	10,936.40	8,434.48	4,641.08	9,282.15	180	
		Ⅲ									
二等渡河水准	处	Ⅰ	42,415.00	16,800.00	857.16	10,531.37	6,591.77	2,544.90	5,089.80	70	10
		Ⅱ	59,790.29	28,800.00	857.16	10,936.40	8,434.48	3,587.42	7,174.83	120	
		Ⅲ									
三、四等渡河水准	处	Ⅰ	22,421.47	9,600.00	600.40	5,133.60	3,051.60	1,345.29	2,690.58	40	10
		Ⅱ	46,132.93	24,000.00	838.00	7,439.00	5,552.00	2,767.98	5,535.95	100	
		Ⅲ									
（六）全球卫星定位系统(GPS)测量 1. 选埋基岩标石	点	Ⅰ	35,146.15	12,000.00	2,275.19	8,953.18	5,591.47	2,108.77	4,217.54	50	8
		Ⅱ	39,582.35	14,160.00	2,275.19	9,424.40	6,597.94	2,374.94	4,749.88	59	
		Ⅲ	44,018.53	16,320.00	2275.19	9895.61	7604.40	2,641.11	5,282.22	68	

续表

工作项目	计量单位	困难类别	总成本	工资	材料费	运输费	其他直接费	间接费用	期间费用	定额工日	班组定员
基本标石	点	Ⅰ	15,508.70	5,040.00	1,079.75	4,248.97	2,348.42	930.52	1,861.04	21	7
		Ⅱ	18,784.83	6,720.00	1,079.75	4,472.59	3,131.22	1,127.09	2,254.18	28	
		Ⅲ	22,060.98	8,400.00	1,079.75	4,696.22	3,914.03	1,323.66	2,647.32	35	
普通标石	点	Ⅰ	7,771.92	2,400.00	578.44	2,276.24	1,118.29	466.32	932.63	10	7
		Ⅱ	10,063.31	3,600.00	578.44	2,396.03	1,677.44	603.80	1,207.60	15	
		Ⅲ	11,925.66	4,560.00	578.44	2,515.84	2,124.76	715.54	1,431.08	19	
2. 观测 A 级	点	Ⅰ	23,999.15	7,680.00	647.60	6,694.14	4,657.56	1,439.95	2,879.90	32	2
		Ⅱ	26,396.88	8,640.00	647.60	7,046.46	5,311.38	1,583.81	3,167.63	36	
		Ⅲ	29,778.66	10,080.00	647.60	7,398.79	6,292.11	1,786.72	3,573.44	42	
B 级	点	Ⅰ	13,548.66	4,800.00	344.04	3,556.27	2,409.59	812.92	1,625.84	20	2
		Ⅱ	15,570.28	5,760.00	344.04	3,743.43	2,920.16	934.22	1,868.43	24	
		Ⅲ	18,401.24	7,200.00	344.04	3,930.60	3,614.38	1,104.07	2,208.15	30	
C 级	点	Ⅰ	4,140.90	1,056.00	141.66	1,464.35	733.53	248.45	496.91	4.4	2
		Ⅱ	5,274.53	1,512.00	141.66	1,541.41	1,130.05	316.47	632.94	6.3	
		Ⅲ	6,654.18	2,088.00	141.66	1,618.48	1,608.29	399.25	798.50	8.7	
（七）全球导航卫星系统连续运行参考站建设 1. 选址、埋石	点	Ⅰ	48,326.83	24,000.00	1,842.00	6,849.00	6,937.00	2,899.61	5,799.22	100	8
		Ⅱ	60,408.53	30,000.00	2,302.50	8,561.25	8,671.25	3,624.51	7,249.02	125	
		Ⅲ	82,155.61	40,800.00	3,131.40	11,643.30	11,792.90	4,929.34	9,858.67	170	
2. 运行维护	年点	Ⅰ	86,021.76	42,720.00	3,278.76	12,191.22	12,347.86	5,161.31	10,322.61	178	2
		Ⅱ	121,300.34	60,240.00	4,623.42	17,190.99	17,411.87	7,278.02	14,556.04	251	
		Ⅲ	176,392.93	87,600.00	6,723.30	24,998.85	25,320.05	10,583.58	21,167.15	365	
（八）控制点普查 水准点	点	Ⅰ	683.84	384.00	31.23	82.80	62.72	41.03	82.06	1.6	2
		Ⅱ	933.28	576.00	30.12	82.90	76.27	56.00	111.99	2.4	
		Ⅲ	1,207.02	768.00	32.96	93.28	95.52	72.42	144.84	3.2	
大地控制点	点	Ⅰ	1,624.14	864.00	19.51	223.24	225.04	97.45	194.90	3.6	
		Ⅱ	2,197.12	1,152.00	26.02	297.65	325.97	131.83	263.65	4.8	
		Ⅲ	2,763.51	1,440.00	32.52	372.06	421.50	165.81	331.62	6	
重力点	点	Ⅰ	1,579.06	984.00	56.46	150.39	103.98	94.74	189.49	4.1	
		Ⅱ	2,231.93	1,488.00	56.92	155.37	129.89	133.92	267.83	6.2	
		Ⅲ									

续表

工作项目	计量单位	困难类别	总成本	工资	材料费	运输费	其他直接费	间接费用	期间费用	定额工日	班组定员
（九）数据处理 1. 水准网平差 一、二等	千米	Ⅰ Ⅱ Ⅲ	48.10	23.82	1.46	1.54	12.62	2.89	5.77	0.20	
三、四等	千米	Ⅰ Ⅱ Ⅲ	23.60	9.53	0.91	1.02	7.89	1.42	2.83	0.08	
2. 全球卫星定位系统 测量计算 连续运行站	年点	Ⅰ Ⅱ Ⅲ	8,511.66	3,334.52	339.64	359.80	2,945.60	510.70	1,021.40	28	
A、B级	点	Ⅰ Ⅱ Ⅲ	1,571.26	595.45	63.66	77.12	552.20	94.28	188.55	5	
C级	点	Ⅰ Ⅱ Ⅲ	911.89	357.27	36.38	38.56	315.54	54.71	109.43	3	
3. 坐标转换 平面	点	Ⅰ Ⅱ Ⅲ	30.40	11.91	1.21	1.29	10.52	1.82	3.65	0.1	
高程	点	Ⅰ Ⅱ Ⅲ	30.40	11.91	1.21	1.29	10.52	1.82	3.65	0.1	
4. 重力测量计算 基本（准）网点	点	Ⅰ Ⅱ Ⅲ	6,261.90	2,858.16	218.27	168.18	1,890.15	375.70	751.43	24	
加密点	点	Ⅰ Ⅱ Ⅲ	208.73	95.27	7.28	5.61	63.00	12.52	25.05	0.8	
5. 大地水准面计算 精度≤5厘米	平方千米	Ⅰ Ⅱ Ⅲ	60.81	23.82	2.43	2.57	21.04	3.65	7.30	0.2	

续表

工作项目	计量单位	困难类别	总成本	工资	材料费	运输费	其他直接费	间接费用	期间费用	定额工日	班组定员
精度>5 厘米	平方千米	Ⅰ Ⅱ Ⅲ	7.60	2.98	0.30	0.32	2.63	0.46	0.91	0.025	
6. 平均重力异常计算	网	Ⅰ Ⅱ Ⅲ	60.81	23.82	2.43	2.57	21.04	3.65	7.30	0.2	

测绘生产成本费用定额计算表

专业：摄影测量与遥感　　　　　　　　　　　　单位：元

工作项目	计量单位	困难类别	总成本	工资	材料费	运输费	其他直接费	间接费用	期间费用	定额工日	班组定员
（一）测图控制 1. 高级地形控制点测量 电磁波测距导线测量	点	Ⅰ	3,337.76	1,680.00	191.39	494.28	371.29	200.27	400.53	7	7
		Ⅱ	5,208.70	2,880.00	191.39	644.73	555.02	312.52	625.04	12	
		Ⅲ	6,332.00	3,600.00	191.39	734.27	666.58	379.92	759.84	15	
地下控制点GPS 测量	点	Ⅰ	3,271.68	960.00	51.04	1,005.16	666.58	196.30	392.60	4	5
		Ⅱ	3,791.39	1,440.00	76.56	925.80	666.58	227.48	454.97	6	
		Ⅲ	4,772.57	2,160.00	114.84	972.09	666.58	286.35	572.71	9	
等外水准测量	千米	Ⅰ	331.00	192.00	12.35	35.82	31.25	19.86	39.72	0.8	4
		Ⅱ	487.23	288.00	12.35	50.16	49.02	29.23	58.47	1.2	
		Ⅲ	627.80	384.00	12.35	60.89	57.55	37.67	75.34	1.6	
2. 航测像片控制点连测 1：50,000	幅	Ⅰ	8,713.12	4,320.00	386.55	1,382.58	1,036.30	529.23	1,058.46	18	5
		Ⅱ	12,988.99	7,200.00	390.98	1,665.55	1,375.91	785.52	1,571.03	30	
		Ⅲ	15,794.96	8,880.00	391.98	1,948.52	1,713.02	953.81	1,907.63	37	
1：25,000	幅	Ⅰ	5,328.10	2,400.00	270.70	967.10	716.62	324.56	649.12	10	
		Ⅱ	7,996.41	4,080.00	284.88	1,192.75	987.36	483.81	967.61	17	
		Ⅲ	9,645.69	5,040.00	284.91	1,371.85	1200.65	582.76	1,165.52	21	
1：10,000	幅	Ⅰ	3,637.81	1,680.00	177.67	637.56	478.64	221.31	442.63	7	
		Ⅱ	5,244.11	2,640.00	179.49	802.32	669.55	317.58	635.17	11	
		Ⅲ	7,187.38	3,840.00	182.75	981.42	881.26	433.98	867.97	16	

续表

工作项目	计量单位	困难类别	总成本	工资	材料费	运输费	其他直接费	间接费用	期间费用	定额工日	班组定员
1∶5,000	幅	Ⅰ	2,947.74	1,440.00	148.18	472.80	351.72	178.35	356.69	6	
		Ⅱ	4,175.45	2,160.00	150.87	601.74	507.30	251.85	503.69	9	
		Ⅲ	5,366.49	2,880.00	155.58	719.95	641.88	323.03	646.05	12	
1∶2,000	幅	Ⅰ	2,720.45	1,200.00	144.06	501.45	380.07	164.96	329.91	5	
		Ⅱ	3,874.53	1,920.00	145.21	601.74	505.19	234.13	468.26	8	
		Ⅲ	4,991.14	2,640.00	146.94	691.30	609.83	301.02	602.05	11	
1∶1,000	幅	Ⅰ	2,139.33	960.00	113.60	386.85	288.69	130.06	260.13	4	
		Ⅱ	2,958.41	1,440.00	113.60	476.38	390.80	179.21	358.42	6	
		Ⅲ	4,050.58	2,160.00	116.18	551.61	489.04	244.58	489.17	9	
1∶500	幅	Ⅰ	1,258.83	480.00	69.97	279.39	196.58	77.63	155.26	2	
		Ⅱ	2,069.04	960.00	69.97	365.34	295.01	126.24	252.48	4	
		Ⅲ	2,826.37	1,440.00	78.71	422.66	371.53	171.16	342.31	6	
3. 卫星像片控制点连测 1∶5,000 ~ 1∶50,000	点										
（二）地物、地貌调绘 1∶50,000	幅	Ⅰ	35,535.50	18,480.00	1,803.34	4,982.45	3,873.32	2,132.13	4,264.26	77	4
		Ⅱ	49,725.65	27,600.00	1,808.65	6,103.55	5,262.83	2,983.54	5,967.08	115	
		Ⅲ	65,097.81	37,200.00	1,919.40	7,456.55	6,804.25	3,905.87	7,811.74	155	
1∶25,000	幅	Ⅰ	20,000.68	11,280.00	821.14	2,385.50	1,913.92	1,200.04	2,400.08	47	
		Ⅱ	26,448.91	15,600.00	821.14	2,818.90	2,448.07	1,586.93	3,173.87	65	
		Ⅲ	32,561.80	19,680.00	821.14	3,234.39	2,965.14	1,953.71	3,907.42	82	
1∶10,000	幅	Ⅰ	12,613.18	7,200.00	524.78	1,468.55	1,149.48	756.79	1,513.58	30	
		Ⅱ	17,561.28	10,560.00	524.78	1,780.18	1,535.29	1,053.68	2,107.35	44	
		Ⅲ	20,847.06	12,720.00	524.78	2,016.58	1,833.23	1,250.82	2,501.65	53	
1∶5,000	幅	Ⅰ	6,104.22	3,360.00	296.35	773.67	575.44	366.25	732.51	14	
		Ⅱ	11,516.89	7,200.00	296.35	1,038.72	908.78	691.01	1,382.03	30	
		Ⅲ	14,964.85	9,600.00	296.35	1,228.57	1,146.26	897.89	1,795.78	40	
1∶2,000	幅	Ⅰ	2,923.06	1,440.00	160.52	444.15	354.24	175.38	350.77	6	
		Ⅱ	5,546.41	3,360.00	160.52	548.02	479.52	332.78	665.57	14	
		Ⅲ	7,840.47	5,040.00	160.52	637.56	591.10	470.43	940.86	21	

续表

工作项目	计量单位	困难类别	总成本	工资	材料费	运输费	其他直接费	间接费用	期间费用	定额工日	班组定员
1∶1,000	幅	Ⅰ	1,827.35	960.00	86.43	250.74	201.26	109.64	219.28	4	
		Ⅱ	3,698.17	2,400.00	86.43	293.70	252.37	221.89	443.78	10	
		Ⅲ	4,951.90	3,360.00	86.43	322.37	291.76	297.11	594.23	14	
1∶500	幅	Ⅰ	941.94	480.00	55.57	136.11	100.71	56.52	113.03	2	
		Ⅱ	2,535.88	1,680.00	55.57	182.68	161.17	152.15	304.31	7	
		Ⅲ	4,083.44	2,880.00	55.57	214.92	197.93	245.01	490.01	12	
（三）航空摄影测量 1. 航片数字线划地图（DLG） 1∶50,000	幅	Ⅰ	12,140.98	5,359.05	1,100.00	550.50	2,946.05	728.46	1,456.92	45	
		Ⅱ	20,221.11	9,527.20	1,266.19	550.50	5,237.42	1,213.27	2,426.53	80	
		Ⅲ	29,455.55	14,290.80	1,456.12	550.50	7,856.13	1,767.33	3,534.67	120	
1∶25,000	幅	Ⅰ	11,705.28	5,001.78	1,100.00	550.50	2,946.05	702.32	1,404.63	42	
		Ⅱ	18,478.33	8,098.12	1,266.19	550.50	5,237.42	1,108.70	2,217.40	68	
		Ⅲ	25,824.76	11,313.55	1,456.12	550.50	7,856.13	1,549.49	3,098.97	95	
1∶10,000	幅	Ⅰ	10,465.00	4,644.51	906.45	477.10	2,553.24	627.90	1,255.80	39	
		Ⅱ	14,861.83	6,907.22	1,005.25	477.10	3,797.13	891.71	1,783.42	58	
		Ⅲ	19,258.65	9,169.93	1,104.04	477.10	5,041.02	1,155.52	2,311.04	77	
1∶5,000	幅	Ⅰ	8,853.88	3,929.97	766.07	403.70	2,160.44	531.23	1,062.47	33	
		Ⅱ	12,556.45	5,835.41	849.26	403.70	3,207.92	753.39	1,506.77	49	
		Ⅲ	16,259.02	7,740.85	932.45	403.70	4,255.40	975.54	1,951.08	65	
1∶2,000	幅	Ⅰ	6,487.94	2,858.16	597.12	293.60	1,571.23	389.28	778.55	24	
		Ⅱ	9,039.50	4,168.15	659.27	293.60	2,291.37	542.37	1,084.74	35	
		Ⅲ	12,750.88	6,073.59	749.68	293.60	3,338.85	765.05	1,530.11	51	
1∶1,000	幅	Ⅰ	4,384.25	1,905.44	446.43	195.74	1,047.48	263.05	526.11	16	
		Ⅱ	6,935.83	3,215.43	508.58	195.74	1,767.63	416.15	832.30	27	
		Ⅲ	10,183.31	4,882.69	587.70	195.74	2,684.18	611.00	1,222.00	41	
1∶500	幅	Ⅰ	2,896.71	1,071.81	371.08	146.80	785.61	173.80	347.61	9	
		Ⅱ	4,722.14	1,786.35	433.24	146.80	1,505.76	283.33	566.66	15	
		Ⅲ	6,634.28	2,500.89	501.05	146.80	2,291.37	398.06	796.11	21	
2. 航片数字高程模型（DEM） 1∶50,000	幅	Ⅰ	3,749.28	2,262.71	190.09	97.87	523.74	221.96	449.91	19	
		Ⅱ	5,340.43	3,215.43	214.88	97.87	851.08	320.43	640.87	27	
		Ⅲ	6,931.85	4,168.15	239.68	97.87	1,178.42	415.91	831.82	35	

续表

工作项目	计量单位	困难类别	总成本	工资	材料费	运输费	其他直接费	间接费用	期间费用	定额工日	班组定员
1：25,000	幅	Ⅰ	3,023.12	1,667.26	190.09	97.87	523.74	181.39	362.77	14	
		Ⅱ	4,323.94	2,381.80	214.88	97.87	851.08	259.44	518.87	20	
		Ⅲ	5,624.77	3,096.34	239.68	97.87	1,178.42	337.49	674.97	26	
1：10,000	幅	Ⅰ	2,151.73	952.72	190.09	97.87	523.74	129.10	258.21	8	
		Ⅱ	3,162.09	1,429.08	214.88	97.87	851.08	189.73	379.45	12	
		Ⅲ	4,172.45	1,905.44	239.68	97.87	1,178.42	250.35	500.69	16	
1：5,000	幅	Ⅰ	1,861.27	714.54	190.09	97.87	523.74	111.68	223.35	6	
		Ⅱ	2,581.16	952.72	214.88	97.87	851.08	154.87	309.74	8	
		Ⅲ	3,301.06	1,190.90	239.68	97.87	1,178.42	198.06	396.13	10	
1：2,000	幅	Ⅰ	1,570.81	476.36	190.09	97.87	523.74	94.25	188.50	4	
		Ⅱ	2,290.69	714.54	214.88	97.87	851.08	137.44	274.88	6	
		Ⅲ	3,010.60	952.72	239.68	97.87	1,178.42	180.64	361.27	8	
3. 航片数字正射影像图（DOM）1：50,000 立体纠正	幅	Ⅰ	5,101.61	2,381.80	641.92	112.12	1,047.48	306.10	612.19	20	
		Ⅱ	6,408.69	3,453.61	641.92	112.12	1,047.48	384.52	769.04	29	
		Ⅲ	7,715.78	4,525.42	641.92	112.12	1,047.48	462.95	925.89	38	
单片纠正	幅	Ⅰ	2,817.51	1,071.81	441.32	77.08	720.15	169.05	338.10	9	
		Ⅱ	3,107.98	1,309.99	441.32	77.08	720.15	186.48	372.96	11	
		Ⅲ	3,543.67	1,667.26	441.32	77.08	720.15	212.62	425.24	14	
1：25,000 立体纠正	幅	Ⅰ	3,398.44	1,548.17	441.32	77.08	720.15	203.91	407.81	13	
		Ⅱ	4,415.06	2,381.80	441.32	77.08	720.15	264.90	529.81	20	
		Ⅲ	5,141.22	2,977.25	441.32	77.08	720.15	308.47	616.95	25	
单片纠正	幅	Ⅰ	2,381.82	714.54	441.32	77.08	720.15	142.91	285.82	6	
		Ⅱ	2,672.28	952.72	441.32	77.08	720.15	160.34	320.67	8	
		Ⅲ	2,962.74	1,190.90	441.32	77.08	720.15	177.76	355.53	10	
1：10,000 立体纠正	幅	Ⅰ	2,527.05	833.63	441.32	77.08	720.15	151.62	303.25	7	
		Ⅱ	2,500.52	1,190.90	315.95	52.56	491.02	150.03	300.06	10	
		Ⅲ	2,936.21	1,548.17	315.95	52.56	491.02	176.17	352.34	13	
单片纠正	幅	Ⅰ	994.72	357.27	168.50	28.03	261.87	59.68	119.37	3	
		Ⅱ	1,139.95	476.36	168.50	28.03	261.87	68.40	136.79	4	
		Ⅲ	1,285.18	595.45	168.50	28.03	261.87	77.11	154.22	5	

续表

工作项目	计量单位	困难类别	总成本	工资	材料费	运输费	其他直接费	间接费用	期间费用	定额工日	班组定员
1∶5,000 立体纠正	幅	Ⅰ	1,430.42	714.54	168.50	28.03	261.87	85.83	171.65	6	
		Ⅱ	2,018.11	1,071.81	220.66	35.04	327.34	121.09	242.17	9	
		Ⅲ	2,308.57	1,309.99	220.66	35.04	327.34	138.51	277.03	11	
单片纠正	幅	Ⅰ	1,074.11	297.73	220.66	35.04	327.34	64.45	128.89	2.5	
		Ⅱ	1,219.34	416.82	220.66	35.04	327.34	73.16	146.32	3.5	
		Ⅲ	1,364.57	535.91	220.66	35.04	327.34	81.87	163.75	4.5	
1∶2,000 立体纠正	幅	Ⅰ	1,437.18	595.45	220.66	35.04	327.34	86.23	172.46	5	
		Ⅱ	1,727.65	833.63	220.66	35.04	327.34	103.66	207.32	7	
		Ⅲ	2,018.11	1,071.81	220.66	35.04	327.34	121.09	242.17	9	
单片纠正	幅	Ⅰ	1,001.49	238.18	220.66	35.04	327.34	60.09	120.18	2	
		Ⅱ	1,146.72	357.27	220.66	35.04	327.34	68.80	137.61	3	
		Ⅲ	1,291.95	476.36	220.66	35.04	327.34	77.52	155.03	4	
1∶1,000 立体纠正	幅	Ⅰ	1,291.95	476.36	220.66	35.04	327.34	77.52	155.03	4	
		Ⅱ	1,437.18	595.45	220.66	35.04	327.34	86.23	172.46	5	
		Ⅲ	1,582.41	714.54	220.66	35.04	327.34	94.94	189.89	6	
单片纠正	幅	Ⅰ	928.87	178.64	220.66	35.04	327.34	55.73	111.46	1.5	
		Ⅱ	1,074.11	297.73	220.66	35.04	327.34	64.45	128.89	2.5	
		Ⅲ	1,219.34	416.82	220.66	35.04	327.34	73.16	146.32	3.5	
1∶500 立体纠正	幅	Ⅰ	1,146.72	357.27	220.66	35.04	327.34	68.80	137.61	3	
		Ⅱ	1,297.52	476.36	221.66	37.04	328.91	77.85	155.70	4	
		Ⅲ	1,448.34	595.45	222.67	39.04	330.48	86.90	173.80	5	
单片纠正	幅	Ⅰ	873.00	119.09	223.67	41.05	332.05	52.38	104.76	1	
		Ⅱ	1,023.81	238.18	224.67	43.05	333.62	61.43	122.86	2	
		Ⅲ	1,174.62	357.27	225.68	45.05	335.19	70.48	140.95	3	
（四）卫星摄影测量 1. 卫片数字线划地图（DLG）1∶50,000	幅	Ⅰ	11,193.00	4,882.69	1,073.79	537.51	2,684.27	671.58	1,343.16	41	
		Ⅱ	18,551.41	8,574.48	1,340.64	583.20	4,713.84	1,113.08	2,226.17	72	
		Ⅲ	27,089.56	12,861.72	1,655.64	625.32	7,070.76	1,625.37	3,250.75	108	
1∶25,000	幅	Ⅰ	10,374.00	4,525.42	995.22	498.18	2,487.86	622.44	1,244.88	38	
		Ⅱ	15,717.17	7,264.49	1,135.82	494.10	3,993.67	943.03	1,886.06	61	
		Ⅲ	21,571.32	10,241.74	1,318.38	497.94	5,630.42	1,294.28	2,588.56	86	

续表

工作项目	计量单位	困难类别	总成本	工资	材料费	运输费	其他直接费	间接费用	期间费用	定额工日	班组定员
1：10,000	幅	Ⅰ	9,391.52	4,168.15	813.40	428.05	2,291.45	563.49	1,126.98	35	
		Ⅱ	13,324.68	6,192.68	901.16	427.96	3,404.44	799.48	1,598.96	52	
		Ⅲ	17,258.41	8,217.21	989.46	427.80	4,517.43	1,035.50	2,071.01	69	
1：5,000	幅	Ⅰ	8,048.78	3,572.70	696.30	366.90	1,964.10	482.93	965.85	30	
		Ⅱ	11,274.73	5,239.96	762.52	362.12	2,880.68	676.48	1,352.97	44	
		Ⅲ	14,761.51	7,026.31	846.65	368.75	3,862.73	885.69	1,771.38	59	
2. 卫片数字高程模型（DEM） 1：50,000	幅	Ⅰ	4,203.11	1,786.35	481.50	196.65	982.05	252.19	504.37	15	
		Ⅱ	5,762.93	2,619.98	487.08	176.20	1,440.34	345.78	691.55	22	
		Ⅲ	7,107.56	3,334.52	498.40	162.12	1,833.16	426.45	852.91	28	
1：25,000	幅	Ⅰ	2,920.77	1,309.99	220.66	144.21	720.17	175.25	350.49	11	
		Ⅱ	4,150.64	1,905.44	320.96	129.60	1,047.52	249.04	498.08	16	
		Ⅲ	5,284.57	2,500.89	336.00	121.59	1,374.87	317.07	634.15	21	
1：10,000	幅	Ⅰ	1,936.01	833.63	210.00	85.61	458.29	116.16	232.32	7	
		Ⅱ	2,626.34	1,190.90	225.70	82.30	654.70	157.58	315.16	10	
		Ⅲ	3,302.48	1,548.17	228.15	80.60	851.11	198.15	296.30	13	
1：5,000	点	Ⅰ	1,337.56	595.45	112.85	61.15	327.35	80.25	160.51	5	
		Ⅱ	1,575.81	714.54	135.42	49.38	392.82	94.55	189.10	6	
		Ⅲ	2,081.76	952.72	180.56	50.00	523.76	124.91	249.81	8	
3. 卫片数字正射影像图（DOM） 1：50,000 立体影像数据	站	Ⅰ	3,223.02	1,429.08	270.84	157.32	785.64	193.38	386.76	12	
		Ⅱ	4,199.61	1,905.44	361.12	129.60	1,047.52	251.98	503.95	16	
		Ⅲ	5,193.17	2,381.80	451.40	115.80	1,309.40	311.59	623.18	20	
多光谱数据	站	Ⅰ	1,074.34	476.36	90.28	52.44	261.88	64.46	128.92	4	
		Ⅱ	1,312.38	595.45	112.85	40.50	327.35	78.74	157.49	5	
		Ⅲ	1,557.95	714.54	135.42	34.74	392.82	93.48	186.95	6	
全色或单波段数据	站	Ⅰ	671.49	297.73	56.43	32.78	163.68	40.29	80.58	2.5	
		Ⅱ	787.43	357.27	67.71	24.30	196.41	47.25	94.49	3	
		Ⅲ	908.90	416.82	79.00	20.27	229.15	54.53	109.06	3.5	
1：25,000 立体影像数据	站	Ⅰ	2,189.27	952.72	180.56	104.88	557.04	131.36	262.71	8	
		Ⅱ	2,758.17	1,190.90	225.70	81.00	764.10	165.49	330.98	10	
		Ⅲ	4,478.83	1,905.44	361.12	92.64	1,313.44	268.73	527.46	16	

续表

工作项目	计量单位	困难类别	总成本	工资	材料费	运输费	其他直接费	间接费用	期间费用	定额工日	班组定员
多光普数据	幅	Ⅰ	957.83	416.82	79.00	45.89	243.71	57.47	114.94	3.5	
		Ⅱ	1,241.19	535.91	101.57	36.45	343.85	74.47	148.94	4.5	
		Ⅲ	1,539.62	655.00	124.14	31.85	451.50	92.38	184.75	5.5	
全色或单波段数据	幅	Ⅰ	547.32	238.18	45.15	26.22	139.26	32.48	65.68	2	
		Ⅱ	689.56	297.73	56.43	20.25	191.03	41.37	82.75	2.5	
		Ⅲ	839.78	357.27	67.71	17.37	246.27	50.39	100.77	3	
1∶10,000 立体影像数据	幅	Ⅰ	1,070.05	476.36	90.28	48.92	261.88	64.20	128.41	4	
		Ⅱ	1,313.17	595.45	112.85	41.15	327.35	78.90	157.58	5	
		Ⅲ	1,821.11	833.63	157.99	43.40	458.29	109.27	218.53	7	
多光谱数据	幅	Ⅰ	802.53	357.27	67.71	36.69	196.41	48.15	96.30	3	
		Ⅱ	1,050.80	476.36	90.28	32.92	261.88	63.03	126.06	4	
		Ⅲ	1,300.80	595.45	112.85	31.00	327.35	78.05	156.10	5	
全色或单波段数据	幅	Ⅰ	401.29	178.84	33.86	18.35	98.21	24.08	48.15	1.5	
		Ⅱ	525.27	238.18	45.14	16.46	130.94	31.52	63.03	2	
		Ⅲ	650.41	297.73	56.43	15.50	163.68	29.02	78.05	2.5	
1∶5,000 立体影像数据	幅	Ⅰ	804.88	357.27	69.63	36.69	196.41	48.29	96.59	3	
		Ⅱ	1,024.98	476.36	69.32	32.92	261.88	61.50	123.00	4	
		Ⅲ	1,250.98	595.45	71.75	31.25	327.35	75.06	150.12	5	
多光谱数据	幅	Ⅰ	536.59	238.18	46.42	24.46	130.94	32.20	64.39	2	
		Ⅱ	768.73	357.27	51.99	24.69	196.41	46.12	92.25	3	
		Ⅲ	1,000.78	476.36	57.40	25.00	261.88	60.05	120.09	4	
全色或单波段数据	幅	Ⅰ	268.30	119.09	23.21	12.23	65.47	16.10	32.20	1	
		Ⅱ	384.38	178.64	26.00	12.85	98.21	23.06	46.12	1.5	
		Ⅲ	500.39	238.18	28.70	12.50	130.94	30.02	60.05	2	

测绘生产成本费用定额计算表

专业：地形数据采集与编辑　　　　单位：元

工作项目	计量单位	困难类别	总成本	工资	材料费	运输费	其他直接费	间接费用	期间费用	定额工日	班组定员
（一）全野外地形数据采集与编辑 1. 数字线线划图(DLG) 1∶2,000	幅	Ⅰ	23,979.89	10,320.00	1,098.81	2,691.54	5,553.16	1,438.79	2,877.59	43	
		Ⅱ	38,899.39	17,280.00	1,187.01	3,605.40	9,825.09	2,333.96	4,667.93	72	
		Ⅲ	59,985.42	27,120.00	1,335.11	4,378.59	16,354.34	3,599.13	7,198.25	113	

续表

工作项目	计量单位	困难类别	总成本	工资	材料费	运输费	其他直接费	间接费用	期间费用	定额工日	班组定员
1∶1,000	幅	Ⅰ	18,345.91	8,400.00	940.54	2,330.99	3,372.12	1,100.75	2,201.51	35	
		Ⅱ	28,906.07	13,680.00	942.85	2,854.28	6,225.85	1,734.76	3,468.73	57	
		Ⅲ	45,076.77	22,320.00	188.25	4,108.12	9,346.58	2,704.61	1,883.49	93	
1∶500	幅	Ⅰ	8,152.45	3,600.00	330.38	778.17	1,976.46	489.15	978.29	15	
		Ⅱ	11,390.33	5,040.00	346.21	1,051.58	2,902.28	683.42	1,336.84	21	
		Ⅲ	15,695.75	6,960.00	368.57	1,269.99	4,271.93	941.74	1,883.49	29	
2. 数字高程模(DEM) 1∶5,000	幅	Ⅰ	14,691.91	7,680.00	630.96	1,435.74	2,300.67	881.51	1,763.03	32	
		Ⅱ	19,317.39	10,080.00	692.42	2,103.15	2,964.69	2,318.09	1,772.29	42	
		Ⅲ	27,012.37	14,400.00	778.43	2,217.12	4,254.59	3,241.49	2,445.35	60	
1∶2,000	幅	Ⅰ	10,303.83	5,280.00	461.43	1,071.06	1,636.65	618.23	1,236.46	22	
		Ⅱ	14,769.06	7,680.00	527.56	1,602.40	2,300.67	886.14	1,772.29	32	
		Ⅲ	20,377.90	10,800.00	583.20	2,034.31	3,292.37	1,222.67	2,445.35	45	
1∶1,000	幅	Ⅰ	7,550.44	3,840.00	351.04	869.92	1,130.40	453.03	906.05	16	
		Ⅱ	11,281.47	5,760.00	375.84	1141.68	1,973.28	676.89	1.353.78	24	
		Ⅲ	14,229.07	7,680.00	384.00	1217.92	2,385.92	853.74	1,707.49	32	
1∶500	幅	Ⅰ	3,223.61	1,440.00	165.18	389.10	649.08	193.42	386.83	6	
		Ⅱ	5,085.73	2,400.00	190.60	579.00	1,000.70	305.14	610.29	10	
		Ⅲ	7,268.60	3,600.00	209.70	722.55	1,428.00	436.12	872.23	15	
（二）地图数字化 1. 数字线划图(DLG) 1∶50,000彩图	幅	Ⅰ	3,268.83	1,429.08	314.28	157.32	779.76	196.13	392.26	12	
		Ⅱ	6,940.65	3,215.43	502.74	218.70	1,754.46	416.44	832.88	27	
		Ⅲ	10,259.50	4,882.69	628.53	237.39	2,664.18	615.57	1,231.14	41	
1∶50,000 分要素二底图	幅	Ⅰ	4,738.62	1,190.90	590.82	122.134	1,981.82	284.32	568.63	10	
		Ⅱ	8,905.64	2,500.89	695.08	128.241	3,97841	534.34	1,068.68	21	
		Ⅲ	13,067.69	3,810.88	799.34	130.276	5,975.01	784.06	1,568.12	32	
1∶10,000	幅	Ⅰ	3,528.67	952.72	362.43	97.71	1,480.65	211.72	423.44	8	
		Ⅱ	5,216.32	1,429.08	407.12	115.40	2,325.78	312.98	625.96	12	
		Ⅲ	7,049.43	2,024.53	451.80	118.51	3185.69	422.97	845.93	17	
1∶5,000	幅	Ⅰ	3,082.77	833.63	352.48	85.49	1,256.27	184.97	369.93	7	
		Ⅱ	4,641.65	1,309.99	396.69	102.87	1,996.60	278.50	557.00	11	
		Ⅲ	6,032.59	1,667.26	440.89	116.43	2,722.14	361.96	723.91	14	

续表

工作项目	计量单位	困难类别	总成本	工资	材料费	运输费	其他直接费	间接费用	期间费用	定额工日	班组定员
1∶2,000	幅	Ⅰ	2,153.39	595.45	249.35	61.07	859.91	129.20	258.41	5	
		Ⅱ	3,323.70	952.72	283.35	61.12	1,428.25	199.42	398.84	8	
		Ⅲ	4,659.29	1,429.08	317.35	62.81	2,011.38	279.56	559.11	12	
1∶1,000	幅	Ⅰ	1,635.31	476.36	180.21	48.85	635.53	98.12	196.24	4	
		Ⅱ	2,444.12	714.54	204.01	53.74	1,031.89	146.65	293.29	6	
		Ⅲ	3,389.14	952.72	234.61	58.71	1,533.05	203.35	406.70	8	
1∶500	幅	Ⅰ	796.50	357.27	62.76	36.69	196.41	47.79	95.58	3	
		Ⅱ	1,051.85	476.36	75.36	48.92	261.88	63.11	126.22	4	
		Ⅲ	1,521.07	714.54	85.92	54.00	392.82	91.26	182.53	6	
2. 数字高程模型(DEM) 1∶50,000彩图	幅	Ⅰ	2,612.01	952.72	240.12	91.19	857.82	156.72	313.44	8	
		Ⅱ	5,004.48	1,905.44	285.86	91.19	1,821.18	300.27	600.54	16	
		Ⅲ	7,329.09	2,858.16	328.73	91.19	2,731.77	439.75	897.49	24	
1∶50,000 分要素二底图	幅	Ⅰ	2,002.95	714.54	184.85	73.28	669.75	120.18	240.35	6	
		Ⅱ	3,797.31	1,429.08	219.16	73.28	1,392.27	227.84	455.35	12	
		Ⅲ	5,591.65	2,143.62	253.46	73.28	2,114.79	335.50	671.00	18	
1∶10,000	幅	Ⅰ	1,369.68	476.36	116.25	48.85	481.68	82.18	164.36	4	
		Ⅱ	2,266.85	833.63	133.40	48.85	842.94	136.01	272.02	7	
		Ⅲ	3,099.32	1,190.90	147.69	51.42	1,151.43	185.96	371.92	10	
1∶5,000	幅	Ⅰ	1,031.33	357.27	90.52	36.64	361.26	61.88	123.76	3	
		Ⅱ	1,697.28	595.45	104.81	36.64	654.87	101.84	203.67	5	
		Ⅲ	2,526.62	952.72	119.11	36.64	963.36	151.60	303.19	8	
3. 数字栅格地(DRG) 1∶100,000~1∶10,000彩图	幅	Ⅰ Ⅱ Ⅲ	1,017.10	357.27	83.30	21.02	372.43	61.03	122.05	3	
分要素二底图	幅	Ⅰ Ⅱ Ⅲ	592.54	238.18	45.44	14.02	188.25	35.55	71.10	2	
1∶2,000~1∶500	幅	Ⅰ Ⅱ Ⅲ	349.94	119.09	40.32	7.01	120.53	21.00	41.99	1	

续表

工作项目	计量单位	困难类别	总成本	工资	材料费	运输费	其他直接费	间接费用	期间费用	定额工日	班组定员
1∶5,000→1∶10,000	幅	Ⅰ	5,475.24	1,528.38	1,818.49	569.69	573.14	328.51	657.03	14	
		Ⅱ	8,171.23	2,292.57	2,373.67	1,013.99	1,020.18	490.27	980.55	21	
		Ⅲ	1,046.18	3,056.76	2,800.74	1,355.79	1,364.06	627.61	1,255.22	28	
1∶2,000→1∶5,000	幅	Ⅰ	3,561.14	1,091.70	1,188.44	319.03	320.96	213.67	427.34	10	
		Ⅱ	4,726.95	1,528.38	1,387.74	478.55	481.43	283.62	567.23	14	
		Ⅲ	6,181.65	2,183.40	1,594.16	643.75	647.64	370.90	741.80	20	
1∶1,000→1∶2,000	幅	Ⅰ	2,756.24	655.02	1,046.08	205.09	206.33	154.57	309.15	6	
		Ⅱ	3,651.64	1,091.70	1,216.92	341.82	343.90	219.10	433.20	10	
		Ⅲ	4,880.10	1,746.72	1,352.15	450.03	452.78	292.81	585.61	16	
1∶500→1∶1,000	幅	Ⅰ	1,445.60	545.85	291.60	233.30	114.64	86.74	173.47	5	
		Ⅱ	2,191.76	873.36	495.72	233.30	194.86	131.51	263.01	8	
		Ⅲ	3,071.68	1310.04	699.84	233.30	275.60	184.30	363.60	12	

测绘生产成本费用定额计算表

专业：地图编制　　　　单位：元

工作项目	计量单位	困难类别	总成本	工资	材料费	运输费	其他直接费	间接费用	期间费用	定额工日	班组定员
（一）地形图 1. 地形矢量数据缩编 资料→成图 1∶250,000→1∶1,000,000	幅	Ⅰ	17,637.57	10,479.92	2,405.83	786.14	790.92	1,085.25	2,116.51	88	
		Ⅱ	25,789.49	15,124.43	3,188.79	1,412.79	1,421.37	1,547.37	3,094.74	127	
		Ⅲ	33,789.02	20,126.21	3,786.68	1,891.30	1,902.81	2,027.34	4,054.68	169	
1∶250,000→1∶500,000	幅	Ⅰ	12,025.21	6,788.13	1,861.19	603.84	607.51	721.51	1,443.03	57	
		Ⅱ	19,153.40	11,075.37	2,459.09	1,082.37	1,088.96	1,149.20	2,298.41	93	
		Ⅲ	25,529.20	15,005.34	2,957.34	1,481.13	1,490.14	1,531.75	3,063.50	126	
1∶100,000→1∶250,000	幅	Ⅰ	9,491.38	5,954.50	1,188.44	319.03	320.96	569.48	1,138.97	50	
		Ⅱ	15,353.00	10,241.74	1,387.74	478.55	481.43	921.18	1,842.36	86	
		Ⅲ	20,075.37	13,576.26	1,594.16	643.75	647.64	1,204.52	2,409.04	114	
1∶50,000→1∶100,000	幅	Ⅰ	8,792.84	5,120.87	946.43	569.69	573.14	527.57	1,055.14	43	
		Ⅱ	14,590.35	8,812.66	1,117.26	1,013.99	1,020.18	875.42	1,750.84	74	
		Ⅲ	20,683.27	12,980.81	1,259.62	1,355.79	1,364.06	1,241.00	2,481.99	109	

续表

工作项目	计量单位	困难类别	总成本	工资	材料费	运输费	其他直接费	间接费用	期间费用	定额工日	班组定员
1：10,000→1：50,000	幅	Ⅰ	8,778.44	3,215.43	2,405.83	786.14	790.92	526.71	1,053.41	27	
		Ⅱ	14,751.88	6,073.59	3,188.79	1,412.79	1,421.37	885.11	1,770.23	51	
		Ⅲ	20,718.17	9,408.11	3,786.68	1,891.81	1,902.81	1,243.09	2,486.18	79	
2. 地形图编辑 1：1,000,000	幅	Ⅰ	8,104.76	4,406.33	1,290.08	239.26	710.23	486.29	972.57	37	
		Ⅱ	11,719.14	6,669.04	1,440.10	250.66	1,249.89	703.15	1,406.30	56	
		Ⅲ	15,035.36	8,693.57	1,665.23	301.92	1,668.28	902.12	1,804.24	73	
1：500,000	幅	Ⅰ	6,356.93	3,453.61	1,018.39	193.69	546.99	381.42	762.83	29	
		Ⅱ	9,207.35	5,239.96	1,138.94	210.78	960.35	552.44	1,104.38	44	
		Ⅲ	12,327.77	7,145.40	1,364.92	284.83	1,313.62	739.67	1,479.33	60	
1：250,000	幅	Ⅰ	5,639.58	2,977.25	909.24	227.87	510.09	338.38	676.75	25	
		Ⅱ	8,030.79	4,406.33	986.81	303.06	889.05	481.85	963.69	37	
		Ⅲ	11,425.66	6,430.86	1,270.92	467.12	1,200.14	685.54	1,371.08	54	
1：100,000	幅	Ⅰ	4,025.59	2,143.62	700.53	125.33	331.50	241.54	483.07	18	
		Ⅱ	6,145.51	3,453.61	845.00	193.69	547.01	368.73	737.46	29	
		Ⅲ	8,888.52	5,120.87	1,097.32	336.10	734.30	533.31	1,066.62	43	
1：50,000	幅	Ⅰ	3,645.35	1,905.44	679.11	113.94	290.70	218.72	437.44	16	
		Ⅱ	4,983.36	2,739.07	759.95	153.82	433.52	299.00	598.00	23	
		Ⅲ	7,533.19	4,287.24	1,066.84	287.99	595.15	451.99	903.98	36	
1：25,000	幅	Ⅰ	2,461.09	1,309.99	417.76	56.96	233.38	147.67	295.33	11	
		Ⅱ	9.00	2,024.53	474.91	84.59	359.68	215.39	430.79	17	
		Ⅲ	4,979.89	2,858.16	602.19	142.42	480.74	298.79	597.59	24	
1：1,000	幅	Ⅰ	1,991.38	952.72	464.92	34.18	181.11	119.48	238.97	8	
		Ⅱ	2,742.11	1,429.08	486.77	34.18	298.50	164.53	329.05	12	
		Ⅲ	3,517.45	1,905.44	540.86	45.00	393.01	211.05	422.09	16	
1：5,000	幅	Ⅰ	177.18	714.54	567.86	62.66	112.23	106.63	213.26	6	
		Ⅱ	2,567.73	1,190.90	580.98	104.82	228.84	154.06	308.13	10	
		Ⅲ	3,023.17	1,429.08	597.42	128.91	323.59	181.39	362.78	12	
1：2,000	幅	Ⅰ	1,060.66	595.45	131.22	51.26	91.81	63.64	127.28	5	
		Ⅱ	1,648.56	833.63	208.56	81.48	228.15	98.91	197.83	7	
		Ⅲ	2,326.53	1,190.9	291.6	113.93	311.33	139.59	279.18	10	
1：1,000	幅	Ⅰ	952.64	476.36	145.80	56.97	102.03	57.16	114.32	4	
		Ⅱ	1,391.64	714.54	185.90	72.63	168.07	83.50	167.00	6	
		Ⅲ	1,844.31	952.72	233.28	91.15	235.18	110.66	221.32	8	

续表

工作项目	计量单位	困难类别	总成本	工资	材料费	运输费	其他直接费	间接费用	期间费用	定额工日	班组定员
1：500	幅	Ⅰ	1,215.31	476.36	72.93	28.51	28.67	44.38	88.75	4	
		Ⅱ	1,804.54	595.45	495.72	193.69	194.86	108.27	216.55	5	
		Ⅲ	2,394.44	714.54	699.84	273.46	275.60	143.67	287.33	6	
（二）普通地理图 1. 全国图、世界图 数字制图	平方分米	Ⅰ	739.60	476.36	72.93	28.51	28.67	44.38	88.75	4	
		Ⅱ	1,014.26	571.63	145.80	56.96	57.30	60.86	121.71	4.8	
		Ⅲ	1,304.98	666.90	226.01	88.34	88.83	78.30	156.60	5.6	
2. 省、市自治区图 数字制图	平方分米	Ⅰ	633.72	428.72	51.01	19.90	20.02	38.02	76.05	3.6	
		Ⅱ	736.87	428.72	98.41	38.44	38.66	44.21	88.43	3.6	
		Ⅲ	972.10	524.00	153.10	59.83	60.19	58.33	116.65	4.4	
3. 地、县、乡图 数字制图	平方分米	Ⅰ	321.26	190.54	40.83	16.00	16.06	19.28	38.55	1.6	
		Ⅱ	491.35	285.82	65.63	25.65	25.81	29.48	58.96	2.4	
		Ⅲ	658.25	381.09	88.96	34.76	34.96	39.49	78.99	3.2	

测绘生成成本费用定额计算表

专业：数据库入库　　　　　　　　　　　　　　　　　　　单位：元

工作项目	计量单位	困难类别	总成本	工资	材料费	运输费	其他直接费	间接费用	期间费用	定额工日	班组定员
（一）地形数据库(DLG)											
1：1,000,000	幅	Ⅱ	1,816.72	833.63	118.27	84.63	453.18	109.00	218.01	7	
1：250,000	幅		1,546.00	714.54	95.58	72.54	385.06	92.76	185.52	6	
1：50,000	幅		1,371.63	595.45	94.82	60.45	329.73	92.76	158.12	5	
1：25,000	幅		834.51	357.27	79.65	36.27	211.11	79.06	100.14	3	
1：10,000	幅		796.07	357.27	59.74	36.27	199.50	50.07	95.53	3	
1：2,000	幅		398.04	178.64	29.87	18.14	99.75	47.76	47.76	1.5	
1：1,000	幅		261.09	119.09	17.70	12.09	65.21	23.88	31.33	1	
1：500	幅		214.33	95.27	16.99	9.67	53.82	15.67	25.72	0.8	
（二）高程模型数据库(DEM)											
1：1,000,000	幅	Ⅱ	919.79	416.82	65.05	42.32	230.04	55.19	110.37	3.5	
1：250,000	幅		647.37	297.73	41.48	30.23	161.41	38.84	77.68	2.5	
1：50,000	幅		474.86	214.36	34.41	21.76	118.86	28.49	56.98	1.8	
1：25,000	幅		408.13	178.64	32.33	18.14	105.56	24.49	48.97	1.5	
1：10,000	幅		214.33	95.27	16.99	97.60	53.82	12.86	25.72	0.8	

续表

工作项目	计量单位	困难类别	总成本	工资	材料费	运输费	其他直接费	间接费用	期间费用	定额工日	班组定员
（三）地形图数据库											
1：1,000,000	幅	Ⅱ	1,699.02	714.54	159.30	72.54	422.22	100.14	200.28	6	
1：250,000	幅		1,390.85	595.45	132.75	60.45	351.85	83.45	166.90	5	
1：50,000	幅		834.51	357.27	79.65	36.27	211.11	50.07	100.14	3	
1：25,000	幅		556.34	238.18	53.10	24.18	140.74	33.38	66.76	2	
1：10,000	幅		417.28	178.64	39.83	18.14	105.56	25.04	50.07	1.5	
1：2,000	幅		250.35	107.18	23.90	10.88	63.33	15.02	30.04	0.9	
1：1,000	幅		194.72	83.36	18.59	8.46	49.26	11.68	23.37	0.7	
1：500	幅		139.11	59.55	13.28	6.05	35.19	8.35	16.69	0.5	
（四）栅格地图数据库（DRG）											
1：1,000,000～1：250,000	幅	Ⅱ	166.89	71.45	15.93	7.25	42.22	10.01	20.03	0.6	
1：50,000～1：10,000	幅		111.28	47.64	10.62	4.84	28.15	6.68	13.35	0.4	
1：2,000～1：500	幅		55.64	23.82	5.31	2.42	14.07	3.34	6.68	0.2	
（五）正射影像数据库（DOM）											
1：250,000	幅	Ⅱ	261.09	119.09	17.70	12.09	65.21	15.67	31.33	1.0	
1：50,000	幅		183.95	83.36	13.01	8.46	46.01	11.04	22.07	0.7	
1：25,000	幅		166.89	71.45	15.93	7.25	42.22	10.01	20.03	0.6	
1：10,000	幅		139.11	59.55	13.28	6.05	35.19	8.35	16.69	0.5	
1：2,000	幅		86.53	35.73	9.56	3.63	22.04	5.19	10.38	0.3	
（六）大地测量数据											
三角点	点	Ⅱ	4.81	2.38	0.14	0.24	1.18	0.29	0.58	0.02	
水准点	点		4.98	2.38	0.23	0.24	1.23	0.30	0.60	0.02	
重力基本网点	点		754.19	59.55	331.88	6.05	220.96	45.25	90.50	0.50	
重力加密点	点		2.78	1.19	0.27	0.12	0.70	0.17	0.33	0.01	
GPS 点	点		136.35	59.55	11.85	6.05	34.36	8.18	16.36	0.50	

测绘生产成本费用定额计算表

专业：界线测绘　　　　　　　　　　　　　　　　　　单位：元

工作项目	计量单位	困难类别	总成本	工资	材料费	运输费	其他直接费	间接费用	期间费用	定额工日	班组定员
（一）地籍测绘 1. 城镇地籍测绘 1：2,000	幅	Ⅰ	163,829.98	81,120.00	10,229.65	7,459.64	35,531.29	9,829.80	19,659.60	338	4
		Ⅱ	191,218.66	94,080.00	10,861.08	8,212.77	43,645.45	11,473.12	22,946.24	392	
		Ⅲ	233,705.91	114,000.00	11,844.35	9,530.34	56,264.16	14,022.35	28,044.71	475	
1：1,000	幅	Ⅰ	46,047.90	22,800.00	2,875.53	2,093.29	9,990.46	2,762.87	5,525.75	95	
		Ⅱ	53,775.41	26,460.00	3,052.67	2,314.82	12,268.35	3,226.52	6,453.05	110	
		Ⅲ	58,999.09	27,240.00	3,327.41	2,329.77	15,482.07	3,539.95	7,079.89	114	
1：500	幅	Ⅰ	12,957.24	6,328.80	799.82	721.85	2,774.47	777.43	1,554.87	26	
		Ⅱ	15,369.50	7,363.20	849.52	976.10	3,414.17	922.17	1,844.34	31	
		Ⅲ	19,179.22	9,120.00	933.57	1,174.46	4,498.93	1,150.75	2,301.51	38	
2. 农村地籍测绘 1：10,000	幅	Ⅰ	150,361.74	48,000.00	13,119.58	36,713.84	25,463.21	9,021.70	18,043.41	200	4
		Ⅱ	184,919.00	60,000.00	13,119.58	44,504.40	34,009.60	11,095.14	22,190.28	250	
		Ⅲ	229,443.14	84,000.00	13,119.58	50,414.39	40,609.40	13,766.59	27,533.18	350	
1：5,000	幅	Ⅰ	33,993.11	18,000.00	1,852.15	4,835.43	3,186.77	2,039.59	4,079.17	75	
		Ⅱ	49,240.18	27,000.00	1,852.15	6,491.99	5,032.81	2,954.41	5,908.82	113	
		Ⅲ	84,661.51	34,500.00	1,852.15	7,678.56	25,391.73	5,079.69	10,159.38	144	
1：2,000	幅	Ⅰ	9,313.15	6,720.00	160.52	444.15	312.11	558.79	1,117.58	28	
		Ⅱ	14,845.65	11,040.00	160.52	548.02	424.89	890.74	1,781.48	46	
		Ⅲ	18,002.24	13,040.00	160.52	637.56	523.76	1,080.13	2,160.27	56	
1：1,000	幅	Ⅰ	7,474.20	6,000.00	21.61	62.67	44.57	448.45	896.90	25	
		Ⅱ	8,964.55	7,200.00	21.61	73.42	55.90	537.87	1,075.75	30	
		Ⅲ	10,447.36	8,400.00	21.61	80.59	64.64	626.84	1,253.68	35	
（二）房产测绘 1：1,000	幅	Ⅰ	58,200.78	27,360.00	3,449.92	4,934.49	11,980.23	3,492.05	6,984.09	114	4
		Ⅱ	69,071.60	31,680.00	3,663.20	6,578.19	14,717.32	4,144.30	8,288.59	132	
		Ⅲ	82,514.83	37,320.00	3,952.40	7,975.32	18,414.44	4,950.89	9,901.78	156	
1：500	幅	Ⅰ	16,166.84	7,603.20	956.77	1,367.61	3,329.23	970.01	1,940.02	32	
		Ⅱ	19,156.78	8,788.80	1,015.21	1,825.16	4,079.39	1,149.41	2,298.81	37	
		Ⅲ	22,827.67	10,320.00	1,094.74	2,209.15	5,094.80	1,369.66	2,739.32	43	
（三）境界测绘 1. 省、市、县界线测绘	千米	Ⅰ	4,448.34	2,243.00	183.16	418.62	802.86	266.90	533.80	10	7
		Ⅱ	5,421.77	2,691.60	192.80	598.02	963.43	325.31	650.61	12	
		Ⅲ	6,395.18	3,140.20	202.44	777.41	1,124.00	383.71	767.42	14	
2. 省、市、县界界桩埋设	点/座	Ⅰ	6,212.77	1,121.50	578.44	2,276.24	1,118.29	372.77	745.53	5	7
		Ⅱ	7,861.35	1,794.40	578.44	2,396.03	1,677.44	471.68	943.36	8	
		Ⅲ	9,920.66	2,915.90	578.44	2,515.84	2,124.76	595.24	1,190.48	13	

测绘生产成本费用定额计算表

专业：工程测量　　　　　　　　　　　　　　　　　　　　单位：元

工作项目	计量单位	困难类别	总成本	工资	材料费	运输费	其他直接费	间接费用	期间费用	定额工日	班组定员
（一）控制测量 1. 三角测量 二等三角	点	Ⅰ	11,441.70	6,240.00	313.94	1,399.06	1,429.20	686.50	1,373.00	26	4
		Ⅱ	17,866.45	10,320.00	313.94	1,708.10	2,308.45	1,071.99	2,143.97	43	
		Ⅲ	26,572.69	15,840.00	313.94	2,171.85	3,463.82	1,594.36	3,188.72	66	
三等三角	点	Ⅰ	7,312.13	3,840.00	269.09	813.73	1,073.12	438.73	877.46	16	
		Ⅱ	11,458.99	6,240.00	269.09	1,192.83	1,694.45	687.54	1,375.08	26	
		Ⅲ	16,259.26	9,120.00	269.09	1,458.26	2,485.24	975.56	1,951.11	38	
四等三角	点	Ⅰ	3,868.15	1,920.00	249.87	435.88	566.13	232.09	464.18	8	
		Ⅱ	5,855.41	3,120.00	256.28	505.09	920.07	351.32	702.65	13	
		Ⅲ	8,145.40	4,560.00	256.28	632.23	1,230.72	488.72	977.45	19	
一、二级小三角	点	Ⅰ	1,771.58	960.00	108.91	212.55	171.23	106.30	212.59	4	
		Ⅱ	2,562.78	1,440.00	108.91	264.79	287.78	153.77	307.53	6	
		Ⅲ	3,599.49	2,160.00	108.91	310.82	371.85	215.97	431.94	9	
2. 导线测量 三等导线	点	Ⅰ	6,080.09	3,600.00	88.74	683.45	613.48	364.81	729.61	15	4
		Ⅱ	10,013.65	6,000.00	91.82	1,121.03	998.34	600.82	1,201.64	25	
		Ⅲ	14,074.18	8,400.00	95.20	1,613.73	1,431.90	844.45	1,688.90	35	
四等导线	点	Ⅰ	3,331.93	1,920.00	86.61	379.44	346.13	199.92	399.83	8	
		Ⅱ	5,670.91	3,360.00	88.42	632.82	568.91	340.25	680.51	14	
		Ⅲ	7,717.16	4,560.00	90.13	886.15	791.79	463.03	926.06	19	
一、二级导线	点	Ⅰ	763.81	336.00	48.22	63.01	179.09	45.83	91.66	1.4	
		Ⅱ	1,636.82	720.00	103.36	135.01	383.82	98.21	196.42	3.0	
		Ⅲ	2,455.16	1,080.00	155.05	202.50	575.68	147.31	294.62	4.5	
三级导线	千米	Ⅰ	1,357.27	672.00	96.45	126.02	218.49	81.44	162.87	2.8	
		Ⅱ	2,908.53	1,440.00	206.72	270.02	468.26	174.51	349.02	6	
		Ⅲ	4,362.73	2,160.00	310.10	405.01	702.33	261.76	523.53	9	
3. 水准测量 二、三、四等 水准选埋	点	Ⅰ	1,457.86	672.00	121.73	152.75	248.97	87.47	174.94	2.8	4
		Ⅱ	2,245.43	1,128.00	121.73	190.31	401.21	134.73	269.45	4.7	
		Ⅲ	3,113.16	1,632.00	121.73	235.54	563.52	186.79	373.58	6.8	
二等水准	千米	Ⅰ	1,351.45	768.00	19.23	186.65	134.31	81.09	162.17	3.2	6
		Ⅱ	1,908.59	1,152.00	19.23	200.38	193.43	114.52	229.03	4.8	
		Ⅲ	2,828.15	1,728.00	19.23	279.01	292.84	169.69	339.38	7.2	

续表

工作项目	计量单位	困难类别	总成本	工资	材料费	运输费	其他直接费	间接费用	期间费用	定额工日	班组定员
三等水准	千米	Ⅰ	850.33	480.00	21.25	121.58	74.54	51.02	102.04	2.0	5
		Ⅱ	1,143.60	672.00	20.60	130.36	114.79	68.62	137.23	2.8	
		Ⅲ	1,593.72	960.00	19.32	168.76	158.77	95.62	191.25	4.0	
四等水准	千米	Ⅰ	693.70	384.00	16.92	97.27	70.65	41.62	83.24	1.6	4
		Ⅱ	957.99	552.00	16.92	107.08	109.55	57.48	114.96	2.3	
		Ⅲ	1,412.82	840.00	16.91	147.66	153.94	84.77	169.54	3.5	
等外水准	千米	Ⅰ	331.00	192.00	12.35	35.82	31.25	19.86	39.72	0.8	4
		Ⅱ	487.23	288.00	12.35	50.16	49.02	29.23	58.47	1.2	
		Ⅲ	627.80	384.00	12.35	60.89	57.55	37.67	75.34	1.6	
4. GPS 测量 C 级	点	Ⅰ	6,283.76	2,400.00	153.78	1,594.83	1,004.07	377.03	754.05	10	2
		Ⅱ	8,450.69	3,600.00	154.93	1,636.80	1,537.84	507.04	1,014.08	15	
		Ⅲ	11,484.71	5,280.00	162.89	1,867.16	2,107.41	689.08	1,378.17	22	
D 级	点	Ⅰ	4,549.97	1,680.00	108.13	1,119.40	823.44	273.00	546.00	7	2
		Ⅱ	6,830.15	2,880.00	119.94	1,307.04	1,293.74	409.81	819.62	12	
		Ⅲ	9,459.13	4,320.00	132.98	1,521.56	1,781.94	567.55	1,135.10	18	
E 级	点	Ⅰ	3,904.37	1,440.00	89.96	929.56	742.07	234.26	468.52	6	2
		Ⅱ	5,753.84	2,400.00	99.95	1,087.19	1,131.01	345.23	690.46	10	
		Ⅲ	7,968.96	3,600.00	112.45	1,284.26	1,537.84	478.14	956.27	15	
5. 控制点普查	点	Ⅰ Ⅱ Ⅲ	388.86	240.00	12.55	35.54	31.78	23.33	46.66	1	2
（二）工程测图 1. 一般地区 1：2,000	幅	Ⅰ	11,135.16	5,654.40	357.51	1,443.97	1,674.95	668.11	1,336.22	24	4
		Ⅱ	16,094.25	8,212.80	462.18	1,732.54	2,789.76	965.66	1,931.31	34	
		Ⅲ	24,698.81	13,478.40	566.53	2,057.26	4,150.83	1,481.93	2,963.86	56	
1：1,000	幅	Ⅰ	8,889.72	3,120.00	504.64	1,695.51	1,969.42	533.38	1,066.77	13	
		Ⅱ	13,040.76	4,800.00	700.19	1,990.88	3,202.35	782.45	1,564.89	20	
		Ⅲ	19,777.77	7,440.00	944.27	3,044.52	4,788.98	1,186.67	2,373.33	31	
1：500	幅	Ⅰ	3,544.96	1,680.00	171.59	442.71	612.56	212.70	425.40	7	
		Ⅱ	5,443.61	2,640.00	207.72	545.30	1,070.74	326.62	653.23	11	
		Ⅲ	7,915.79	4,092.00	250.63	625.68	1,522.64	474.95	949.89	17	
2. 建筑、工业区 1：2,000	幅	Ⅰ	20,828.10	10,320.00	668.78	2,918.99	3,171.27	1,249.69	2,499.37	43	4
		Ⅱ	33,054.99	17,040.00	882.97	3,535.44	5,646.68	1,983.30	3,966.60	71	
		Ⅲ	49,260.26	26,880.00	1,109.30	4,154.19	8,249.92	2,955.62	5,911.23	112	

续表

工作项目	计量单位	困难类别	总成本	工资	材料费	运输费	其他直接费	间接费用	期间费用	定额工日	班组定员
1∶1,000	幅	Ⅰ	13,067.40	6,480.00	517.96	1,740.25	1,977.06	784.04	1,568.09	27	
		Ⅱ	20,373.73	10,560.00	756.69	2,151.55	3,238.22	1,222.42	2,444.85	44	
		Ⅲ	31,720.50	17,520.00	1,057.42	2,727.47	4,705.92	1,903.23	3,806.46	73	
1∶500	幅	Ⅰ	7,077.94	3,360.00	267.18	877.50	1,299.23	424.68	849.35	14	
		Ⅱ	9,795.05	4,800.00	337.66	985.71	1,908.57	587.70	1,175.41	20	
		Ⅲ	13,058.93	6,720.00	386.96	1,040.75	2,560.61	783.54	1,567.07	28	
1∶200	幅	Ⅰ	2,168.62	1,200.00	128.14	334.83	115.30	130.12	260.23	5	
		Ⅱ	3,258.22	1,920.00	166.58	435.28	149.88	195.49	390.99	8	
		Ⅲ	4,196.19	2,400.00	230.65	602.70	207.53	251.77	503.54	10	
（三）管线测量 竣工测量	千米	Ⅰ	5,296.51	3,120.00	131.94	210.91	880.29	317.79	635.58	13	6
		Ⅱ	7,283.03	4,320.00	131.94	301.29	1,218.86	436.98	873.96	18	
		Ⅲ	10,020.09	6,000.00	131.94	391.67	1,692.86	601.21	1,202.41	25	
管线探测	千米	Ⅰ	6,769.76	3,600.00	163.78	243.53	1,543.89	406.19	812.37	15	
		Ⅱ	10,660.85	5,760.00	163.78	347.90	2,470.22	639.65	1,279.30	24	
		Ⅲ	14,551.95	7,920.00	163.78	452.27	3,396.55	873.12	1,746.23	33	
（四）变形测量	点	Ⅰ Ⅱ Ⅲ	294.56	144.00	15.54	24.29	57.71	17.67	35.35	0.6	5
（五）近景摄影测量	组天	Ⅰ Ⅱ Ⅲ	2,466.00	1,200.00	164.12	250.38	407.62	147.96	295.92	5	5
（六）特殊精密工程测量	组天	Ⅰ Ⅱ Ⅲ	2,608.10	1,200.00	192.81	250.38	495.45	156.49	312.97	5	5
（七）市政工程测量 1. 工程线路测量	千米	Ⅰ	5,994.07	3,120.00	344.29	391.03	1,059.82	359.64	719.29	13	6
		Ⅱ	6,982.65	3,600.00	344.29	558.61	1,222.87	418.96	837.92	15	
		Ⅲ	10,323.84	5,520.00	344.29	726.20	1,875.06	619.43	1,238.86	23	
2. 道路断面测量 纵断面	千米	Ⅰ	2,695.51	1,920.00	48.22	63.01	179.09	161.73	323.46	8	6
		Ⅱ	3,978.28	2,640.00	103.36	135.01	383.82	238.70	477.39	11	
		Ⅲ	5,821.01	3,840.00	155.05	202.50	575.68	349.26	698.52	16	
横断面	千米	Ⅰ	2,402.83	1,680.00	48.22	63.01	179.09	144.17	288.34	7	
		Ⅱ	3,685.60	2,400.00	103.36	135.01	383.82	221.14	442.27	10	
		Ⅲ	5,528.33	3,600.00	155.05	202.50	575.68	331.70	663.40	15	

续表

工作项目	计量单位	困难类别	总成本	工资	材料费	运输费	其他直接费	间接费用	期间费用	定额工日	班组定员
3. 规划道路定线	千米	Ⅰ	4,546.53	2,640.00	145.12	198.18	744.86	272.79	545.58	11	6
		Ⅱ	5,775.89	3,360.00	145.12	283.11	948.00	346.55	693.11	14	
		Ⅲ	7,005.25	4,080.00	145.12	368.04	1,151.14	420.32	840.63	17	
（八）其他 1. 规划定桩测量	件	Ⅰ Ⅱ Ⅲ	4,371.10	1,920.00	145.12	368.04	1,151.14	262.27	524.53	8	5
2. 建筑物放线	件	Ⅰ Ⅱ Ⅲ	3,278.85	1,920.00	65.16	161.78	541.72	196.73	393.46	8	5
3. 规划监督测量 验测平面位置	边	Ⅰ Ⅱ Ⅲ	3,150.59	1,200.00	145.12	290.36	948.00	189.04	378.07	5	5
验测高程、高度	栋	Ⅰ Ⅱ Ⅲ	2,849.06	960.00	145.12	283.11	948.00	170.94	341.89	4	
规划面积测量	千平方米	Ⅰ	1,824.67	120.00	145.12	283.11	948.00	109.48	218.96	0.5	
		Ⅱ	2,029.55	288.00	145.12	283.11	948.00	121.77	243.55	1.2	
		Ⅲ	2,263.69	480.00	145.12	283.11	948.00	135.82	271.64	2	
4. 人防洞室（含天然洞穴）测量	千米	Ⅰ	2,535.20	1,440.00	97.73	134.85	406.29	152.11	304.22	6	6
		Ⅱ	3,731.45	2,160.00	97.73	192.63	609.43	223.89	447.77	9	
		Ⅲ	4,927.71	2,880.00	97.73	250.42	812.57	295.66	591.33	12	
5. 零星测量外业	人工日	Ⅰ Ⅱ Ⅲ	496.51							1	1
内业	人工日	Ⅰ Ⅱ Ⅲ	302.32							1	

测绘生产成本费用定额计算表

专业：海洋测绘与江湖水下测量　　　　单位：元

工作项目	计量单位	困难类别	总成本	工资	材料费	运输费	其他直接费	间接费用	期间费用	定额工日	班组定员
（一）海洋大地测量 岛礁 GPS A、B 级点选埋	点	Ⅰ	61,590.72	23,040.00	1,079.75	19,725.12	6,659.52	3,695.44	7,390.89	96	8
		Ⅱ	94,239.11	35,520.00	1,079.75	30,409.56	10,266.76	5,654.35	11,308.69	148	
		Ⅲ	131,282.48	49,680.00	1,079.75	42,532.29	14,359.59	7,876.95	15,753.90	207	
岛礁 GPS A 级点观测	点	Ⅰ	82,961.48	40,320.00	647.00	20,082.42	6,978.99	4,977.69	9,955.38	168	4
		Ⅱ	86,473.67	43,200.00	647.00	20,082.42	6,978.99	5,188.42	10,376.84	180	
		Ⅲ	107,546.84	60,480.00	647.00	20,082.42	6,978.99	6,452.81	12,905.62	252	
岛礁 GPS B 级点观测	点	Ⅰ	57,205.38	19,200.00	647.00	20,082.42	6,978.99	3,432.32	6,864.65	80	4
		Ⅱ	60,132.20	21,600.00	647.00	20,082.42	6,978.99	3,607.93	7,215.86	90	
		Ⅲ	68,912.69	28,800.00	647.00	20,082.42	6,978.99	4,134.76	8,269.52	120	
岛礁重力点选埋	点	Ⅰ	46,987.78	11,520.00	4,164.48	14,793.74	8,051.76	2,819.27	5,638.53	48	6
		Ⅱ	73,210.83	21,600.00	4,164.48	22,190.76	12,077.64	4,392.65	8,785.30	90	
		Ⅲ	92,409.36	25,920.00	4,164.48	29,587.68	16,103.52	5,544.56	11,089.12	108	
岛礁重力点观测	边	Ⅰ	134,134.61	13,440.00	1,081.36	91,584.30	3,884.72	8,048.08	16,096.15	56	8
		Ⅱ	153,641.16	21,600.00	1,737.90	96,404.55	6,243.30	9,218.47	18,436.94	90	
		Ⅲ	166,734.44	25,920.00	2,085.48	101,224.80	7,491.96	10,004.07	20,008.13	108	
（二）海洋地形测量 1. 跨海高程传递 （1）GPS 方法	点	Ⅰ	11,125.76	2,880.00	231.72	4,739.40	1,272.00	667.55	1,335.09	12	4
		Ⅱ	14,834.34	3,840.00	308.96	6,319.20	1,696.00	890.06	1,780.12	16	
		Ⅲ									
（2）验潮方法 A. 10 千米以内 25h	站	Ⅰ	24,105.81	6,240.00	502.06	10,268.70	2,756.00	1,446.35	2,892.70	26	4
		Ⅱ									
		Ⅲ									
72h	站	Ⅰ	46,357.32	12,000.00	965.50	19,747.50	5,300.00	2,781.44	5,562.88	50	
		Ⅱ									
		Ⅲ									

续表

工作项目	计量单位	困难类别	总成本	工资	材料费	运输费	其他直接费	间接费用	期间费用	定额工日	班组定员
B. 10 千米以外 半日潮区 15 日	站	Ⅰ Ⅱ Ⅲ	109,286.31	70,080.00	375.77	3,895.00	15,264.00	6,557.18	13,114.36	292	6
全日潮区 30 日	站	Ⅰ Ⅱ Ⅲ	188,896.06	135,360.00	375.77	3,895.00	15,264.00	11,333.76	22,667.53	564	
2. 潮间带地形测量 水深测量方法 ≤1：5,000	50 千米	Ⅰ Ⅱ Ⅲ	58,410.22 71,390.27	15,120.00 18,480.00	1,216.53 1,486.87	24,881.85 30,411.15	6,678.00 8,162.00	3,504.61 4,283.42	7,009.23 8,566.83	63 77	6
1：2,000	50 千米	Ⅰ Ⅱ Ⅲ	65,827.39 77,880.30	17,040.00 20,160.00	1,371.01 1,622.04	28,041.45 33,175.80	7,526.00 8,904.00	3,949.64 4,672.82	7,899.29 9,345.64	71 84	
≥1：1,000	50 千米	Ⅰ Ⅱ Ⅲ	72,317.41 85,297.47	18,720.00 22,080.00	1,506.18 1,776.52	30,806.10 36,335.40	8,268.00 9,752.00	4,339.04 5,117.85	8,678.09 10,235.70	78 92	
人工测点方法 ≤1：5,000	50 千米	Ⅰ Ⅱ Ⅲ	79,734.59 97,350.36	20,640.00 25,200.00	1,660.66 2,027.55	33,965.70 41,469.75	9,116.00 11,130.00	4,784.08 5,841.02	9,568.15 11,682.04	86 105	6
1：2,000	50 千米	Ⅰ Ⅱ Ⅲ	89,006.05 106,621.83	23,040.00 27,600.00	1,853.76 2,220.65	37,915.20 45,419.25	10,176.00 12,190.00	5,340.36 6,397.31	10,680.73 12,794.62	96 115	
≥1：1,000	50 千米	Ⅰ Ⅱ Ⅲ	97,350.36 120,529.02	25,200.00 31,200.00	2,027.55 2,510.30	41,469.75 51,343.50	11,130.00 13,780.00	5,841.02 7,231.74	11,682.04 14,463.48	105 130	
3. 海底地形测量 单波束测量 ≥1：5,000	50 千米	Ⅰ Ⅱ Ⅲ	52,847.34 65,827.39	13,680.00 17,040.00	1,100.67 1,371.01	22,512.15 28,041.45	6,042.00 7,526.00	3,170.84 3,949.64	6,341.68 7,899.29	57 71	6
1：2,000	50 千米	Ⅰ Ⅱ Ⅲ	60,264.51 72,317.41	15,600.00 18,720.00	1,255.15 1,506.18	25,671.75 30,806.10	6,890.00 8,268.00	3,615.87 4,339.04	7,231.74 8,678.09	65 78	

续表

工作项目	计量单位	困难类别	总成本	工资	材料费	运输费	其他直接费	间接费用	期间费用	定额工日	班组定员
≥1 : 1,000	50千米	Ⅰ	66,754.53	17,280.00	1,390.32	28,436.40	7,632.00	4,005.27	8,010.54	72	
		Ⅱ	85,297.47	22,080.00	1,776.52	36,335.40	9,752.00	5,117.85	10,235.70	92	
多波束全覆盖测量	50千米	Ⅰ	85,297.47	22,080.00	1,776.52	36,335.40	9,752.00	5,117.85	10,235.70	92	
		Ⅱ	106,621.83	27,600.00	2,220.65	45,419.25	12,190.00	6,397.31	12,794.62	115	6
（三）海洋其他测量 1. 海上导航定位	50千米	Ⅰ									
		Ⅱ	1,854.30	480.00	38.62	789.90	212.00	111.26	222.52	2	2
2. 重力测量	50千米	Ⅰ	44,503.02	11,520.00	926.88	18,957.00	5,088.00	2,670.18	5,340.36	48	5
		Ⅱ	55,628.78	14,400.00	1,158.60	23,697.00	6,360.00	3,337.73	6,675.45	60	
3. 磁力测量	50千米	Ⅰ	63,973.10	16,560.00	1,332.39	27,251.55	7,314.00	3,838.39	7,676.77	69	6
		Ⅱ	77,880.30	20,160.00	1,662.04	33,175.80	8,904.00	4,672.82	9,345.64	84	
4. 侧扫声纳测量	50千米	Ⅰ	69,535.98	18,000.00	1,448.25	29,621.25	7,950.00	4,172.16	8,344.32	75	5
		Ⅱ	93,641.78	24,240.00	1,950.31	39,889.95	10,706.00	5,618.51	11,237.01	101	
5. 海籍调查和海界勘查	50千米	Ⅰ									
		Ⅱ	11,125.76	2,880.00	231.72	4,739.40	1,272.00	667.55	1,335.09	12	2
（四）江湖水下地形测量 1. 水深地形测量江河 ≤1 : 5,000	50千米	Ⅰ	58,410.22	15,120.00	1,216.53	24,881.85	6,678.00	3,504.61	7,009.23	63	
		Ⅱ	71,390.27	18,480.00	1,486.87	30,411.15	8,162.00	4,283.42	8,566.83	77	
1 : 2,000	50千米	Ⅰ	63,973.10	16,560.00	1,332.39	27,251.55	7,314.00	3,838.39	7,676.77	69	6
		Ⅱ	76,953.15	19,920.00	1,602.73	32,780.85	8,798.00	4,617.19	9,234.38	83	
≥1 : 1,000	50千米	Ⅰ	70,463.12	18,240.00	1,467.56	30,016.20	8,056.00	4,227.79	8,455.57	76	
		Ⅱ	82,516.02	21,360.00	1,718.59	35,150.55	9,434.00	4,950.96	9,901.92	89	
湖泊 ≤1 : 5,000	50千米	Ⅰ	52,847.34	13,680.00	1,100.67	22,512.15	6,042.00	3,170.84	6,341.68	57	
		Ⅱ	63,973.10	16,560.00	1,332.39	27,251.55	7,314.00	3,838.39	7,676.77	69	
1 : 2,000	50千米	Ⅰ	58,410.22	15,120.00	1,216,53	24,881.85	6,678.00	3,504.61	7,009.23	63	6
		Ⅱ	69,535.98	18,000.00	1,448.25	29,621.25	7,950.00	4,172.16	8,344.32	75	

续表

工作项目	计量单位	困难类别	总成本	工资	材料费	运输费	其他直接费	间接费用	期间费用	定额工日	班组定员
≥1：1,000	50千米	Ⅰ Ⅱ	63,973.10 75,098.85	16,560.00 19,440.00	1,332.39 1,564.11	27,251.55 31,990.95	7,314.00 8,586.00	3,838.39 4,505.93	7,676.77 9,011.86	69 81	
2. 河道断面测量 河宽<100米 a. 1：1,000	千米	Ⅰ Ⅱ	3,708.59 5,562.88	960.00 1,440.00	77.24 115.86	1,579.80 2,369.70	424.00 636.00	222.52 333.77	445.03 667.55	4 6	6
b. 1：500	千米	Ⅰ Ⅱ	4,635.73 7,417.17	1,200.00 1,920.00	96.55 154.48	1,974.75 3,159.60	530.00 848.00	278.14 445.03	556.29 890.06	5 8	
c. 1：200	千米	Ⅰ Ⅱ	6,490.02 10,198.61	1,680.00 2,640.00	135.17 212.41	2,764.65 4,344.45	742.00 1,166.00	389.40 611.92	778.80 1,223.83	7 11	
河宽100~500米 a. 1：2,000	千米	Ⅰ Ⅱ	1,854.30 2,781.44	480.00 720.00	38.62 57.93	789.90 1,184.85	212.00 318.00	111.26 166.89	222.52 333.77	2 3	
b. 1：1,000	千米	Ⅰ Ⅱ	2,317.87 3,245.02	600.00 840.00	48.28 67.59	987.38 1,382.33	265.00 371.00	139.07 194.70	278.14 389.40	2.5 3.5	
c. 1：500	千米	Ⅰ Ⅱ	3,245.02 4,172.17	840.00 1,080.00	67.59 86.90	1,382.33 1,777.28	371.00 477.00	194.70 250.33	389.40 500.66	3.5 4.5	
d. 1：200	千米	Ⅰ Ⅱ	3,708.59 5,562.88	960.00 1,440.00	77.24 115.86	1,579.80 2,369.70	424.00 636.00	222.52 333.77	445.03 667.55	4 6	
河宽500~1000米 a. 1：5,000	千米	Ⅰ Ⅱ	1,390.73 1,854.30	360.00 480.00	28.97 38.62	592.43 789.90	159.00 212.00	83.44 111.26	166.89 222.52	1.5 2	
b. 1：2,000	千米	Ⅰ Ⅱ	1,576.16 2,039.72	408.00 528.00	32.83 42.48	671.42 868.89	180.20 233.20	94.57 122.38	189.14 244.77	1.7 2.2	
c. 1：1,000	千米	Ⅰ Ⅱ	2,039.72 2,596.01	528.00 672.00	42.48 54.07	868.89 1,105.86	233.20 296.80	122.38 155.76	244.77 311.52	2.2 2.8	
d. 1：500	千米	Ⅰ Ⅱ	2,317.87 2,966.86	600.00 768.00	48.28 61.79	987.38 1,263.84	265.00 339.20	139.07 178.01	278.14 356.02	2.5 3.2	
河宽>1000米 a. 1：5,000	千米	Ⅰ Ⅱ	927.15 1,390.73	240.00 360.00	19.31 28.97	394.95 592.43	106.00 159.00	55.63 83.44	111.26 166.89	1 1.5	

续表

工作项目	计量单位	困难类别	总成本	工资	材料费	运输费	其他直接费	间接费用	期间费用	定额工日	班组定员
b. 1∶2,000	千米	Ⅰ	1,205.29	312.00	25.10	513.44	137.80	72.32	144.63	1.3	
		Ⅱ	1,668.86	432.00	34.76	710.91	190.80	100.13	200.26	1.8	
c. 1∶1,000	千米	Ⅰ	1,668.86	432.00	34.76	710.91	190.80	100.13	200.26	1.8	
		Ⅱ	2,132.44	552.00	44.41	908.39	243.80	127.95	255.89	2.3	
d. 1∶500	千米	Ⅰ	2,039.72	528.00	42.48	868.89	233.20	122.38	244.77	2.2	
		Ⅱ	2,410.58	624.00	50.21	1,026.87	275.60	144.63	289.27	2.6	

国家发展改革委员会　建设部关于印发《建设工程监理与相关服务收费管理规定》的通知

发改价格〔2007〕670号

国务院有关部门，各省、自治区、直辖市发展改革委、物价局、建设厅(委)：

为规范建设工程监理及相关服务收费行为，维护委托双方合法权益，促进工程监理行业健康发展，我们制定了《建设工程监理与相关服务收费管理规定》，现印发给你们，自2007年5月1日起执行。原国家物价局、建设部下发的《关于发布工程建设监理费有关规定的通知》(〔1992〕价费字479号)自本规定生效之日起废止。

附件1：建设工程监理与相关服务收费管理规定

附件2：建设工程监理与相关服务收费标准

附件1：

建设工程监理与相关服务收费管理规定

第一条　为规范建设工程监理与相关服务收费行为，维护发包人和监理人的合法权益，根据《中华人民共和国价格法》及有关法律、法规，制定本规定。

第二条　建设工程监理与相关服务，应当遵循公开、公平、公正、自愿和诚实信用的原则。依法须招标的建设工程，应通过招标方式确定监理人。监理服务招标应优先考虑监理单位的资信程度、监理方案的优劣等技术因素。

第三条　发包人和监理人应当遵守国家有关价格法律法规的规定，接受政府价格主管部门的监督、管理。

第四条　建设工程监理与相关服务收费根据建设项目性质不同情况，分别实行政府指导价或市场调节价。依法必须实行监理的建设工程施工阶段的监理收费实行政府指导价；其他建设工程施工阶段的监理收费和其他阶段的监理与相关服务收费实行市场调节价。

第五条 实行政府指导价的建设工程施工阶段监理收费，其基准价根据《建设工程监理与相关服务收费标准》计算，浮动幅度为上下20%。发包人和监理人应当根据建设工程的实际情况在规定的浮动幅度内协商确定收费额。实行市场调节价的建设工程监理与相关服务收费，由发包人和监理人协商确定收费额。

第六条 建设工程监理与相关服务收费，应当体现优质优价的原则。在保证工程质量的前提下，由于监理人提供的监理与相关服务节省投资，缩短工期，取得显著经济效益的，发包人可根据合同约定奖励监理人。

第七条 监理人应当按照《关于商品和服务实行明码标价的规定》，告知发包人有关服务项目、服务内容、服务质量、收费依据，以及收费标准。

第八条 建设工程监理与相关服务的内容、质量要求和相应的收费金额以及支付方式，由发包人和监理人在监理与相关服务合同中约定。

第九条 监理人提供的监理与相关服务，应当符合国家有关法律、法规和标准规范，满足合同约定的服务内容和质量等要求。监理人不得违反标准规范规定或合同约定，通过降低服务质量、减少服务内容等手段进行恶性竞争，扰乱正常市场秩序。

第十条 由于非监理人原因造成建设工程监理与相关服务工作量增加或减少的，发包人应当按照合同约定与监理人协商另行支付或扣减相应的监理与相关服务费用。

第十一条 由于监理人原因造成监理与相关服务工作量增加的，发包人不另行支付监理与相关服务费用。

监理人提供的监理与相关服务不符合国家有关法律、法规和标准规范的，提供的监理服务人员、执业水平和服务时间未达到监理工作要求的，不能满足合同约定的服务内容和质量等要求的，发包人可按合同约定扣减相应的监理与相关服务费用。

由于监理人工作失误给发包人造成经济损失的，监理人应当按照合同约定依法承担相应赔偿责任。

第十二条 违反本规定和国家有关价格法律、法规规定的，由政府价格主管部门依据《中华人民共和国价格法》《价格违法行为行政处罚规定》予以处罚。

第十三条 本规定及所附《建设工程监理与相关服务收费标准》，由国家发展改革委会同建设部负责解释。

第十四条 本规定自2007年5月1日起施行，规定生效之日前已签订服务合同及在建项目的相关收费不再调整。原国家物价局与建设部联合发布的《关于发布工程建设监理费有关规定的通知》(〔1992〕价费字479号)同时废止。国务院有关部门及各地制定的相关规定与本规定相抵触的，以本规定为准。

附件2：

建设工程监理与相关服务收费标准

1 总则

1.0.1 建设工程监理与相关服务是指监理人接受发包人的委托，提供建设工程施工阶段的质量、进度、费用控制管理和安全生产监督管理、合同、信息等方面协调管理服务，以及勘察、设计、保修等阶段的相关服务；各阶段的工作内容见《建设工程监理与相关服务的主要工作内容》(附表一)。

1.0.2 建设工程监理与相关服务收费包括建设工程施工阶段的工程监理(以下简称“施工监理”)服务收费和勘察、设计、保修等阶段的相关服务(以下简称“其他阶段的相关服务”)收费。

1.0.3 铁路、水运、公路、水电、水库工程的施工监理服务收费按建筑安装工程费分档定额计费方式计算收费。其他工程的施工监理服务收费按照建设项目工程概算投资额分档定额计费方式计算收费。

1.0.4 其他阶段的相关服务收费一般按相关服务工作所需工日和《建设工程监理与相关服务人员人工日费用标准》(附表四)收费。

1.0.5 施工监理服务收费按照下列公式计算：

(1) 施工监理服务收费=施工监理服务收费基准价×(1±浮动幅度值)

(2) 施工监理服务收费基准价=施工监理服务收费基价×专业调整系数×工程复杂程度调整系数×高程调整系数

1.0.6 施工监理服务收费基价

施工监理服务收费基价是完成国家法律法规、规范规定的施工阶段监理基本服务内容的价格。施工监理服务收费基价按《施工监理服务收费基价表》(附表二)确定，计费额处于两个数值区间的，采用直线内插法确定施工监理服务收费基价。

1.0.7 施工监理服务收费基价

施工监理服务收费基价是完成国家法律法规、行业规范规定的基价和1.0.5(2)计算出的施工监理服务基准收费额。发包人与监理人根据项目的实际情况，在规定的浮动幅度范围内协商确定施工监理服务收费合同额。

1.0.8 施工监理服务收费的计费额

施工监理服务收费以建设项目工程概算投资额分档定额计费方式收费的，其计费额为工程概算中的建筑安装工程费、设备购置费和联合试运转费之和，即工程概算投资额。对设备购置费和联合试运转费占工程概算投资额40%以上的工程项目，其建筑安装工程费全部计入计费额，设备购置费和联合试运转费按40%的比例计入计费额。但其计费额不应小于建筑安装工程费与其相同且设备购置费和联合试运转费等于工程概算投资额40%的工程项目的计费额。

工程中有利用原有设备并进行安装调试服务的，以签订工程监理合同时同类设备的当期价格作为施工监理服务收费的计费额；工程中有缓配设备的，应扣除签订监理合同时同类设备的当期价格作为施工监理服务收费的计费额；工程中有引进设备的，按照购进设备的离岸价格折换成人民币作为施工监理服务收费的计费额。

施工监理服务收费以建筑安装工程费分档定额计费方式收费的，其计费额为工程概算中的建筑安装工程费。

作为施工监理服务收费计费额的建设项目工程概算投资额或建筑安装工程费均指每个监理合同中约定的工程项目范围的计费额。

1.0.9 施工监理服务收费调整系数

施工监理服务收费调整系数包括：专业调整系数、工程复杂程度调整系数和高程调整系数。

(1) 专业调整系数是对不同专业建设工程的施工监理工作复杂程度和工作量差异进行调整的系数。计算施工监理服务收费时，专业调整系数在《施工监理服务收费专业调整系数表》(附表三)中查找确定。

(2) 工程复杂程度调整系数是对同一专业不同建设工程项目的施工监理复杂程度和工作量差异进行调整的系数。工程复杂程度分为一般、较复杂和复杂三个等级，其调整系数分别为：一般(Ⅰ级)0.85；较复杂(Ⅱ级)1.0；复杂(Ⅲ级)1.15。计算施工监理服务收费时，工程复杂程度在相应章节的《工程复杂程度表》中查找确定。

（3）高程调整系数如下：

海拔高程 2001m 以下的为 1；

海拔高程 2001~3000m 为 1.1；

海拔高程 3001~3500m 为 1.2；

海拔高程 3501~4000m 为 1.3；

海拔高程 4001m 以上的，高程调整系数由发包人和监理人协商确定。

1.0.10　发包人将施工监理服务中的某一部分工作单独发包给监理人，按照其占施工监理服务工作量的比例计算施工监理服务收费，其中质量控制和安全生产监督管理服务收费不宜低于施工监理服务收费额的 70%。

1.0.11　建设工程项目施工监理服务由两个或者两个以上监理人承担的，各监理人按照其占施工监理服务工作量的比例计算施工监理服务收费。发包人委托其中一个监理人对建设工程项目施工监理服务总负责的，该监理人按照各监理人合计监理服务收费额的 4%~6%向发包人加收总体协调费。

1.0.12　本收费标准不包括本总则 1.0.1 以外的其他服务收费。其他服务收费，国家有规定的，从其规定；国家没有规定的，由发包人与监理人协商确定。

2　矿山采选工程

2.1　矿山采选工程范围

适用于有色金属、黑色冶金、化学、非金属、黄金、铀、煤炭以及其他矿种采选工程。

2.2　矿山采选工程复杂程度

2.2.1　采矿工程

表 2.2-1　采矿工程复杂程度表

等　级	工程特征
Ⅰ级	1. 地形、地质、水文条件简单； 2. 煤层、煤质稳定，全区可采，无岩浆岩侵入，无自然发火的矿井工程； 3. 立井筒垂深<300m，斜井筒斜长<500m； 4. 矿田地形为Ⅰ、Ⅱ类，煤层赋存条件属Ⅰ、Ⅱ类，可采煤层 2 层及以下，煤层埋藏深度<100m，采用单一开采工艺的煤炭露天采矿工程。 5. 两种矿石品种，有分采、分贮、分运设施的露天采矿工程； 6. 矿体埋藏垂深<120m 的山坡与深凹露天矿； 7. 矿石品种单一，斜井，平硐溜井，主、副、风井条数<4 条的矿井工程

续表

等　级	工程特征
Ⅱ级	1. 地形、地质、水文条件较复杂； 2. 低瓦斯、偶见少量岩浆岩、自然发火倾向小的矿井工程； 3. 300m≤立井筒垂深<800m，500m≤斜井筒斜长<1000m，表土层厚度<300m； 4. 矿田地形为Ⅲ类及以上，煤层赋存条件属Ⅲ类，煤层结构复杂，可采煤层多于 2 层，煤层埋藏深度≥100m，采用综合开采工艺的煤炭露天采矿工程； 5. 有两种矿石品种，主、副、风井条数≥4 条，有分采、分贮、分运设施的矿井工程； 6. 两种以上开拓运输方式，多采场的露天矿； 7. 矿体埋藏垂深≥120m 的深凹露天矿； 8. 采金工程
Ⅲ级	1. 地形、地质、水文条件复杂； 2. 水患严重、有岩浆岩侵入、有自然发火危险的矿井工程； 3. 地压大，地温局部偏高，煤尘具爆炸性，高瓦斯矿井，煤层及瓦斯突出的矿井工程； 4. 立井筒垂深≥800m，斜井筒斜长≥1000m，表土层厚度≥300m； 5. 开采运输系统复杂，斜井胶带，联合开拓运输系统，有复杂的疏干、排水系统及设施； 6. 两种以上矿石品种，有分采、分贮、分运设施，采用充填采矿法或特殊采矿法的各类采矿工程； 7. 铀矿采矿工程

2.2.2　选矿工程

表 2.2-2　选矿工程复杂程度表

等　级	工程特征
Ⅰ级	1. 新建筛选厂（车间）工程； 2. 处理易选矿石，单一产品及选矿方法的选矿工程
Ⅱ级	1. 新建和改扩建入洗下限≥25mm 选煤厂工程； 2. 两种矿产品及选矿方法的选矿工程
Ⅲ级	1. 新建和改扩建入洗下限<25mm 选煤厂、水煤浆制备及燃烧应用工程； 2. 两种以上矿产品及选矿方法的选矿工程

3　加工冶炼工程

3.1　加工冶炼工程范围

适用于机械、船舶、兵器、航空、航天、电子、核加工、轻工、纺织、商物粮、建材、钢铁、有色等各类加工工程，钢铁、有色等冶炼工程。

3.2 加工冶炼工程复杂程度

表 3.2-1 加工冶炼工程复杂程度表

等 级	工程特征
Ⅰ级	1. 一般机械辅机及配套厂工程； 2. 船舶辅机及配套厂，船舶普航仪器厂，吊车道工程； 3. 防化民爆工程、光电工程； 4. 文体用品、玩具、工艺美术品、日用杂品、金属制品厂等工程； 5. 针织、服装厂工程； 6. 小型林产加工工程； 7. 小型冷库、屠宰厂，制冰厂，一般农业(粮食)与内贸加工工程； 8. 普通水泥、砖瓦水泥制品厂工程； 9. 一般简单加工及冶炼辅助单体工程和单体附属工程； 10. 小型、技术简单的建筑铝材、铜材加工及配套工程
Ⅱ级	1. 试验站(室)、试车台、计量检测站、自动化立体和多层仓库工程； 2. 造船厂、修船厂、坞修车间、船台滑道、海洋开发工程设备厂、水声设备及水中兵器厂工程； 3. 坦克装甲车车辆、枪炮工程； 4. 航空装配厂、维修厂、辅机厂，航空、航天试验测试及零部件厂，航天产品部装厂工程； 5. 电子整机及基础产品项目工程，显示器件项目工程； 6. 食品发酵烟草工程、制糖工程、制盐及盐化工工程、皮革毛皮及其制品工程、家电及日用机械工程、日用硅酸盐工程； 7. 纺织工程； 8. 林产加工工程； 9. 商物粮加工工程； 10. <2000t/d 的水泥生产线，普通玻璃、陶瓷、耐火材料工程、特种陶瓷生产线工程，新型建筑材料工程； 11. 焦化、耐火材料、烧结球团及辅助、加工和配套工程、有色、钢铁冶炼等辅助、加工和配套工程
Ⅲ级	1. 机械主机制造厂工程； 2. 船舶工业特种涂装车间，干船坞工程； 3. 火炸药及火工品工程、弹箭引信工程； 4. 航空主机厂、航天产品总装厂工程； 5. 微电子产品项目工程、电子特种环境工程、电子系统工程； 6. 核燃料元/组件、铀浓缩、核技术及同位素应用工程； 7. 制浆造纸工程、日用化工工程； 8. 印染工程； 9. ≥2000t/d 的水泥生产线，浮法玻璃生产线； 10. 有色、钢铁冶炼(含连铸)工程，轧钢工程

4 石油化工工程

4.1 石油化工工程范围

适用于石油、天然气、石油化工、化工、火化工、核化工、化纤、医药工程。

4.2 石油化工工程复杂程度

表 4.2-1 石油化工工程复杂程度表

等 级	工程特征
Ⅰ级	1. 油气田井口装置和内部集输管线，油气计量站、接转站等场站、总容积<50000m³ 或品种<5 种的独立油库工程； 2. 平原微丘陵地区长距离油、气、水煤浆等各种介质的输送管道和中间场站工程； 3. 无机盐、橡胶制品、混配肥工程； 4. 石油化工工程的辅助生产设施和公用工程
Ⅱ级	1. 油气田原油脱水转油站、油气水联合处理站、总容积≥50000m³ 或品种≥5 种的独立油库、天然气处理和轻烃回收厂站、三次采油回注水处理工程；硫磺回收及下游装置、稠油及三次采油联合处理站、油气田天然气液化及提氦、地下储气库； 2. 山区沼泽地带长距离油、气、水煤浆等各种介质的输送管道和首站、末站、压气站、调度中心工程； 3. 500×10⁴t/a 以下的常、减压蒸馏及二次加工装置，丁烯氧化脱氢、MTBE、丁二烯抽提、乙腈生产装置工程； 4. 磷肥、农药、精细化工、生物化工、化纤工程； 5. 医药工程； 6. 冷冻、脱盐、联合控制室、中高压热力站、环境监测、工业监视、三级污水处理工程
Ⅲ级	1. 海上油气田工程； 2. 长输管道的穿跨越工程； 3. 500×10⁴t/a 以上的常减压蒸馏及二次加工装置，芳烃抽提、芳烃（PX），乙烯、精对苯二甲酸等单体原料，合成材料，LPG、LNG 低温储存运输设施工程； 4. 合成氨、制酸、制碱、复合肥、火化工、煤化工工程； 5. 核化工、放射性药品工程

5 水利电力工程

5.1 水利电力工程范围

适用于水利、发电、送电、变电、核能工程。

5.2 水利电力工程复杂程度

表 5.2-1 水利、发电、送电、变电、核能工程复杂程度表

等 级	工程特征
Ⅰ级	1. 单机容量 200MW 及以下凝汽式机组发电工程，燃气轮机发电工程，50MW 及以下供热机组发电工程； 2. 电压等级 220kV 及以下的送电、变电工程； 3. 最大坝高<70m，边坡高度<50m，基础处理深度<20m 的水库水电工程； 4. 施工明渠导流建筑物与土石围堰； 5. 总装机容量<50MW 的水电工程； 6. 单洞长度<1km 的隧洞； 7. 无特殊环保要求
Ⅱ级	1. 单机容量 300MW～600MW 凝汽式机组发电工程，单机容量 50MW 及以上供热机组发电工程，新能源发电工程（可再生能源、风电、潮汐等）； 2. 电压等级 330kV 的送电、变电工程； 3. 70m≤最大坝高<100 或 $1000\times10^4m^3$≤库容<$1\times10^8m^3$ 的水库水电工程； 4. 地下洞室的跨度<15m，50m≤边坡高度<100m，20≤基础处理深度<40m 的水库水电工程； 5. 施工隧洞导流建筑物（洞径<10m）或混凝土围堰（最大堰高<20m）； 6. 50MW≤总装机容量<1000MW 的水电工程； 7. 1km≤单洞长度<4km 的隧洞； 8. 工程位于省级重点环境（生态）保护区内，或毗邻省级重点环境（生态）保护区，有较高的环保要求
Ⅲ级	1. 单机容量 600MW 以上凝汽式机组发电工程； 2. 换流站工程，电压等级≥500kV 送电、变电工程； 3. 核能工程； 4. 最大坝高≥100m 或库容≥$1\times10^8m^3$ 的水库水电工程； 5. 地下洞室的跨度≥15m，边坡高度≥100m，基础处理深度≥40m 的水库水电工程； 6. 施工隧洞导流建筑物（洞径≥10m）或混凝土围堰（最大堰高≥20m）； 7. 总装机容量≥1000MW 的水库水电工程； 8. 单洞长度≥4km 的水工隧洞； 9. 工程位于国家级重点环境（生态）保护区内，或毗邻国家级重点环境（生态）保护区，有特殊的环保要求

5.2.2　其他水利工程

表 5.2-2　其他水利工程复杂程度表

等　级	工程特征
Ⅰ级	1. 流量<15m³/s 的引调水渠道管线工程； 2. 堤防等级Ⅴ级的河道治理建(构)筑物及河道堤防工程； 3. 灌区田间工程； 4. 水土保持工程
Ⅱ级	1. 15m³/s≤流量<25m³/s 引调水渠道管线工程； 2. 引调水工程中的建筑物工程； 3. 丘陵、山区、沙漠地区的引调水渠道管线工程； 4. 堤防等级Ⅲ、Ⅳ级的河道治理建(构)筑物及河道堤防工程
Ⅲ级	1. 流量≥25m³/s 的的引调水渠道管线工程； 2. 丘陵、山区、沙漠地区的引调水建筑物工程； 3. 堤防等级Ⅰ、Ⅱ级的河道治理建(构)筑物及河道堤防工程； 4. 护岸、防波堤、围堰、人工岛、围垦工程，城镇防洪、河口整治工程

6　交通运输工程

6.1　交通运输工程范围

适用于铁路、公路、水运、城市交通、民用机场、索道工程。

6.2　交通运输工程复杂程度

6.2.1　铁路工程

表 6.2-1　铁路工程复杂程度表

等　级	工程特征
Ⅰ级	Ⅱ、Ⅲ、Ⅳ级铁路
Ⅱ级	1. 时速 200kM 客货共线； 2. Ⅰ级铁路； 3. 货运专线； 4. 独立特大桥； 5. 独立隧道
Ⅲ级	1. 客运专线； 2. 技术特别复杂的工程

注：1. 复杂程度调整系数Ⅰ级为 0.85，Ⅱ级为 1，Ⅲ为 0.95；

2. 复杂等级Ⅱ级的新建双线复杂程度调整系数为 0.85；

6.2.2 公路、城市道路、轨道交通、索道工程

表 6.2-2 公路、城市道路、轨道交通、索道工程复杂程度表

等 级	工程特征
Ⅰ级	1. 三级、四级公路及相应的机电工程； 2. 一级公路、二级公路的机电工程
Ⅱ级	1. 一级公路、二级公路； 2. 高速公路的机电工程； 3. 城市道路、广场、停车场工程
Ⅲ级	1. 高速公路工程； 2. 城市地铁、轻轨； 3. 客(货)运索道工程

注：穿越山岭重丘区的复杂程度Ⅱ、Ⅲ级公路工程项目的部分复杂程度调整系数分别为为 1.1 和 1.26。

6.2.3 公路桥梁、城市桥梁和隧道工程

表 6.2-3 公路桥梁、城市桥梁和隧道工程复杂程度表

等 级	工程特征
Ⅰ级	1. 总长<1000m 或单孔跨径<150m 的公路桥梁； 2. 长度<1000m 的隧道工程； 3. 人行天桥、涵洞工程
Ⅱ级	1. 总长≥1000m 或 150m≤单孔跨径<250m 的公路桥梁； 2. 1000m≤长度<3000m 的隧道工程； 3 城市桥梁、分离式立交桥、地下通道工程
Ⅲ级	1. 主跨≥250m 拱桥，单跨≥250m 预应力混凝土连续结构，≥400m 斜拉桥，≥800m 悬索桥； 2. 连拱隧道、水底隧道、长度≥3000m 的隧道工程； 3. 城市互通式立交桥

6.2.4 水运工程

表 6.2-4 水运工程复杂程度表

等 级	工程特征
Ⅰ级	1. 沿海港口、航道工程：码头<1000t 级，航道<5000t 级； 2. 内河港口、航道整治、通航建筑工程：码头、航道整治、船闸<100t 级； 3. 修造船厂水工工程：船坞、舾装码头<3000t 级，船台、滑道船体重量<1000t； 4. 各类疏浚、吹填、造陆工程

续表

等　级	工程特征
Ⅱ级	1. 沿海港口、航道工程：1000t 级≤码头≤10000t 级，5000t 级≤航道<30000t 级，护岸、引堤、防波堤等建筑物； 2. 油、气等危险品码头工程<1000t 级； 3. 内河港口、航道整治、通航建筑工程：100t 级≤码头<1000t 级，100t 级≤航道整治<1000t 级，100t 级≤船闸<500t 级，升船机<300t 级； 4. 修造船厂水工工程：3000t 级≤船坞、舾装码头<10000t 级，1000t≤船台、滑道船体重量<5000t
Ⅲ级	1. 沿海港口、航道工程：码头≥10000t 级，航道≥30000t 级； 2. 油、气等危险品码头工程≥1000t 级； 3. 内河港口、航道整治、通航建筑工程：码头、航道整治≥1000t 级，船闸≥500t 级，升船机≥300t 级； 4. 航运（电）枢纽工程； 5. 修造船厂水工工程：船坞、舾装码头≥10000t 级，船台、滑道船体重量≥5000t； 6. 水上交通管制工程

6.2.5　民用机场工程

表 6.2-5　民用机场工程复杂程度表

等　级	工程特征
Ⅰ级	3C 及以下场道、空中交通管制及助航灯光工程（项目单一或规模较小工程）
Ⅱ级	4C、4D 场道及空中交通管制及助航灯光工程（中等规模工程）
Ⅲ级	4E 及以上场道、空中交通管制及助航灯光工程（大型综合工程含配套措施）

注：工程项目规模划分标准见《民用机场飞行区技术标准》。

7　建筑市政工程

7.1　建筑市政工程范围

适用于建筑、人防、市政公用、园林绿化、电信、广播电视、邮政、电信工程。

7.2　建筑市政工程复杂程度

7.2.1　建筑、人防工程

表 7.2-1　建筑、人防工程复杂程度表

等　级	工程特征
Ⅰ级	1. 高度<24m 的公共建筑和住宅工程； 2. 跨度<24m 厂房和仓储建筑工程； 3. 室外工程及简单的配套用房； 4. 高度<70m 的高耸构筑物
Ⅱ级	1. 24m≤高度<50m 的公共建筑工程； 2. 24m≤跨度<36m 厂房和仓储建筑工程； 3. 高度≥24m 的住宅工程； 4. 仿古建筑，一般标准的古建筑、保护性建筑以及地下建筑工程； 5. 装饰、装修工程； 6. 防护级别为四级及以下的人防工程； 7. 70m≤高度<120m 的高耸构筑物
Ⅲ级	1. 高度≥50m 或跨度≥36m 的厂房和仓储建筑工程； 2. 高标准的古建筑、保护性建筑； 3. 防护级别为四级以上的人防工程； 4. 高度≥120m 的高耸构筑物

7.2.2　市政公用、园林绿化工程

表 7.2-2　市政公用、园林绿化工程复杂程度表

等　级	工程特征
Ⅰ级	1. *DN*<1.0m 的给排水地下管线工程； 2. 小区内燃气管道工程； 3. 小区供热管网工程，<2MW 的小型换热站工程； 4. 小型垃圾中转站，简易堆肥工程
Ⅱ级	1. *DN*≥1.0m 的给排水地下管线工程；<$3m^3/s$ 的给水、污水泵站；<$10\times10^4t/d$ 给水厂工程，<$5\times10^4t/d$ 污水处理厂工程； 2. 城市中、低压燃气管网(站)，<$1000m^3$ 液化气贮罐场(站)； 3. 锅炉房，城市供热管网工程，≥2MW 换热站工程； 4. ≥100t/d 的大型垃圾中转站，垃圾填埋工程； 5. 园林绿化工程
Ⅲ级	1. ≥$3m^3/s$ 的给水、污水泵站，≥$10\times10^4t/d$ 给水厂工程，≥$5\times10^4t/d$ 污水处理厂工程； 2. 城市高压燃气管网(站)，≥$1000m^3$ 液化气贮罐场(站)； 3. 垃圾焚烧工程； 4. 海底排污管线，海水取排水、淡化及处理工程

7.2.3　广播电视、邮政、电信工程

表 7.2-3　广播电视、邮政、电信工程复杂程度表

等　级	工程特征
Ⅰ级	1. 广播电视中心设备(广播 2 套及以下，电视 3 套及以下)工程； 2. 中短波发射台(中波单机功率 P<1kW，短波单机功率 P<50kW)工程； 3. 电视、调频发射塔(台)设备(单机功率 P<1kW)工程； 4. 广播电视收测台设备工程；三级邮件处理中心工艺工程
Ⅱ级	1. 广播电视中心设备(广播 3~5 套，电视 4~6 套)工程； 2. 中短波发射台(中波单机功率 1kW≤P<20kW，短波单机功率 50kW≤P<150kW)工程； 3. 电视、调频发射塔(台)设备(中波单机功率 1kW≤P<10kW，塔高<200m)工程； 4. 广播电视传输网络工程；二级邮件处理中心工艺工程； 5. 电声设备、演播厅、录(播)音馆、摄影棚设备工程； 6. 广播电视卫星地球站、微波站设备工程； 7. 电信工程
Ⅲ级	1. 广播电视中心设备(广播 6 套以上，电视 7 套以上)工程； 2. 中短波发射台设备(中波单机功率 P≥20kW，短波单机功率 P≥150kW)工程； 3. 电视、调频发射塔(台)设备(中波单机功率 P≥10kW，塔高≥200m)工程； 4. 一级邮件处理中心工艺工程

8　农业林业工程

8.1　农业林业工程范围

适用于农业、林业工程。

8.2　农业林业工程复杂程度

农业、林业工程复杂程度为Ⅱ级。

附表一

建设工程监理与相关服务的主要工作内容

服务阶段	具体服务范围构成	备注
勘察阶段	协助发包人编制勘察要求、选择勘察单位，核查勘察方案并监督实施和进行相应的控制，参与验收勘察成果	建设工程勘察、设计、施工、保修等阶段监理与相关服务的具体工作内容执行国家、行业有关规范、规定
设计阶段	协助发包人编制设计要求、选择设计单位，组织评选设计方案，对各设计单位进行协调管理，监督合同履行，审查设计进度计划并监督实施，核查设计大纲和设计深度、使用技术规范合理性，提出设计评估报告(包括各阶段设计的核查意见和优化建议)，协助审核设计概算	
施工阶段	施工过程中的质量、进度、费用控制，安全生产监督管理、合同、信息等方面的协调管理	
保修阶段	检查和记录工程质量缺陷，对缺陷原因进行调查分析并确定责任归属，审核修复方案，监督修复过程并验收，审核修复费用	

附表二

施工监理服务收费基价表

单位：万元

序号	计费额	收费基价
1	500	16.5
2	1000	30.1
3	3000	78.1
4	5000	120.8
5	8000	181.0
6	10000	218.6
7	20000	393.4
8	40000	708.2
9	60000	991.4
10	80000	1255.8
11	100000	1507.0
12	200000	2712.5
13	400000	4882.6
14	600000	6835.6
15	800000	8658.4
16	1000000	10390.1

注：计费额大于1000000万元的，以计费额乘以1.039%的收费率计算收费基价。其他未包含的其收费由双方协商议定。

附表三

施工监理服务收费专业调整系数表

工程类型	专业调整系数
1. 矿山采选工程	
黑色、有色、黄金、化学、非金属及其他矿采选工程	0.9
选煤及其他煤炭工程	1.0
矿井工程，铀矿采选工程	1.1
2. 加工冶炼工程	
冶炼工程	0.9
船舶水工工程	1.0
各类加工	1
核加工工程	1.2
3. 石油化工工程	
石油工程	0.9
化工、石化、化纤、医药工程	1
核化工工程	1.2
4. 水利电力工程	
风力发电、其他水利工程	0.9
火电工程、送变电工程	1
核能、水电、水库工程	1.2
5. 交通运输工程	
机场场道、助航灯光工程	0.9
铁路、公路、城市道路、轻轨及机场空管工程	1
水运、地铁、桥梁、隧道、索道工程	1.1
6. 建筑市政工程	
园林绿化工程	0.8
建筑、人防、市政公用工程	1
邮政、电信、广播电视工程	1
7. 农业林业工程	
农业工程	0.9
林业工程	0.9

附表四

建设工程监理与相关服务人员人工日费用标准

建设工程监理与相关服务人员职级	工日费用标准(元)
一、高级专家	1000~1200
二、高级专业技术职称的监理与相关服务人员	800~1000
三、中级专业技术职称的监理与相关服务人员	600~800
四、初级及以下专业技术职称监理与相关服务人员	300~600

注：本表适用于提供短期服务的人工费用标准。

中国城市规划协会关于发布城市规划设计计费指导意见的通知

（〔2004〕中规协秘字第 022 号）

中国城市规划协会会员单位：

为加强城市规划设计行业的管理，约束不合理收费和制止不公平价格竞争，促进城市规划设计的提高，中国城市规划协会研究制定了《城市规划设计计费指导意见》。现发至各会员单位，作为城市规划设计单位计算和收取规划设计费的参考依据。

附件 1：《城市规划设计计费指导意见》说明

附件 2：《城市规划设计计费指导意见》

附件 1：

《城市规划设计计费指导意见》说明

一、2001 年国家计委《关于放开和下放部分商品和服务价格的通知》(计价格[2001]1218 号)中取消了 1993 年由建设部、国家物价局联合颁布的《城市规划设计计费标准》，放开了规划设计市场。为了规范规划设计市场计费，中国城市规划协会在全国范围内进行调查研究，制定了《城市规划设计计费指导意见(以下简称)》。本《意见》可作为城市规划设计单位收取规划设计费的参考依据。

二、参照本《意见》计算规划设计费时，可根据项目难易程度、地区差异、规划设计单位的资质等级等情况，乘以 0.8~1.5 的系数。

三、外资和中外合资建设项目也可参照国际城市规划计费方法或标准，由委托方和被委托方协商确定。

四、本《意见》所提出的各项计费基于建设部颁布的《城市规划编制办法》及相关规定对规划设计内容、深度的要求而制定，如果委托方要求增加或减少内容、深度，计费应相应增减。

五、规划设计所需要的基础资料及地形图(含电子文件)，应由委托方提供。如需要由规划设计单位承担调查收集基础资料工作。委托方应支付相应费用。

六、规划设计单位应向委托方提供初步方案(含论证材料)15套；规划文本6套；彩色图纸一套。如委托方要求增加份数，则应另行支付成本费。

七、规划文本电子文件及版权归规划设计单位所有。如委托方要求规划设计单位提供电子文件或版权，应支付相应费用。

八、委托方应按进度分期支付规划设计费。在规划设计合同签订后3日内，支付规划设计费总额的20%作为定金；规划设计方案确定后3日内，支付40%的规划设计费；提交全部规划设计成果时，结清全部费用。

九、本《意见》由中国城市规划协会负责解释。

附件2：

《城市规划设计计费指导意见》

一、城市总体规划

序号	城市规模(万人)	计费单价(万元/平方千米)	备注
1	小城市(20以下)	3.5包括县城	
2	中等城市(20~50)	3.0	
3	大城市(50~100)	2.5	
4	特大城市(100以上)	2.0	

注：

(1) 本计费中的城市分类，按照《城市规划法》所划定的特大城市、大城市、中等城市、小城市标准区分，不含乡镇规划。

(2) 表中人口规模以规划末期人口为准。

(3) 城市总体规划按规划人口规模分档，并按实际规划用地面积计算规划费。

(4) 本计费不含单独编制的城镇体系规划。

(5) 单独编制城市总体规划纲要的，按总体规划设计费的50%计费。

(6) 城市总体规划计费基价为35万元。

(7) 在编制城市总体规划中，如需要进行相关专题研究，应单独计费。计费为：特大城市30万元/每个、大城市20万元/每个、中等城市15万元/每个、小城市10万元/每个。

(8) 编制城市总体规划，各阶段工作量划分比例为：现状调研阶段30%，方案阶段40%，成果制作阶段30%。

(9) 总体规划调研和考察费用由双方商定。委托单位组织的，费用由委托单位承担；规划设计单位自行组织的，费用由规划设计单位自行解决。

二、分区规划

序号	项目类别	计费单价(万元/平方千米)	备注
1	新区	3.0	
2	旧城区	3.5	

注：

（1）城市建成区按照旧区计费，城市新区按照新区计费。

（2）有些地区在城市建设中进行的某些类似于分区规划深度的规划，按照城市新区计费。

（3）分区规划设计计费基价为15万元。

（4）编制分区规划，各阶段工作量划分比例为：现状调研阶段20%，方案阶段50%，成果制作阶段30%。

三、详细规划

（一）控制性详细规划

序号	项目类别	计费单价(元/公顷)	备注
1	城市新区、开发区	2500	
2	城市一般地段	3000	
3	城市重点地段	3500	

注：

（1）表中计费单价不含分图则。如增加分图则，计费单价分别增加500元/公顷。

（2）如增加建筑形体方案示意，则计费单价分别增加2000元/公顷。

（3）控制性详细规划设计计费基价为10万元。

（4）编制控制性详细规划，各阶段工作量划分比例：

① 建成区：现状调研阶段30%，方案阶段40%，成果制作阶段30%；如果增加分图则，工作量划分比例为：现状调研阶段25%，方案阶段40%，成果制作阶段35%。

② 新区：现状调研阶段15%，方案阶段50%，成果制作阶段35%；如果增加分图则，工作量划分比例为：现状调研阶段15%，方案阶段45%，成果制作阶段40%。

（二）修建性详细规划

1. 居住区

序号	用地规模(公顷)	计费单价(元/公顷)	备注
1	3	20000	
2	3~10	15000	
3	10~20	12000	
4	20~30	10000	

续表

序号	用地规模(公顷)	计费单价(元/公顷)	备注
5	30~50	9000	
6	50 以上	8000	

注：

（1）规划设计计费基价为 5 万元。

（2）建筑单体为选型方案。如做建筑单体方案设计，则建筑方案费用另计。

（3）委托单位如果要求制作效果图、模型等，则费用另计。

（4）规划总平面方案每增加一个，委托方应增加 30%的规划费用。

（5）委托单位如果需要进行修建性总平面设计，则增加 50%的规划费用。

2. 城市一般地段

序号	用地规模(公顷)	计费单价(元/公顷)	备注
1	3	20000	
2	3~10	18000	
3	10~20	15000	
4	20~30	12000	
5	30~50	10000	
6	50 以上	9000	

注：

（1）规划设计计费基价为 5 万元。

（2）建筑单体为选型方案。如做建筑单体方案设计，则建筑方案费用另计。

（3）委托单位如果要求制作效果图、模型等，则费用另计。

（4）委托单位如果需要进行修建性总平面设计，则增加 50%的规划费用。

3. 城市重点地段、大型公建及周围地段

序号	项目类别	计费单价(元/公顷)	备注
1	城市重点地段	16000	
2	大型公建	18000	
3	主要公建及周围地段	18000	

注：

（1）规划设计计费基价为 6 万元。

（2）大专院校、单位大院等按主要公建地段计费。

（3）建筑单体为选型方案。如做建筑单体方案设计，则建筑方案费用另计。

（4）委托单位如果要求制作效果图、模型等，则费用另计。

（5）委托单位如果需要进行修建性总平面设计，则增加 50%的规划费用。

4. 公园、游乐场及其他公园规划

序号	用地面积(公顷)	计费单价(元/公顷)	备注
1	1~10	12000	
2	10~20	9000	
3	20~30	8000	
4	30~50	7000	
5	50 以上	6000	

注：

(1) 规划设计计费基价为 5 万元。

(2) 委托单位如果要求制作效果图、模型等，则费用另计。

四、风景区规划

(一) 风景区规划大纲

序号	规模(平方千米)	计费单价(元/平方千米)	备注
1	小于 50	5000	
2	50~100	4000	
3	100~200	3500	
4	200~500	2500	
5	500 以上	1500	

注：

(1) 规划设计计费基价为 15 万元。

(2) 本计费为单独编制风景区规划大纲计费。

(二) 风景区总体规划

序号	规模(平方千米)	计费单价(万元/平方千米)	备注
1	小于 10	1. 6	
2	10~20	1. 4	
3	20~50	1. 2	
4	50~100	1. 0	
5	100 以上	0. 8	

注：

(1) 规划设计计费基价为 15 万元。

(2) 风景区总体规划计费已包括风景区规划大纲的工作量。

(3) 风景区总体规划的面积，应按实际规划用地面积计算。水面应按实际规划利用范围计算。

（三）风景区详细规划

序号	规模(公顷)	计费单价(元/公顷)	备注
1	小于 20	11000	
2	20~50	10000	
3	50~100	9000	
4	100~200	8000	
5	200 以上	6000	

注：规划设计计费基价为 15 万元。

五、城市近期建设规划

（1）单独编制城市近期建设规划，计费按城市总体规划计费 40%计取；如与城市总体规划同时编制，则按城市总体规划的 30%计取。

（2）城市近期建设规划的费用小于 20 万时，则按 20 万计费。

六、城镇体系规划

序号	规模(万人)	计费单价(万元/万人)	备注
1	30~50	1.1	
2	50~60	1.0	
3	60~70	0.95	
4	70~80	0.9	
5	80~90	0.85	
6	90~100	0.8	
7	100~200	0.75	
8	200 以上	0.7	

注：

（1）表中人口规模以规划期末区域总人口为准。

（2）都市圈、城镇群等类似规划，参照城镇体系规划的深度和计费意见进行。

（3）在编制城镇体系规划中，如果需要进行相关专题研究，应单独计费。计费为：省域和区域为 30 万元/每个，特大城市 25 万元/每个、大城市 20 万元/每个、中等城市 15 万元/每个、小城市 10 万元/每个。

（4）规划设计计费基价为 20 万元。

七、环境景观规划

（1）环境景观规划指居住小区、城市街景景观、校园规划等城市各类景观专项规划。

（2）环境景观规划按相应项目类别规划计费的30%~40%收取规划设计费。

（3）景观规划设计详细规划，按公园、游乐场及其它园林详细规划计费单价执行。

（4）景观规划设计计费基价为8万元。

八、城市设计

（1）单独编制城市设计，其计费为：总体规划、分区规划阶段按其规划设计计费的40%~50%收取；控制性详细规划、修建性详细规划按其规划设计计费的50%~80%收取。

（2）不同规划阶段基础上增加城市设计内容，应在相应阶段的规划设计计费的基础上，增加30%~50%的规划设计费。

九、小城镇总体规划(指县城以下的建制镇)

（1）编制小城镇总体规划时，应同时编制镇域村镇体系规划。

（2）计费按规划建设用地4万元/平方千米计取。

（3）本计费含镇区总体规划和镇域村镇体系规划。

（4）规划设计计费按规划期末的实际规划建成区用地面积计算。

（5）规划设计计费基价为15万元。

（6）如果进行专题研究，应单独计费，计费为5万元/每个。

注解：2004版《指导意见》所提出的各项收费是基于1991年国家建设部颁布的《城市规划编制办法》及相关规定制定的，中国城市规划协会于2016年底正式启动《城乡规划设计计费指导意见》修编工作，最终完成《城乡规划设计计费指导意见》2017年修订稿的修编工作。

国家发展计划委员会　建设部关于发布《工程勘察设计收费管理规定》的通知

（计价格〔2002〕10 号）

国务院各有关部门，各省、自治区、直辖市计委、物价局，建设厅：

为贯彻落实《国务院办公厅转发建设部等部门关于工程勘察设计单位体制改革若干意见的通知》（国办发〔1999〕101 号），调整工程勘察设计收费标准，规范工程勘察设计收费行为，国家计委、建设部制定了《工程勘察设计收费管理规定》（以下简称《规定》），现予发布，自 2002 年 3 月 1 日起施行。原国家物价局、建设部颁发的《关于发布工程勘察和工程设计收费标准的通知》（〔1992〕价费字 375 号）及相关附件同时废止。

本《规定》施行前，已完成建设项目工程勘察或者工程设计合同工作量 50%以上的，勘察设计收费仍按原合同执行；已完成工程勘察或者工程设计合同工作量不足 50%的，未完成部分的勘察设计收费由发包人与勘察人、设计人参照本《规定》协商确定。

附件 1：工程勘察设计收费管理规定

附件 2：工程勘察收费标准

附件 3：工程设计收费标准

附录：中华人民共和国价格法

附件 1：

工程勘察设计收费管理规定

第一条　为了规范工程勘察设计收费行为，维护发包人和勘察人、设计人的合法权益，根据《中华人民共和国价格法》以及有关法律、法规，制定本规定及《工程勘察收费标准》和《工程设计收费标准》。

第二条　本规定及《工程勘察收费标准》和《工程设计收费标准》，适用于中华人民共和国境内建设项目的工程勘察和工程设计收费。

第三条 工程勘察设计的发包与承包应当遵循公开、公平、公正、自愿和诚实信用的原则。依据《中华人民共和国招标投标法》和《建设工程勘察设计管理条例》，发包人有权自主选择勘察人、设计人，勘察人、设计人自主决定是否接受委托。

第四条 发包人和勘察人、设计人应当遵守国家有关价格法律、法规的规定，维护正常的价格秩序，接受政府价格主管部门的监督、管理。

第五条 工程勘察和工程设计收费根据建设项目投资额的不同情况，分别实行政府指导和市场调节价。建设项目总投资估算额500万元及以上的工程勘察和工程设计收费实行政府指导价；建设项目总投资估算额500万元以下的工程勘察和工程设计收费实行市场调节价。

第六条 实行政府指导价的工程勘察和工程设计收费，其基准价根据《工程勘察收费标准》或者《工程设计收费标准》计算，除本规定第七条另有规定者外，浮动幅度为上下20%。发包人和勘察人、设计人应当根据建设项目的实际情况在规定的浮动幅度内协商确定收费额。

实行市场调节价的工程勘察和工程设计收费，由发包人和勘察人、设计人协商确定收费额。

第七条 工程勘察费和工程设计费，应当体现优质优价的原则。工程勘察和工程设计收费实行政府指导价的，凡在工程勘察设计中采用新技术、新工艺、新设备、新材料，有利于提高建设项目经济效益、环境效益和社会效益的，发包人和勘察人、设计人可以在上浮25%的幅度内协商确定收费额。

第八条 勘察人和设计人应当按照《关于商品和服务实行明码标价的规定》，告知发包人有关服务项目、服务内容、服务质量、收费依据，以及收费标准。

第九条 工程勘察费和工程设计费的金额以及支付方式，由发包人和勘察人、设计人在《工程勘察合同》或者《工程设计合同》中约定。

第十条 勘察人或者设计人提供的勘察文件或者设计文件，应当符合国家规定的工程技术质量标准，满足合同约定的内容、质量等要求。

第十一条 由于发包人原因造成工程勘察、工程设计工作量增加或者工程勘察现场停工、窝工的，发包人应当向勘察人、设计人支付相应的工程勘察费或者工程设计费。

第十二条 工程勘察或者工程设计质量达不到本规定第十条规定的，勘察人或者设计人应当返工。由于返工增加工作量的，发包人不另外支付工程勘察费或者工程设计费。由于勘察人或者设计人工作失误给发包人造成经济损失的，应当按照合同约定承担赔偿责任。

第十三条 勘察人、设计人不得欺骗发包人或者与发包人互相串通，以增加工程勘察工作量或者提高工程设计标准等方式，多收工程勘察费或者工程设计费。

第十四条 违反本规定和国家有关价格法律、法规规定的，由政府价格主管部门依据《中华人民共和国价格法》《价格违法行为行政处罚规定》予以处罚。

第十五条 本规定及所附《工程勘察收费标准》和《工程设计收费标准》，由国家发展计划委员会负责解释。

第十六条 本规定自二00二年三月一日起施行。

附件 2：

工程勘察收费标准

1 总 则

1.0.1 工程勘察收费是指勘察人根据发包人的委托，收集已有资料、现场踏勘、制订勘察纲要，进行测绘、勘探、取样、试验、测试、检测、监测等勘察作业，以及编制工程勘察文件和岩土工程设计文件等收取的费用。

1.0.2 工程勘察收费标准分为通用工程勘察收费标准和专业工程勘察收费标准。

（1）通用工程勘察收费标准适用于工程测量、岩土工程勘察、岩土工程设计与检测监测、水文地质勘察、工程水文气象勘察、工程物探、室内试验等工程勘察的收费。

（2）专业工程勘察收费标准分别适用于煤炭、水利水电、电力、长输管道、铁路、公路、通信、海洋工程等工程勘察的收费。专业工程勘察中的一些项目可以执行通用工程勘察收费标准。

1.0.3 通用工程勘察收费采取实物工作量定额计费方法计算，由实物工作收费和技术工作收费两部分组成。

专业工程勘察收费方法和标准，分别在煤炭、水利水电、电力、长输管道、铁路、公路、通信、海洋工程等章节中规定。

1.0.4　通用工程勘察收费按照下列公式计算

（1）工程勘察收费=工程勘察收费基准价×(1±浮动幅度值)

（2）工程勘察收费基准价=工程勘察实物工作收费+工程勘察技术工作收费

（3）工程勘察实物工作收费=工程勘察实物工作收费基价×实物工作量×附加调整系数

（4）工程勘察技术工作收费=工程勘察实物工作收费×技术工作收费比例

1.0.5　工程勘察收费基准价

工程勘察收费基准价是按照本收费标准计算出的工程勘察基准收费额，发包人和勘察人可以根据实际情况在规定浮动的幅度内协商确定工程勘察收费合同额。

1.0.6　工程勘察实物工作收费基价

工程勘察实物工作收费基价是完成每单位工程勘察实物工作内容的基本价格。工程勘察实物工作收费基价在相关章节的《实物工作收费基价表》中查找确定。

1.0.7　实物工作量

实物工作量由勘察人按照工程勘察规范、规程的规定和勘察作业实际情况在勘察纲要中提出，经发包人同意后，在工程勘察合同中约定。

1.0.8　附加调整系数

附加调整系数是对工程勘察的自然条件、作业内容和复杂程度差异进行调整的系数。附加调整系数分别列于总则和各章节中。附加调整系数为两个或者两个以上的，附加调整系数不能连乘。将各附加调整系数相加，减去附加调整系数的个数，加上定值1，作为附加调整系数值。

1.0.9　在气温(以当地气象台、站的气象报告为准)≥35°C或者≤-10°C条件下进行勘察作业时，气温附加调整系数为1.2。

1.0.10　在海拔高程超过2000m地区进行工程勘察作业时，高程附加调整系数如下：

海拔高程2000~3000m为1.1

海拔高程3001~3500m为1.2

海拔高程3501~4000m为1.3

海拔高程4001m以上的，高程附加调整系数由发包人与勘察人协商确定。

1.0.11　建设项目工程勘察由两个或者两个以上勘察人承担的，其中对建设项目工程勘察合理性和整体性负责的勘察人，按照该建设项目工程勘察收费基准价的5%加收主体勘察协调费。

1.0.12　工程勘察收费基准价不包括以下费用：办理工程勘察相关许可，以及购买有关资料费；拆除障碍物，开挖以及修复地下管线费；修通至作业现场道路，接通电源、水源以及平整场地费；勘察材料以及加工费；水上作业用船、排、平台以及水监费；勘察作业大型机具搬运费；青苗、树木以及水域养殖物赔偿费等。发生以上费用的，由发包人另行支付。

1.0.13　工程勘察组日、台班收费基价如下：

工程测量、岩土工程验槽、检测监测、工程物探 1000元/组日

岩土工程勘察　　1360元/台班

水文地质勘察　　1680元/台班

1.0.14　勘察人提供工程勘察文件的标准份数为4份。发包人要求增加勘察文件份数的，由发包人另行支付印制勘察文件工本费。

1.0.15　本收费标准不包括本总则1.0.1以外的其他服务收费。其他服务收费，国家有收费规定的，按照规定执行；国家没有收费规定的，由发包人与勘察人协商确定。

2　工程测量

2.1　技术工作

工程测量技术工作费收费比例为22%。

2.2　地面测量

表2.2-1　地面测量复杂程度表

类别		简单	中等	复杂
一般地区	地形	起伏小或比高≤20m的平原	起伏大但有规律，或比高≤80m的丘陵地	起伏变化很大或比高>80m的山地
	通视	良好，隐蔽地区面积≤20%	一般，隐蔽地区面积≤40%	困难，隐蔽地区面积≤60%
	通行	较好，植物低矮，比高较小的梯田地区	一般，植物较高，比高较大的梯田，容易通过的沼泽或稻田地区	困难，密集的树林或荆棘灌木丛林、竹林，难以通行的水网、稻田、沼泽、沙漠地，岭谷险峻、地形切割剧烈、攀登艰难的山区

续表

类别		简单	中等	复杂
	地物	稀少	较少	较多
建筑群区		有一般地区特征，细部坐标点每格≤5；建筑物占图面积≤30%	有一般地区特征，细部坐标点每格≤8；建筑物占图面积≤50%	有一般地区特征，细部坐标点每格>8；建筑物占图面积>50%

表 2.2-2　地面测量实物工作收费基价表

序号	项目			计费单位	收费基价（元）		
					简单	中等	复杂
1	控制测量	三角(边)	二等	点	4263	4842	6232
			三等		3136	3565	4584
			四等		2737	3112	4006
			一级		1096	1244	1602
			二级		728	829	1069
		导线	三等	km	2818	3203	4122
			四等		2186	2484	3196
			一级		1552	1764	2269
			二级		1086	1234	1589
			三级		759	863	1112
			图根点	点	89	101	131
		水准	二等	km	877	997	1283
			三等		438	500	643
			四等		220	250	323
			五等		167	188	242
			图根		111	124	162
		GPS 测量	C 级	点	3727	4274	5500
			D 级		3198	3632	4671
			E 级		2821	3203	4123

续表

<table>
<tr><th rowspan="2">序号</th><th rowspan="2" colspan="4">项目</th><th rowspan="2">计费单位</th><th colspan="3">收费基价（元）</th></tr>
<tr><th>简单</th><th>中等</th><th>复杂</th></tr>
<tr><td rowspan="7">2</td><td rowspan="7">地形测量</td><td rowspan="6">一般地区</td><td rowspan="6">比例尺</td><td>1：200</td><td>km²</td><td>76780</td><td>102374</td><td>163795</td></tr>
<tr><td>1：500</td><td></td><td>33383</td><td>44510</td><td>71216</td></tr>
<tr><td>1：1000</td><td></td><td>15174</td><td>20232</td><td>32374</td></tr>
<tr><td>1：2000</td><td></td><td>6676</td><td>8901</td><td>14244</td></tr>
<tr><td>1：5000</td><td></td><td>1975</td><td>2630</td><td>4210</td></tr>
<tr><td>1：10000</td><td></td><td>1109</td><td>1478</td><td>2364</td></tr>
<tr><td colspan="3">建筑群区</td><td></td><td colspan="3">1：200 比例尺的附加调整系数为 1.8，其余比例尺的附加调整系数为 2.0</td></tr>
<tr><td rowspan="5">3</td><td rowspan="5">断面测量</td><td rowspan="5">水平比例尺</td><td colspan="2">1：200</td><td>km</td><td>1016</td><td>1354</td><td>1864</td></tr>
<tr><td colspan="2">1：500</td><td></td><td>785</td><td>1047</td><td>1440</td></tr>
<tr><td colspan="2">1：1000</td><td></td><td>607</td><td>809</td><td>1113</td></tr>
<tr><td colspan="2">1：2000</td><td></td><td>468</td><td>625</td><td>860</td></tr>
<tr><td colspan="2">1：5000</td><td></td><td>362</td><td>481</td><td>665</td></tr>
<tr><td>4</td><td colspan="4">架空索道测量</td><td></td><td>2698</td><td>3372</td><td>5733</td></tr>
</table>

表 2.2-3 地面测量实物工作收费附加调整系数表

序号	项目	附加调整系数	备注
1	二、三、四等三角(边)不造标	0.6	
2	连接原有三角点	0.5	
3	房顶标志、墙上水准	0.5	
4	三角高程	1.2	
5	GPS 测量 C 级、D 级、E 级不造标	0.6	
6	建立施工方格网的导线点	0.6	收费基价为表 2.2-2 四等三角点
7	检验施工方格网导线点的稳定性	0.48	
8	航测、陆测地形图	0.7	
9	汇水面积测量	0.4	
10	带状地形测量(图面宽度<20cm)	1.3	
11	地形图修测	1.1	以实际修测面积计算

续表

序号	项目	附加调整系数	备注
12	覆盖或隐蔽程度>60%	1.2~1.5	
13	绘制 1：200 大样图	1.6	
14	数字化测绘	1.5	

2.3 水域测量

表 2.3-1 水域测量复杂程度表

类别	简单	中等	复杂
测线	测线长≤300m 或断面间距在图上>3cm	测线长≤700m 或断面间距在图上>2cm	测线长>700m 或断面间距在图上≤2cm
水域	水深≤5m，无摸浅工作	水深≤15m，或浅滩、礁石较多，有摸浅工作	水深>15m 或在河泊封冻期作业，浅滩、礁石很多，摸浅工作多
通视	岸边开阔，通视良好	岸边建筑物、堆积物较少，有低于 1.5m 的围墙及防汛堤，有部分防护林带	岸边建筑物、堆积物较多，有高于 1.5m 的围墙及防汛堤，有较密集的防护林带
障碍	来往船只较少	来往船只较多或测区内有停留的船、竹排、木排	来往船只频繁或测区内停泊的船、竹排、木排较多

表 2.3-2 水域测量实物工作收费基价表

<table>
<tr><th rowspan="2">序号</th><th rowspan="2" colspan="3">项目</th><th rowspan="2">计费单位</th><th colspan="3">收费基价（元）</th></tr>
<tr><th>简单</th><th>中等</th><th>复杂</th></tr>
<tr><td rowspan="6">1</td><td rowspan="6">湖、江、河、塘、沼泽地、积水区</td><td rowspan="12">比例尺</td><td>1：200</td><td rowspan="6">km^2</td><td>204748</td><td>272301</td><td>382875</td></tr>
<tr><td>1：500</td><td>89020</td><td>118396</td><td>166468</td></tr>
<tr><td>1：1000</td><td>40464</td><td>53817</td><td>75680</td></tr>
<tr><td>1：2000</td><td>17803</td><td>23680</td><td>33294</td></tr>
<tr><td>1：5000</td><td>5260</td><td>7002</td><td>9838</td></tr>
<tr><td>1：10000</td><td>2955</td><td>3924</td><td>5530</td></tr>
<tr><td>2</td><td>滨海区</td><td colspan="5">以本表序号 1 为收费基价，附加调整系数为 1.5</td></tr>
<tr><td rowspan="5">3</td><td rowspan="5">河道断面</td><td>1：200</td><td rowspan="5">km</td><td>3245</td><td>4316</td><td>6474</td></tr>
<tr><td>1：500</td><td>2636</td><td>3506</td><td>5261</td></tr>
<tr><td>1：1000</td><td>2023</td><td>2698</td><td>4046</td></tr>
<tr><td>1：2000</td><td>1559</td><td>2075</td><td>3112</td></tr>
<tr><td>1：5000</td><td>1268</td><td>1686</td><td>2529</td></tr>
</table>

2.4 地下管线测量

表 2.4–1 地下管线测量复杂程度表

类别	简单	中等	复杂
地形	平坦	起伏不大	高差大
障碍	建筑物密度小	建筑物密度中等	建筑物密度大
种类	1~3 种	4~5 种	>5 种
定位点	每 km 平均≤10 点	每 km 平均≤20 点	每 km 平均>20 点

表 2.4–2 地下管线测量实物工作收费基价表

序号	项目	计费单位	收费基价(元)		
			简单	中等	复杂
1	地下电缆	km	1206	1446	1880
2	工业管道		1416	1700	2337
3	上下水及暖气管道		1624	1948	2599

2.5 洞室测量

表 2.5–1 洞室测量复杂程度表

简单	中等	复杂
有充分照明	有部分照明	没有照明
洞室的净空高≥ 2.0 m	洞室的净空高≥1.8 m	洞室的净空高<1.8 m
洞室导线平均边长≥15m	洞室导线平均边长≥11m	洞室导线平均边长<11m

表 2.5–2 洞室测量实物工作收费基价表

项目	计费单位	收费基价(元)		
		简单	中等	复杂
洞室测量	km	2698	4384	6744

2.6 其他测量

表 2.6-1 其他测量实物工作收费基价表

<table>
<tr><td rowspan="2">序号</td><td colspan="4" rowspan="2">项目</td><td rowspan="2">计费单位</td><td colspan="3">收费基价(元)</td></tr>
<tr><td>简单</td><td>中等</td><td>复杂</td></tr>
<tr><td rowspan="6">1</td><td rowspan="6">地形图数字化</td><td rowspan="5" colspan="1">一般地区</td><td rowspan="5" colspan="1">比例尺</td><td>1∶500</td><td rowspan="5">标准图幅($0.25m^2$)</td><td>459</td><td>689</td><td>1102</td></tr>
<tr><td>1∶1000</td><td>756</td><td>1099</td><td>1732</td></tr>
<tr><td>1∶2000</td><td>1049</td><td>1509</td><td>2362</td></tr>
<tr><td>1∶5000</td><td>1966</td><td>2739</td><td>4215</td></tr>
<tr><td>1∶10000</td><td>2882</td><td>3969</td><td>6066</td></tr>
<tr><td colspan="7">建筑群区附加调整系数为 2.0</td></tr>
<tr><td rowspan="5">2</td><td rowspan="5">地形图缩放</td><td rowspan="3">缩图</td><td rowspan="2">一般地区 比例尺</td><td>1∶2</td><td rowspan="5">缩放后$100cm^2$</td><td>24</td><td>34</td><td>56</td></tr>
<tr><td>2∶5</td><td>28</td><td>40</td><td>72</td></tr>
<tr><td colspan="2">建筑群区</td><td colspan="3">附加调整系数为 1.5</td></tr>
<tr><td rowspan="2">放图</td><td rowspan="2">比例尺</td><td>1∶2</td><td>14</td><td>20</td><td>36</td></tr>
<tr><td>2∶5</td><td>18</td><td>24</td><td>41</td></tr>
<tr><td rowspan="2">3</td><td rowspan="2">近景摄影测量</td><td colspan="3">外业摄影</td><td>组日</td><td colspan="3">1000</td></tr>
<tr><td colspan="7">内业绘测近景立体图，按照外业摄影费等值计算收费</td></tr>
<tr><td>4</td><td>小型工程测量</td><td colspan="3">小面积测量、配合其他工程测量</td><td>组日</td><td colspan="3"><3 组日时，按 3 组日计算收费</td></tr>
<tr><td>5</td><td>定点测量</td><td colspan="3">各种勘探点</td><td></td><td colspan="3">1000</td></tr>
</table>

3 岩土工程勘察

3.1 技术工作

表 3.1-1 岩土工程勘察技术工作费收费比例表

岩土工程勘察等级	技术工作费收费比例(%)
甲级	120
乙级	100
丙级	80

注：1. 岩土工程勘察等级见国标《岩土工程勘察规范》；

2. 利用已有勘察资料提出勘察报告的只收取技术工作费，技术工作费的计费基数为所利用勘察资料的实物工作收费额。

3.2 工程地质测绘

表 3.2-1 工程地质测绘复杂程度表

类别	简单	中等	复杂
地质构造	岩层产状水平或倾斜很缓	有显著的褶皱、断层	有复杂的褶皱、断层
岩层特征	简单，露头良好	变化不稳定，露头中等，有较复杂地质现象	变化复杂，种类繁多，露头不良，有滑坡、岩溶等复杂地质现象
地形地貌	地形平坦，植被不发育，易于通行	地形起伏较大，河流、灌木较多，通行较困难	岭谷山地，林木密集，水网、稻田、沼泽，通行困难

表 3.2-2 工程地质测绘实物工作收费基价表

序号	项目			计费单位	收费基价(元)		
					简单	中等	复杂
1	工程地质测绘	成图比例	1：200	km^2	16065	22950	34425
			1：500		8033	11475	17213
			1：1000		5355	7650	11475
			1：2000		3570	5100	7650
			1：5000		1071	1530	2295
			1：10000		536	765	1148
			1：25000		268	383	574
			1：50000		134	191	287
2	带状工程地质测绘	附加调整系数为 1.3					
3	工程地质测绘与地质测绘同时进行	附加调整系数为 1.5					

3.3 岩土工程勘探与原位测试

表 3.3-1 岩土工程勘探与原位测试复杂程度表

岩土类别	Ⅰ	Ⅱ	Ⅲ	Ⅳ	Ⅴ	Ⅵ
松散地层	流塑、软塑、可塑黏性土，稍密、中密粉土，含硬杂质≤10%的填土	硬塑、坚硬黏性土，密实粉土，含硬杂质≤25%的填土，湿陷性土，红黏土，膨胀土，盐渍土，残积土，污染土	砂土，砾石，混合土，多年冻土，含硬杂质>25%的填土	粒径≤50mm、含量>50%的卵(碎)石层	粒径≤100mm、含量>50%的卵(碎)石层，混凝土构件、面层	粒径>100mm、含量>50%的卵(碎)石层、漂(块)石层
岩石地层		极软岩	软岩	较软岩	较硬岩	坚硬岩

注：岩土的分类和鉴定见国标《岩土工程勘察规范》。

表 3.3-2 岩土工程勘探实物工作收费基价表

序号	项目		计费单位	收费基价(元)					
	勘探项目	深度 D/长度 L(m)		Ⅰ	Ⅱ	Ⅲ	Ⅳ	Ⅴ	Ⅵ
1	钻孔	$D\leqslant10$	m	46	71	117	207	301	382
		$10<D\leqslant20$		58	89	147	259	377	477
		$20<D\leqslant30$		69	107	176	311	452	573
		$30<D\leqslant40$		82	127	209	368	536	680
		$40<D\leqslant50$		98	151	249	439	639	809
		$50<D\leqslant60$		109	168	277	489	711	901
		$60<D\leqslant80$		121	187	307	542	789	1000
		$80<D\leqslant100$		132	204	335	592	862	1092
		$D>100$	每增加 20 m，按前一档收费基价乘以 1.2 的附加调整系数						
2	探井	$D\leqslant2$	m	50	63	78	125	200	250
		$2<D\leqslant5$		63	78	97	156	250	313
		$5<D\leqslant10$		78	97	120	194	310	388
		$10<D\leqslant20$		103	128	159	256	410	513
		$D>20$	每增加 10m，按前一档收费基价乘以 1.3 的附加调整系数						
3	探槽	$D\leqslant2$	m^3	40	52	72	92	120	148
		$D>2$		58	75	104	133	174	215

续表

<table>
<tr><th rowspan="2">序号</th><th colspan="2">项目</th><th rowspan="2">计费单位</th><th colspan="6">收费基价(元)</th></tr>
<tr><th>勘探项目</th><th>深度 D/长度 L(m)</th><th>Ⅰ</th><th>Ⅱ</th><th>Ⅲ</th><th>Ⅳ</th><th>Ⅴ</th><th>Ⅵ</th></tr>
<tr><td rowspan="8">4</td><td rowspan="8">平硐</td><td>L≤50</td><td rowspan="7">m</td><td>350</td><td>525</td><td>735</td><td>980</td><td>1173</td><td>1348</td></tr>
<tr><td>50<L≤100</td><td>368</td><td>551</td><td>772</td><td>1029</td><td>1231</td><td>1415</td></tr>
<tr><td>100<L≤150</td><td>385</td><td>578</td><td>809</td><td>1078</td><td>1290</td><td>1482</td></tr>
<tr><td>150<L≤200</td><td>403</td><td>604</td><td>845</td><td>1127</td><td>1348</td><td>1550</td></tr>
<tr><td>200<L≤250</td><td>420</td><td>630</td><td>882</td><td>1176</td><td>1407</td><td>1617</td></tr>
<tr><td>250<L≤300</td><td>438</td><td>656</td><td>919</td><td>1225</td><td>1466</td><td>1684</td></tr>
<tr><td>L>300</td><td colspan="6">每增加 50m，按前一档收费基价乘以 1.1 的附加调整系数</td></tr>
<tr><td colspan="8">标准断面为 4m²，大于标准断面部分乘以 0.6 的附加调整系数，另行计算收费</td></tr>
</table>

表 3.3-3 取土、水、石试样实物工作收费基价表

<table>
<tr><th rowspan="3">序号</th><th colspan="4" rowspan="3">项目</th><th rowspan="3">计费单位</th><th colspan="2">收费基价(元)</th></tr>
<tr><th>取样深度</th><th>取样深度</th></tr>
<tr><th>≤30m</th><th>>30m</th></tr>
<tr><td rowspan="16">1</td><td rowspan="16">取土</td><td rowspan="2">锤击法厚壁取土器</td><td rowspan="16">试样规格</td><td>φ=80~100mm</td><td rowspan="16">件</td><td rowspan="2">40</td><td rowspan="2">50</td></tr>
<tr><td>L=150~200mm</td></tr>
<tr><td rowspan="2">静压法厚壁取土器</td><td>φ=80~100mm</td><td rowspan="2">65</td><td rowspan="2">95</td></tr>
<tr><td>L=150~200mm</td></tr>
<tr><td rowspan="2">敞口或自由活塞薄壁取土器</td><td>φ=75mm</td><td rowspan="2">310</td><td rowspan="2">460</td></tr>
<tr><td>L=800mm</td></tr>
<tr><td rowspan="2">水压固定活塞薄壁取土器</td><td>φ=75mm</td><td rowspan="2">420</td><td rowspan="2">620</td></tr>
<tr><td>L=800mm</td></tr>
<tr><td rowspan="2">固定活塞薄壁取土器</td><td>φ=75mm</td><td rowspan="2">360</td><td rowspan="2">560</td></tr>
<tr><td>L=800mm</td></tr>
<tr><td rowspan="2">束节式取土器</td><td>φ=75mm</td><td rowspan="2">150</td><td rowspan="2">240</td></tr>
<tr><td>L=200mm</td></tr>
<tr><td rowspan="2">黄土取土器</td><td>φ=120mm</td><td rowspan="2">80</td><td rowspan="2">120</td></tr>
<tr><td>L=150mm</td></tr>
<tr><td rowspan="2">回转型单动、双动三重管取土器</td><td>φ=75mm</td><td rowspan="2">310</td><td rowspan="2">460</td></tr>
<tr><td>L=1250mm</td></tr>
</table>

续表

序号	项目		计费单位	收费基价(元)	
				取样深度≤30m	取样深度>30m
1	取土	探井取土	件	100	150
		扰动取土		15	
2	取石	取岩芯样		25	
		人工取样		200	
3	取水			40	

表 3.3-4　原位测试实物工作收费基价表

序号	项目			计费单位	收费基价（元）					
	测试项目		测试深度 D(m)		Ⅰ	Ⅱ	Ⅲ	Ⅳ	Ⅴ	Ⅵ
1	标准贯入试验		$D\leq 20$	次	80	108	144			
			$20<D\leq 50$		120	162	216			
			$D>50$		144	194	259			
2	圆锥动力触探试验	轻型	$D\leq 10$	m	32	50	82			
		重型	$D\leq 10$		50	78	128	300	375	425
			$10<D\leq 20$		63	97	159	375	469	531
			$20<D\leq 30$		75	116	191	450	563	638
			$30<D\leq 40$		89	138	227	534	668	757
			$40<D\leq 50$		106	164	270	636	795	901
		超重型	$D\leq 10$				140	330	413	468
			$10<D\leq 20$				175	413	516	584
			$20<D\leq 30$				210	495	619	701
			$30<D\leq 40$				249	587	734	832
			$40<D\leq 50$				297	700	875	991
3	静力触探试验	单桥	$D\leq 10$		34	49	82			
			$10<D\leq 20$		43	62	102			
			$20<D\leq 30$		51	74	122			
			$30<D\leq 40$		61	88	145			

续表

序号	项目			计费单位	收费基价（元）					
	测试项目		测试深度 D(m)		Ⅰ	Ⅱ	Ⅲ	Ⅳ	Ⅴ	Ⅵ
3	静力触探试验	单桥	$40<D\leq 50$		72	105	173			
			$50<D\leq 60$		80	116	193			
			$60<D\leq 80$		89	129	214			
		双桥	按单桥收费基价乘以 1.15 的附加调整系数							
		加测孔压	按单桥或双桥收费基价乘以 1.2 的附加调整系数							
4	扁铲侧胀试验		$D\leq 10$	点	66	99				
			$10<D\leq 20$		83	124				
			$20<D\leq 30$		99	149				
			$30<D\leq 40$		116	173				
			$40<D\leq 50$		132	198				
			$50<D\leq 60$		158	238				
			$60<D\leq 80$		198	297				
5	十字板剪切试验		$D\leq 10$		206					
			$10<D\leq 20$		227					
			$20<D\leq 30$		247					
			$D>30$		309					

序号	项 目			计费单位	收费基价(元)	
6	旁压试验	方法	深度 D(m)		压力≤2500kPa	压力>2500kPa
		预钻式	$D\leq 10$	点	263	351
			$10<D\leq 20$		342	456
			$D>20$		444	593
		自钻式	$D\leq 10$		342	456
			$10<D\leq 20$		444	593
			$D>20$		577	771

续表

序号	项目			计费单位	收费基价（元）			
7	载荷试验	螺旋板		试验点	1890		2080	
7	载荷试验	浅、深层平板面积0.1~1（m²）	加荷最大值（kN）		水位以上		水位以下	
7	载荷试验	浅、深层平板面积0.1~1（m²）	≤100		2790		3060	
7	载荷试验	浅、深层平板面积0.1~1（m²）	200		3690		4060	
7	载荷试验	浅、深层平板面积0.1~1（m²）	300		4590		5050	
7	载荷试验	浅、深层平板面积0.1~1（m²）	400		5490		6040	
7	载荷试验	浅、深层平板面积0.1~1（m²）	500		6400		7040	
7	载荷试验	浅、深层平板面积0.1~1（m²）	>500		见表 4.2-1 中序号 1			
7	载荷试验	浅、深层平板面积0.1~1（m²）	试坑开挖、加荷体吊装运输费另计					
8	土体现场直剪试验	试验面积（m²）			压应力≤500kPa		压应力>500kPa	
8	土体现场直剪试验	试验面积（m²）			水位以上	水位以下	水位以上	水位以下
8	土体现场直剪试验	0.1		组	2775	3330	3330	3996
8	土体现场直剪试验	0.25		组	3965	4758	4758	5710
8	土体现场直剪试验	0.5		组	5156	6188	6188	7425
9	岩体变形试验	承压板法	法向荷重（kN）	试验点	软岩		硬岩	
9	岩体变形试验	承压板法	≤500	试验点	6786		7488	
9	岩体变形试验	承压板法	1000	试验点	7424		8237	
9	岩体变形试验	承压板法	>1000 每增加 500	试验点	按前一档收费基价乘以 1.1 的附加调整系数			
9	岩体变形试验	钻孔变形法		试验点	3978		4563	
10	岩体强度试验	岩体结构面直剪			9945		11412	
10	岩体强度试验	岩体直剪			8775		9891	
10	岩体强度试验	混凝土与岩体直剪			7020		7605	
11	岩体原位应力测试	方法		孔	原位应力测试		三轴交汇测应力	
11	岩体原位应力测试	孔径变形法/孔底应变法		孔	29250		58500	
11	岩体原位应力测试	孔壁应变法		孔	35100			
12	压水、注水试验	压水	试验深度 D（m） $D\leq 20$	段次	1753			
12	压水、注水试验	压水	试验深度 D（m） $D>20$	段次	2104			
12	压水、注水试验	注水	钻孔注水	段次	409			
12	压水、注水试验	注水	探井注水	段次	205			

表 3.3-5　岩土工程勘探与原位测试实物工作收费附加调整系数表

<table>
<tr><th>序号</th><th colspan="5">项目</th><th>附加调整系数</th><th>备注</th></tr>
<tr><td>1</td><td>钻孔</td><td colspan="4">跟管钻进、泥浆护壁、基岩无水干钻钻探、基岩破碎带钻进取芯</td><td>1.5</td><td></td></tr>
<tr><td>2</td><td>钻孔</td><td colspan="4">水平孔、斜孔钻探</td><td>2</td><td></td></tr>
<tr><td>3</td><td>钻孔</td><td colspan="4">坑道内作业</td><td>1.3</td><td></td></tr>
<tr><td>4</td><td>勘探、取样、原位测试</td><td colspan="4">线路上作业</td><td>1.3</td><td rowspan="7">包括工程物探</td></tr>
<tr><td rowspan="6">5</td><td rowspan="6">钻孔、取样、原位测试</td><td rowspan="6">水上作业</td><td colspan="3">滨海</td><td>3</td></tr>
<tr><td rowspan="3">湖、江、河</td><td rowspan="3">水深 D(m)</td><td>$D\leq 10$</td><td>2</td></tr>
<tr><td>$10<D\leq 20$</td><td>2.5</td></tr>
<tr><td>$D>20$</td><td>3</td></tr>
<tr><td colspan="3">塘、沼泽地</td><td>1.5</td></tr>
<tr><td colspan="3">积水区（含水稻田）</td><td>1.2</td></tr>
<tr><td>6</td><td>钻孔、取样</td><td colspan="4">夜间作业</td><td>1.2</td><td>原位测试仅限于表 3.3-4 中序号 1~6</td></tr>
<tr><td>7</td><td>勘探、取样、原位测试</td><td colspan="4">岩溶、洞穴、泥石流、滑坡、沙漠、山前洪积裙等复杂场地</td><td>1.1~1.3</td><td></td></tr>
<tr><td>8</td><td colspan="7">原位测试、工程物探的勘探费用另计</td></tr>
<tr><td>9</td><td colspan="7">小型岩土工程<3 个台班，按 3 个台班计算收费</td></tr>
</table>

4　岩土工程设计与检测监测

4.1　岩土工程设计

4.1.1　岩土工程设计服务内容

根据工程性质和技术要求，现场踏勘，收集分析已有资料，调查周边建筑物及地下管线情况；编制岩土设计文件，绘制施工图，提出试验、检测和监测方案；配合施工，解决施工中的设计问题。

4.1.2　岩土工程设计收费

表 4.1-1　岩土工程设计复杂程度表

类别	Ⅰ级	Ⅱ级	Ⅲ级
地基处理	对地基基础变形无严格要求的建筑物，工程地质条件简单，地下水条件简单，对施工影响轻微	对地基基础变形有一定要求的建筑物，工程地质条件较复杂，地下水条件较复杂，对施工影响较严重	对地基基础变形有严格要求的建筑物，工程地质条件复杂，地下水条件复杂，对施工影响严重
基坑支护	基坑深度 $H \leqslant 6.0$m，破坏后果不严重，工程地质条件简单，地下水条件简单，对施工影响轻微	基坑深度 $6.0\text{m} < H \leqslant 12.0$m，破坏后果严重，工程地质条件较复杂，地下水条件较复杂，对施工影响较严重	基坑深度 $H > 12.0$m，破坏后果很严重，工程地质条件复杂，地下水条件复杂，对施工影响严重
施工降水	外墙轴线内包面积 $F \leqslant 1000\text{m}^2$，单层地下水，渗透系数 $0.5\ \text{m/d} < K \leqslant 20\text{m/d}$，降水深度 $S_{\triangle} \leqslant 7.0$m，对工程环境的影响无严格要求，辅助工程措施简单	外墙轴线内包面积 $1000\text{m}^2 < F \leqslant 2000\text{m}^2$，双层地下水，渗透系数 $0.5\text{m/d} < K \leqslant 50\text{m/d}$，降水深度 $7.0\ \text{m} < S_{\triangle} \leqslant 13.0$m，对工程环境的影响有一定要求，辅助工程措施较复杂	外墙轴线内包面积 $F > 2000\text{m}^2$，多层地下水，渗透系数 $K \leqslant 0.5\text{m/d}$ 或 $K > 50\text{m/d}$，降水深度 $S_{\triangle} > 13.0$m，对工程环境的影响有严格要求，辅助工程措施复杂

表 4.1-2　岩土工程设计收费基价表

岩土工程概算额(万元) 收费基价(万元) 复杂程度	10	50	100	500	1000	2000
Ⅰ级	0.64	2.8	5.4	23	43	78
Ⅱ级	0.75	3.3	6.3	27	50	92
Ⅲ级	0.86	3.8	7.2	31	58	106

注：1. 该表采用插入法计算；

2. 岩土工程设计收费不足 0.5 万元，按照 0.5 万元计算收费；

3. 岩土工程概算额>2000 万元时，Ⅰ级按照费率 3.5%、Ⅱ级按照费率 4.5%、Ⅲ级按照费率 5.0% 计算收费；

4. 岩土工程设计收费基价是完成 4.1.1 岩土工程设计服务内容的价格。

4.2 岩土工程检测监测

4.2.1 岩土工程检测监测技术工作

岩土工程检测监测技术工作费收费比例为22%。

4.2.2 岩土工程检测监测实物工作

表 4.2-1 岩土工程检测实物工作收费基价表

<table>
<tr><th>序号</th><th colspan="4">项目</th><th>计费单位</th><th>收费基价（元）</th></tr>
<tr><td rowspan="13">1</td><td rowspan="13">桩及复合地基静载荷试验</td><td colspan="2" rowspan="8">垂直静载试验（锚桩抗拔试验）加荷最大值(kN)</td><td>≤500</td><td rowspan="12">试验点</td><td>6400</td></tr>
<tr><td>1000</td><td>10000</td></tr>
<tr><td>3000</td><td>15000</td></tr>
<tr><td>5000</td><td>25000</td></tr>
<tr><td>10000</td><td>40000</td></tr>
<tr><td>15000</td><td>55000</td></tr>
<tr><td>20000</td><td>70000</td></tr>
<tr><td>>20000，每增加5000</td><td>按前一档收费基价乘以1.25的附加调整系数</td></tr>
<tr><td colspan="2" rowspan="4">水平静载试验桩径 ϕ(mm)</td><td>$\phi \leq 500$</td><td>5000</td></tr>
<tr><td>$500 < \phi \leq 800$</td><td>7000</td></tr>
<tr><td>$800 < \phi \leq 1000$</td><td>9000</td></tr>
<tr><td>$\phi > 1000$</td><td>12000</td></tr>
<tr><td colspan="5">试坑开挖、桩头处理、加荷体吊装运输、锚桩及焊接费另计</td></tr>
<tr><td rowspan="7">2</td><td rowspan="7">基桩动力检测</td><td colspan="3">低应变检测</td><td>根</td><td>500</td></tr>
<tr><td rowspan="5">高应变检测</td><td rowspan="5">单桩极限承载力(kN)</td><td>≤1000</td><td rowspan="5"></td><td>3500</td></tr>
<tr><td>3000</td><td>4500</td></tr>
<tr><td>5000</td><td>6000</td></tr>
<tr><td>10000</td><td>9000</td></tr>
<tr><td>>10000，每增加5000</td><td>按前一档收费基价乘以1.25的附加调整系数</td></tr>
<tr><td colspan="5">试坑开挖、桩头处理、重锤吊装及运输费另计</td></tr>
</table>

续表

<table>
<tr><th>序号</th><th colspan="5">项目</th><th>计费单位</th><th>收费基价（元）</th></tr>
<tr><td rowspan="5">3</td><td rowspan="5">钻孔桩成孔检测</td><td rowspan="5">孔径
孔斜
沉渣</td><td rowspan="5">检测深度
D(m)</td><td colspan="2">$D<30$</td><td>孔</td><td>1200</td></tr>
<tr><td colspan="2">$30<D\leq 40$</td><td></td><td>1500</td></tr>
<tr><td colspan="2">$40<D\leq 50$</td><td></td><td>1800</td></tr>
<tr><td colspan="2">$50<D\leq 60$</td><td></td><td>2200</td></tr>
<tr><td colspan="2">$D>60$</td><td></td><td>2600</td></tr>
<tr><td rowspan="5">4</td><td rowspan="5">混凝土非破损检测</td><td rowspan="5">检测方法</td><td colspan="3">回弹仪法</td><td>测区</td><td>60</td></tr>
<tr><td colspan="3">超声回弹综合法</td><td></td><td>100</td></tr>
<tr><td colspan="3">超声波测缺</td><td>m^2</td><td>1000</td></tr>
<tr><td rowspan="2">埋管法
超声波检测</td><td rowspan="2">剖面深度
D(m)</td><td>$D\leq 30$</td><td rowspan="2">剖面</td><td>500</td></tr>
<tr><td>$D>30$
每增加 10</td><td>按前一档收费基价乘以 1.1 的附加调整系数</td></tr>
</table>

表 4.2-2　岩土工程监测复杂程度表

等级	简单	复杂
特征	地形平坦，通行通视良好，流动障碍较少，施工干扰较少，施测难度较小	地形复杂，通行通视条件差，流动障碍较多，施工干扰较多，施测难度较大

表 4.2-3　岩土工程监测复杂程度表

<table>
<tr><th rowspan="2">序号</th><th rowspan="2" colspan="3">项目</th><th rowspan="2">计费单位</th><th colspan="4">收费基价(元)</th></tr>
<tr><th colspan="2">简单</th><th colspan="2">复杂</th></tr>
<tr><td rowspan="6">1</td><td rowspan="6">监测基准网</td><td colspan="2">监测方法</td><td></td><td>单测</td><td>复测</td><td>单测</td><td>复测</td></tr>
<tr><td rowspan="5">水平位移</td><td>一等</td><td rowspan="4">点</td><td>3272</td><td>2618</td><td>4593</td><td>3674</td></tr>
<tr><td>二等</td><td>2181</td><td>1745</td><td>3062</td><td>2450</td></tr>
<tr><td>三等</td><td>1606</td><td>1285</td><td>2253</td><td>1802</td></tr>
<tr><td>四等</td><td>1402</td><td>1122</td><td>1968</td><td>1574</td></tr>
<tr><td colspan="6">平均边长：一、二等<150m，三等<200m 的，降低一等计算收费</td></tr>
</table>

续表

序号	项目			计费单位	收费基价(元)			
					简单		复杂	
1	监测基准网	垂直位移	一等	km	1459	1167	1980	1584
			二等		1216	973	1650	1320
			三等		1029	823	1386	1109
			四等		538	430	802	642
		不足 1km 按 1km 计算收费						
2	变形监测	监测方法			单向	双向	单向	双向
		水平位移	一等		91	163	135	243
			二等		74	134	112	201
			三等		62	112	93	167
			四等		53	95	78	140
		垂直位移	一等		59		91	
			二等		50		74	
			三等	点·次	42		62	
			四等		35		53	
3	土体回弹、分层沉降监测	观测点深度 D(m)	$D\leq20$		1000		1500	
			$D>20$		1200		1800	
4	建筑物倾斜监测	建筑物高度 H(m)	$H\leq30$		610		920	
			$H>30$		740		1100	
5	建筑物裂缝监测			条·次	23			
6	深层侧向位移监测	监测方法			单向		双向	
		孔深 D(m)	$D\leq20$	米·次	13		23	
			$20<D\leq40$		16		29	
			$40<D\leq60$		19		34	
			$D>60$		23		41	
7	应力应变监测	一测点传感器个数	≤4	点·次	116			
			每增加一个传感器递增		29			
		传感器费用另计						

续表

序号	项目			计费单位	收费基价(元)	
					简单	复杂
8	孔隙水压力试验	一测点传感器个数	≤6	点·次	174	
			每增加一个传感器递增		29	
		传感器费用另计				

5 水文地质勘察

5.1 技术工作

表 5.1-1 技术工作费收费比例表

序号	项目	技术工作费收费比例（%）		
		简单	中等	复杂
1	供水井凿井	15	18	20
2	其他水文地质勘察	27	30	33

注：1. 表 5.1-1、5.2-1、5.3-1 中复杂程度分类见国标《供水水文地质勘察规范》；

2. 利用已有勘察资料提出勘察报告的只收取技术工作费，技术工作费的计费基数为所利用勘察资料原实物工作收费额。

5.2 水文地质测绘

表 5.2-1 水文地质测绘实物工作收费基价表

序号	项目			计费单位	收费基价(元)		
					简单	中等	复杂
1	水文地质测绘	成图比例尺	1∶5000	km^2	1257	1796	2694
			1∶10000		629	898	1347
			1∶25000		314	449	673
			1∶50000		157	225	337
2	水文地质调查、遥感判释现场调查测绘		1∶5000		377	539	808
			1∶10000		189	269	404
			1∶25000		94	135	202
			1∶50000		47	68	101
3	水文地质测绘与地质测绘同时进行时，附加调整系数为 1.5						

5.3 模拟计算、遥感判释

表 5.3-1 模拟计算实物工作收费基价表

序号	项目		计费单位	收费基价(元)		
				简单	中等	复杂
1	电网络模拟计算		km²	760	1080	1400
2	数值模拟计算	二维流水量模型		608	864	1120
		二维流水质模型		730	1037	1344
		三维流水量模型		1094	1555	2016
		三维流水质模型		1216	1728	2240
		水资源管理与规划模型		912	1296	1680

表 5.3-2 遥感判释实物工作收费基价表

项目			计费单位	收费基价(元)			备注
				简单	中等	复杂	
航卫片判释	成图比例尺	1：5000	像对	768	960	1152	复杂程度分类见表 2.2-1
		1：10000		640	800	960	
		1：25000		512	640	768	
		1：50000		384	480	576	
		1：100000		320	400	480	
		1：250000		256	320	384	
		1：500000		192	240	288	

5.4 水文地质钻探

水文地质钻探实物工作收费基价按所钻探地层分层计算，计算公式如下：

水文地质钻探实物工作收费基价＝130 元/（米）×自然进尺（米）×岩土类别系数×孔深系数×孔径系数。

表 5.4-1 水文地质钻探复杂程度表

岩土类别	Ⅰ	Ⅱ	Ⅲ	Ⅳ	Ⅴ	Ⅵ	Ⅶ
松散地层	粒径≤0.5mm 含量≥50%、含圆砾（角砾）及硬杂质≤10%的各类砂土、黏性土	粒径≤2.0mm 含量≥50%、含圆砾（角砾）及硬杂质≤20%的各类砂土	粒径≤20mm 含量≥50%、含圆砾（角砾）及硬杂质≤30%的各类碎石土	冻土层，粒径≤50mm 含量≥50%、含圆砾（角砾）及硬杂质≤50%的各类碎石土	粒径≤100mm 含量≥50%的各类碎石土	粒径≤200mm 含量≥50%的各类碎石土	粒径>200mm 含量≥50%的各类碎石土
岩石地层	极软岩	软岩	较软岩	较硬岩	坚硬岩		

注：土的分类见国标《供水水文地质勘察规范》，岩石的分类和鉴定见国标《岩土工程勘察规范》。

表 5.4-2　水文地质钻探岩土类别系数表

类别	Ⅰ	Ⅱ	Ⅲ	Ⅳ	Ⅴ	Ⅵ	Ⅶ
松散地层	1	1.5	2	2.5	3	3.6	4.8
岩石地层	1.8	2.6	3.4	4.2	5		
	岩石破碎带钻进取芯时，附加调整系数为 1.5						

表 5.4-3　水文地质钻探孔深、孔径系数表

序号	项目			孔深系数
1	钻孔深度 D（m）	$D\leq 50$		1.2
		$50<D\leq 100$		1
		$100<D\leq 150$		1.2
		$150<D\leq 200$		1.4
		$200<D\leq 250$		1.7
		$250<D\leq 300$		2
		$300<D\leq 350$		2.4
		$350<D\leq 400$		2.9
		$400<D\leq 450$		3.4
		$450<D\leq 500$		3.9
		$D>500$		协商确定
2	钻孔孔径 ϕ（mm）	松散地层	岩石地层	孔径系数
		$\phi\leq 350$	$\phi\leq 150$	0.9
		$350<\phi\leq 400$	$150<\phi\leq 200$	1
		$400<\phi\leq 450$	$200<\phi\leq 250$	1.1
		$450<\phi\leq 500$	$250<\phi\leq 300$	1.3
		$500<\phi\leq 550$	$300<\phi\leq 350$	1.4
		$550<\phi\leq 600$	$350<\phi\leq 400$	1.6
		$600<\phi\leq 650$	$400<\phi\leq 450$	1.8
		$650<\phi\leq 700$	$450<\phi\leq 500$	2
		$700<\phi\leq 750$	$500<\phi\leq 550$	2.3
		$750<\phi\leq 800$	$550<\phi\leq 600$	2.6
		$800<\phi\leq 850$	$600<\phi\leq 650$	3.1
		$850<\phi\leq 900$	$650<\phi\leq 700$	3.9
		$\phi>900$	$\phi>700$	协商确定

5.5 现场测试与取样

表 5.5-1 现场测试与取样实物工作收费基价表

序号	项目			计费单位	收费基价（元）
1	抽水试验			台班	840
2	放射性同位素测试	单井稀释法			510
		多井法			840
		放射性同位素测试原料的购置费、运输费另计			
3	弥散试验	单井法		台班	840
		多井法			1180
		示踪剂的化学分析费另计			
4	渗水试验	自然方式		台班	340
5	测流速流量	井内测试			340
6	连通试验	井内测试			420
7	地下水位（温）观测	试验观测孔			170
		动态观测距离 L(km)	$L\leqslant5$	次	20
			$5<L\leqslant10$		40
			$L>10$		50
		地下水位、水温同时观测时，附加调整系数为 1.3			
8	取试样	取土、石、水试样收费基价见表 3.3-3			

5.6 洗井、固井与旧井处理

表 5.6-1 洗井与固井实物工作收费基价表

序号	项目				计费单位	收费基价(元)
1	洗井	机械洗井			台班	840
		压酸洗井	井深 D (m)	$D\leqslant300$	次	6800
				$300<D\leqslant1000$		10200
				$1000<D\leqslant2000$		13600
				$D>2000$		20400
		二氧化碳洗井		$D\leqslant300$		3400
				$D>300$		5100
		钢丝刷洗井		$D\leqslant100$	M	30
				$100<D200$		40
				$D>200$		50

续表

序号	项目			计费单位	收费基价(元)
2	固井	井深 D（m）	$D\leq200$	次	20000
			$200<D\leq1000$		30000
			$1000<D\leq1500$		40000
			$D>1500$		50000

表 5.6-2　旧井处理实物工作收费基价表

序号	项 目			计费单位	收费基价(元)
1	旧井处理	清淤洗井		台班	840
		过滤器损坏的修复		次	8000
		换泵			2000
		井管破坏的修复			4500
2	旧井回填	井深 D(m)	$D\leq50$	井	5000
			$50<D\leq100$		10000
			$D>100$		15000
3	旧井处理与回填方案设计计算收费另计				

6　工程水文气象勘察

6.1　技术工作

工程水文气象勘察技术工作费收费比例为 22%。

6.2　工程水文勘察

表 6.2-1　工程水文复杂程度表

类别	简单	中等	复杂
基础资料	齐全	积累年限少	短缺
水文情势	变化平缓	变化较大	变化复杂
项目精度	要求一般	要求较高	要求高
径流影响	人类活动对径流影响较小	人类活动对径流影响较大	人类活动对径流影响很大

表 6.2-2　工程水文实物工作收费基价表

序号	项目		计费单位	收费基价(元)		
				简单	中等	复杂
1	设计洪水	河流设计洪水	设计断面	54600	78100	109300
		小流域暴雨洪水		6900	9900	13900
		水库、湖泊设计洪水	工程点	29100	41700	58400
		平原地区设计洪涝		32800	46900	65600
		施工洪水		9100	13000	18300
		溃坝、溃堤洪水		16400	23400	32900
		滨海、河口设计洪水		102100	145800	204100
2	供水水源	河流水源	取水断面	47400	67700	94800
		滨海、河口水源	工程点	91200	130200	182300
		水库、湖泊水源		47400	67700	94800
3	工程泥沙	河床演变		51000	72900	102100
		滨海、河口、岸滩演变		76500	109500	153200
		河床自然冲刷、基础局部冲刷		12400	17800	24800
4	其他水文	设计波浪		21900	31300	43800
		滨海、河口设计波浪		32900	47000	65600
		设计水温、河流冰情、设计泥沙特征值		3300	4900	6800
		波浪玫瑰图		2700	3900	5400

6.3　工程气象勘察

表 6.3-1　工程气象复杂程度表

类别	简单	中等	复杂
基础资料	年限>30 年，站址代表性较好	年限>30 年，站址代表性较差	年限<30 年，站址代表性差
气象条件	变化较小	变化较大	变化大
天气情况	灾害性天气偶有发生	灾害性天气发生较频繁	灾害性天气发生频繁
技术要求	一般	较复杂	复杂

表 6.3-2　工程气象实物工作收费基价表

<table>
<tr><th rowspan="2">序号</th><th rowspan="2">项目</th><th rowspan="2">计费单位</th><th colspan="3">收费基价(元)</th></tr>
<tr><th>简单</th><th>中等</th><th>复杂</th></tr>
<tr><td>1</td><td>常用气象项目</td><td rowspan="6">工程点</td><td>5600</td><td>8000</td><td>11300</td></tr>
<tr><td>2</td><td>设计风速</td><td>5500</td><td>7800</td><td>11000</td></tr>
<tr><td>3</td><td>冷却塔气象参数</td><td>3300</td><td>4900</td><td>6800</td></tr>
<tr><td>4</td><td>空气冷却气象参数</td><td>5000</td><td>7300</td><td>10200</td></tr>
<tr><td>5</td><td>风向风速玫瑰图</td><td>1800</td><td>2600</td><td>3600</td></tr>
<tr><td>6</td><td>设计暴雨强度</td><td>5500</td><td>7800</td><td>11000</td></tr>
</table>

7　工程物探

7.1　技术工作费

工程物探技术工作费收费比例为 22%。

7.2　工程物探

表 7.2-1　工程物探实物工作收费基价表

<table>
<tr><th>序号</th><th colspan="5">项目</th><th>计费单位</th><th>收费基价(元)</th></tr>
<tr><td rowspan="7">1</td><td rowspan="7">浅层地震</td><td rowspan="6">反射或折射法</td><td colspan="3">敲击</td><td rowspan="6">检波点·炮</td><td>18</td></tr>
<tr><td rowspan="5">爆炸</td><td colspan="2">陆地</td><td>25</td></tr>
<tr><td rowspan="2">水面布点</td><td rowspan="2">顺流横穿</td><td>45</td></tr>
<tr><td>220</td></tr>
<tr><td rowspan="2">水底布点</td><td rowspan="2">顺流横穿</td><td>130</td></tr>
<tr><td>260</td></tr>
<tr><td colspan="6">定位费、爆炸震源费等另计</td></tr>
<tr><td rowspan="3">2</td><td rowspan="3">地质地震映像</td><td colspan="4">点测</td><td>点</td><td>18</td></tr>
<tr><td colspan="4">连续</td><td rowspan="2">km</td><td>14400</td></tr>
<tr><td colspan="4">水上</td><td>21600</td></tr>
<tr><td rowspan="5">3</td><td rowspan="5">面波勘探</td><td rowspan="5" colspan="2">探测深度 D(m)</td><td colspan="2">$D \leqslant 10$</td><td rowspan="5">点</td><td>1800</td></tr>
<tr><td colspan="2">$10 < D \leqslant 20$</td><td>2520</td></tr>
<tr><td colspan="2">$20 < D \leqslant 30$</td><td>3240</td></tr>
<tr><td colspan="2">$30 < D \leqslant 50$</td><td>4320</td></tr>
<tr><td colspan="2">$D > 50$</td><td>5760</td></tr>
</table>

续表

<table>
<tr><th>序号</th><th colspan="2">项目</th><th>计费单位</th><th colspan="5">收费基价(元)</th></tr>
<tr><td rowspan="17">4</td><td rowspan="17">电法勘探</td><td>电极距 L(m)</td><td rowspan="14">点</td><td>电测深</td><td>中间梯度</td><td>四极</td><td>联剖</td><td>偶极</td></tr>
<tr><td>L≤100</td><td>260</td><td>15</td><td>30</td><td>50</td><td>35</td></tr>
<tr><td>100<L≤200</td><td>330</td><td>20</td><td>40</td><td>55</td><td>40</td></tr>
<tr><td>200<L≤400</td><td>500</td><td>25</td><td>50</td><td>60</td><td>50</td></tr>
<tr><td>400<L≤600</td><td>760</td><td>30</td><td>60</td><td>80</td><td>70</td></tr>
<tr><td>600<L≤800</td><td>950</td><td>35</td><td></td><td></td><td></td></tr>
<tr><td>L>800</td><td>1200</td><td>40</td><td></td><td></td><td></td></tr>
<tr><td>测点距 L（m）</td><td colspan="2">自电、梯度单独测量</td><td colspan="3">自电、梯度同时测量</td></tr>
<tr><td>L≤5</td><td colspan="2">15</td><td colspan="3">25</td></tr>
<tr><td>5<L≤10</td><td colspan="2">20</td><td colspan="3">30</td></tr>
<tr><td>10<L≤20</td><td colspan="2">30</td><td colspan="3">40</td></tr>
<tr><td>L≤30</td><td colspan="2">40</td><td colspan="3">50</td></tr>
<tr><td colspan="7">高密度电法按电测深相应基价乘以 0.8 的附加调整系数</td></tr>
<tr><td colspan="7">激发极化法按地面电法相应基价乘以 2.4 的附加调整系数</td></tr>
<tr><td colspan="7">充电法按自电相应基价乘以 1.2 的附加调整系数</td></tr>
<tr><td rowspan="5">5</td><td rowspan="5">磁法勘探</td><td>测点距 L（m）</td><td></td><td>Ⅰ级精度</td><td colspan="2">Ⅱ级精度</td><td colspan="2">Ⅲ级精度</td></tr>
<tr><td>L<10</td><td rowspan="4">点</td><td>6</td><td colspan="2">4</td><td colspan="2">3</td></tr>
<tr><td>10<L≤20</td><td>8</td><td colspan="2">6</td><td colspan="2">5</td></tr>
<tr><td>20<L≤50</td><td>9</td><td colspan="2">8</td><td colspan="2">6</td></tr>
<tr><td>L>50</td><td>14</td><td colspan="2">12</td><td colspan="2">10</td></tr>
<tr><td>6</td><td>声频大地、甚低频电磁法</td><td colspan="7">按磁法Ⅰ级精度基价乘以 2.0 的附加调整系数，不足 3 个组日按 3 个组日计</td></tr>
<tr><td rowspan="2">7</td><td rowspan="2">大地电磁法</td><td rowspan="2">深度 D(m)</td><td>D≤3000</td><td rowspan="4">点</td><td colspan="4">2160</td></tr>
<tr><td>D>3000</td><td colspan="4">3600</td></tr>
<tr><td rowspan="3">8</td><td rowspan="3">核磁共振找水</td><td rowspan="2">深度 D(m)</td><td>D≤100</td><td colspan="4">4320</td></tr>
<tr><td>D>100</td><td colspan="4">5760</td></tr>
<tr><td colspan="7">在测点 200m 范围内如增加测点，增加测点费用的附加调整系数为 0.5</td></tr>
</table>

续表

序号	项目			计费单位	收费基价(元)		
9	层析成像(CT)	弹性波		检波点·炮	20		
		电磁波		射线对	14		
10	地质雷达	工作方式			工件勘探	路面质量	
		点测		点	20	20	
		连续		km	13500	6300	
		探测深度>10m，附加调整系数为1.3；不足4个组日按4个组日计					
11	瞬变电磁	外框边长(m)	10	测点	216		
			20		360		
			50		720		
			100		2160		
			200		3600		
12	微重力勘探	点距 L(m)	$L\leqslant 5$		27		
			$5<L\leqslant 20$		36		
			$20<L\leqslant 50$		54		
		不足4个组月按4个组日计					
13	地下管线探测	管线种类			简单	中等	复杂
		电缆(电力、通讯等)		km	1800	3600	6300
		金属管道			2250	4500	7200
		非金属管道			2700	5400	9000
		下水道(有窨井)			1350	2700	5400
		盲探管线		m^2	1.0	1.5	3.0
		困难类别见表2.4-1；不足3个组日按3个组日计算收费；测量费用、软件平台与建库费用另计					
14	地下管线泄漏探测	漏水点探测		km	3600		
		输油、输气管漏点			4500		
		供电、通讯电缆泄漏点			3600		
		防腐层完整性			3600		
		不足3个组日按3个组日计					

续表

<table>
<tr><th>序号</th><th colspan="4">项目</th><th>计费单位</th><th colspan="2">收费基价(元)</th></tr>
<tr><td rowspan="6">15</td><td rowspan="6">地基刚度</td><td colspan="3">垂直向自由振动</td><td rowspan="5">参数·次</td><td colspan="2">1440</td></tr>
<tr><td colspan="3">水平向自由振动</td><td colspan="2">2160</td></tr>
<tr><td colspan="3">垂直向强迫振动</td><td colspan="2">3600</td></tr>
<tr><td colspan="3">水平回转向强迫振动</td><td colspan="2">4500</td></tr>
<tr><td colspan="3">扭转向强迫振动</td><td colspan="2">6300</td></tr>
<tr><td colspan="6">试坑开挖，模拟基础制作等费用另计</td></tr>
<tr><td rowspan="10">16</td><td rowspan="10">测井</td><td colspan="3">电测井</td><td rowspan="3">m</td><td colspan="2">23</td></tr>
<tr><td colspan="3">水文测井</td><td colspan="2">27</td></tr>
<tr><td colspan="3">孔内电视</td><td colspan="2">45</td></tr>
<tr><td colspan="3">孔内摄影</td><td rowspan="7">点</td><td colspan="2">41</td></tr>
<tr><td colspan="3">测井斜</td><td colspan="2">108</td></tr>
<tr><td colspan="3">井壁取芯</td><td colspan="2">108</td></tr>
<tr><td rowspan="4">井温、井径测量</td><td rowspan="4">深度 D(m)</td><td>$D\leq100$</td><td colspan="2">14</td></tr>
<tr><td>$100<D\leq300$</td><td colspan="2">27</td></tr>
<tr><td>$300<D\leq500$</td><td colspan="2">32</td></tr>
<tr><td>$D>500$</td><td colspan="2">45</td></tr>
<tr><td rowspan="5">17</td><td rowspan="5">钻孔波速测试</td><td colspan="3">深度 D(m)</td><td></td><td>单孔法</td><td>跨孔法</td></tr>
<tr><td colspan="3">$D\leq15$</td><td rowspan="3">m</td><td>135</td><td>189</td></tr>
<tr><td colspan="3">$15<D\leq30$</td><td>162</td><td>243</td></tr>
<tr><td colspan="3">$30<D\leq50$</td><td>216</td><td>297</td></tr>
<tr><td colspan="6">测试深度>50m，每增加20m，按前一档收费基价乘以1.3的附加调整系数；不足2个组日按2个组日计算收费</td></tr>
<tr><td rowspan="9">18</td><td rowspan="9">场地微振动（常时微动）</td><td rowspan="4">频率域</td><td colspan="2">地面</td><td rowspan="8">点</td><td colspan="2">4500</td></tr>
<tr><td rowspan="3">孔深 D(m)</td><td>$D\leq20$</td><td colspan="2">5400</td></tr>
<tr><td>$20<D\leq50$</td><td colspan="2">6300</td></tr>
<tr><td>$D>50$</td><td colspan="2">9000</td></tr>
<tr><td rowspan="4">频域与幅值域</td><td colspan="2">地面</td><td colspan="2">7200</td></tr>
<tr><td rowspan="3">孔深 D(m)</td><td>$D\leq20$</td><td colspan="2">8100</td></tr>
<tr><td>$20<D\leq50$</td><td colspan="2">9900</td></tr>
<tr><td>$D>50$</td><td colspan="2">14400</td></tr>
<tr><td colspan="6">地面与孔中同时观测地面与孔中同时观测，附加调整系数为1.3</td></tr>
</table>

注：除管线探测以外，其他物探方法在地形、障碍、干扰条件复杂的，附加调整系数为1.2~3.0。

8　室内试验

8.1　技术工作费

室内试验技术工作费收费比例为 10%。

8.2　土工试验

表 8.2-1　土工试验实物工作收费基价表

<table>
<tr><th>序号</th><th colspan="2">试验项目</th><th>计费单位</th><th>收费基价(元)</th><th>备注</th></tr>
<tr><td>1</td><td colspan="2">含水率</td><td rowspan="27">项</td><td>8</td><td></td></tr>
<tr><td rowspan="2">2</td><td rowspan="2">密度</td><td>环刀法</td><td>8</td><td></td></tr>
<tr><td>蜡封法</td><td>18</td><td></td></tr>
<tr><td>3</td><td colspan="2">比重</td><td>19</td><td></td></tr>
<tr><td rowspan="5">4</td><td rowspan="5">颗粒分析</td><td>筛析法(砂、砾)</td><td>26</td><td></td></tr>
<tr><td>筛析法(含黏性土)</td><td>40</td><td></td></tr>
<tr><td>筛析法(碎石类土)</td><td>70</td><td>现场试验</td></tr>
<tr><td>密度计法</td><td>49</td><td>黏性土分析粒径<0. 002mm 的，增加 12 元</td></tr>
<tr><td>移液管法</td><td>47</td><td></td></tr>
<tr><td rowspan="2">5</td><td rowspan="2">液限</td><td>碟式仪法</td><td>23</td><td></td></tr>
<tr><td>圆锥仪法</td><td>15</td><td></td></tr>
<tr><td>6</td><td colspan="2">塑限</td><td>30</td><td></td></tr>
<tr><td>7</td><td colspan="2">湿化</td><td>23</td><td></td></tr>
<tr><td>8</td><td colspan="2">毛细水上升高度</td><td>14</td><td></td></tr>
<tr><td>9</td><td colspan="2">砂的相对密度</td><td>52</td><td></td></tr>
<tr><td rowspan="2">10</td><td rowspan="2">击实</td><td>轻型击实法</td><td>319</td><td></td></tr>
<tr><td>重型击实法</td><td>638</td><td></td></tr>
<tr><td rowspan="2">11</td><td colspan="2" rowspan="2">渗透</td><td>55</td><td>黏土类、粉土类</td></tr>
<tr><td>29</td><td>砂土类</td></tr>
<tr><td rowspan="2">12</td><td rowspan="2">标准固结</td><td>快速法</td><td>264</td><td rowspan="2">测回弹指数附加调整系数为 1. 3</td></tr>
<tr><td>慢速法</td><td>497</td></tr>
<tr><td rowspan="2">13</td><td rowspan="2">压缩</td><td>快速法</td><td>40</td><td rowspan="2">以四级荷重为基数，每增加一级荷重，快速法增加 12 元，慢速法增加 15 元</td></tr>
<tr><td>慢速法</td><td>116</td></tr>
<tr><td>14</td><td colspan="2">黄土湿陷系数</td><td>53</td><td></td></tr>
<tr><td>15</td><td colspan="2">黄土自重湿陷系数</td><td>23</td><td></td></tr>
<tr><td rowspan="2">16</td><td rowspan="2">黄土自重起始压力</td><td>单线法</td><td>137</td><td>5 个环刀试样</td></tr>
<tr><td>双线法</td><td>56</td><td>2 个环刀试样</td></tr>
</table>

续表

序号	试验项目		计费单位	收费基价(元)	备注
17	三轴压缩(低压≤600kPa)	不固结不排水	组	413	
		固结不排水		775	
		固结不排水测孔压		930	
		固结排水		1240	
18	无侧限抗压强度	应变法	项	29	重塑土试验增加制备费 17 元
		测灵敏度		56	
19	直接剪切	快剪	组	49	重塑土试验增加制备费每组 30 元
		固结快剪		71	
		固结慢剪		99	
20	反复直剪强度			133	
21	自由膨胀率		项	14	
22	膨胀率			27	
23	膨胀力			36	
24	收缩	线缩、体缩、缩限		56	
25	静止侧压力系数			258	
26	有机质	铬酸钾容量法		30	
27	振动三轴(低压≤600kPa)	动强度(包括液化)(一)	组	4341	一种固结比
		动强度(包括液化)(二)		9096	三种固结比
		动模量阻尼比(一)		1447	一种固结比，一个重度
		动模量阻尼比(二)		3514	三种固结比

8.3 水质分析

表 8.3-1 水质分析实物工作收费基价表

序号	试验项目		计费单位	收费基价(元)
1	水质简分析		件	220
2	一般水质全分析			380
3	特殊水质分析	锰	项	14
		铜		36
		铅		36
		锌		36

续表

<table>
<tr><th>序号</th><th colspan="2">试验项目</th><th>计费单位</th><th>收费基价(元)</th></tr>
<tr><td rowspan="9">3</td><td rowspan="9">特殊水质分析</td><td>镉</td><td rowspan="9">项</td><td>56</td></tr>
<tr><td>汞</td><td>56</td></tr>
<tr><td>砷</td><td>56</td></tr>
<tr><td>氟</td><td>47</td></tr>
<tr><td>酚</td><td>70</td></tr>
<tr><td>硒</td><td>52</td></tr>
<tr><td>氰化物</td><td>47</td></tr>
<tr><td>碘化物</td><td>41</td></tr>
<tr><td>电导度</td><td>15</td></tr>
</table>

8.4 岩石试验

表 8.4-1 岩样加工实物工作收费基价表

<table>
<tr><th>序号</th><th colspan="2">试验项目</th><th>计费单位</th><th>收费基价(元)</th></tr>
<tr><td rowspan="5">1</td><td rowspan="5">机切磨规格(mm)</td><td>ϕ50~70 岩芯</td><td rowspan="8">块</td><td>19</td></tr>
<tr><td>50×50×50</td><td>35</td></tr>
<tr><td>50×50×100</td><td>38</td></tr>
<tr><td>70×70×70</td><td>43</td></tr>
<tr><td>100×100×100</td><td>69</td></tr>
<tr><td>2</td><td>不能机切手工切磨(mm)</td><td>50×50×50</td><td>38</td></tr>
<tr><td>3</td><td>机开料(mm)</td><td>50~200</td><td>16</td></tr>
<tr><td>4</td><td>机磨</td><td>每两面</td><td>14</td></tr>
<tr><td rowspan="2">5</td><td rowspan="2">薄片切磨</td><td>不煮胶</td><td rowspan="2">片</td><td>27</td></tr>
<tr><td>煮胶</td><td>59</td></tr>
</table>

表 8.4-2 岩石物理力学试验实物工作收费基价表

<table>
<tr><th>序号</th><th colspan="2">试验项目</th><th>计费单位</th><th>收费基价(元)</th><th>备注</th></tr>
<tr><td>1</td><td colspan="2">含水率</td><td>项</td><td>14</td><td></td></tr>
<tr><td>2</td><td>颗粒密度</td><td>比重瓶法</td><td>组</td><td>47</td><td></td></tr>
</table>

续表

序号	试验项目		计费单位	收费基价(元)	备注
3	块体密度	水中称量法	块	14	
		量积法		14	
		蜡封法		18	
4	吸水率		组	47	每组 3 块
5	饱和吸水率			117	
6	单轴抗压强度	天然		47	
		饱和		70	
7	单轴压缩变形	干		185	
		饱和		233	
8	三轴压缩强度			760	每组 5 块
9	抗拉强度			93	每组 3 块
10	直剪	岩块、岩石与混凝土		269	每组 5 块
		结构面		289	
11	点荷载强度		块	26	
12	冻融	直接	组	2455	冻融 25 次，每组 3 块
13	薄片鉴定		件	52	

表 8.4-3　岩石化学分析实物工作收费基价表

序号	试验项目		计费单位	收费基价(元)
1	灼烧失重	重量法	项	23
2	水不溶物			81
3	酸不溶物			70
4	SiO_2			103
5	R_2O_3			52
6	Fe_2O_3	容量法		14
7	Al_2O_3			21
8	CaO			26
9	MgO			5
10	MnO	比色法		29
11	TiO_2			29

续表

序号	试验项目		计费单位	收费基价(元)
12	K_2O	火焰光度法	项	65
13	NaO			52
14	P_2O_5	比色法		18
15	SO_3	燃烧法		23
16	CO_2	中和法		14
17	有机质	重铬酸钾氧化法		40
18	水分	105℃重量法		47
19	易溶盐	重量法		132
		电导法		59
20	中溶盐	中和容量法		78
21	难溶盐			82
22	土中离子代换			47

8.5　现场室内试验

土工、水质、岩石室内试验需移至现场进行的，附加调整系数为1.3。

9　煤炭工程勘察

9.1　说明

9.1.1　本章为煤炭工业的矿井、露天矿、选煤厂、水煤浆制备与燃烧应用、煤层气抽放及输配等工程初步设计和施工图设计阶段的工程勘察收费。

9.1.2　煤炭工程初步设计阶段的勘察工作量为30%，施工图设计阶段的勘察工作量为70%。

9.2　煤炭工程勘察收费

9.2.1　根据场地地形和岩土工程复杂程度，煤炭工程勘察分为一般场地和复杂场地两类：一般场地，岩土工程勘察和工程测量按该建设项目工程设计收费基准价的12%~18%计算收费；复杂场地，如岩溶、洞穴、泥石流、滑坡、沙漠以及山前洪积扇等，按该建设项目工程设计收费基准价的20%计算收费。

9.2.2　矿井井巷、露天矿疏干，边坡和排土场的工程勘察另行计算收费。岩土工程设计与检测监测执行通用工程勘察收费标准。

10　水利水电工程勘察

10.1　说明

10.1.1　本章为水库、引调水、河道治理、灌区、水电站、潮汐发电、水土保持等工程初步设计、招标设计和施工图设计阶段的工程勘察收费。

10.1.2　单独委托的专项工程勘察、风力发电工程勘察，执行通用工程勘察收费标准。

10.1.3　水利水电工程勘察按照建设项目单项工程概算投资额分档定额计费方法计算收费，计算公式如下：

工程勘察收费=工程勘察收费基准价×(1±浮动幅度值)

工程勘察收费基准价=基本勘察收费+其他勘察收费

基本勘察收费=工程勘察收费基价×专业调整系数×工程复杂程度调整系数×附加调整系数

10.1.4　水利水电工程勘察收费的计费额、基本勘察收费、其他勘察收费及调整系数等，《工程勘察收费标准》中未做规定的，按照《工程设计收费标准》规定的原则确定。

10.1.5　水利水电工程勘察收费基价是完成水利水电工程基本勘察服务的价格。

10.1.6　水利水电工程勘察作业准备费按照工程勘察收费基准价的15%~20%计算收费。

10.2　水利水电工程各阶段工作量比例及专业调整系数

表 10.2-1　水利水电工程勘察各阶段工作量比例表

工程类型 / 设计阶段	水电、潮汐	水库	引调水、河道治理		水土保持
			建筑物	渠道管线	
初步设计(%)	60	68	68	73	73
招标设计(%)	10	4	4	3	3
施工图设计(%)	30	28	28	24	24

表 10.2-2　水利水电工程勘察专业调整系数表

序号	工程类别	专业调整系数
1	水电	1.4
2	水库	1.04
3	潮汐发电	1.7
4	水土保持	0.5~0.55
5	引调水和河道治理	0.8
6	灌区田间	0.3~0.4
7	城市防护、河口整治	0.84~0.92
8	围垦	0.76~0.88

10.3 水利水电工程勘察复杂程度划分

表 10.3-1 水利水电工程勘察复杂程度赋分表

序号	项目	赋分条件	分值
1	坝高 H（m）	$H<30$	−5
		$30\leqslant H<50$	−2
		$50\leqslant H<70$	1
		$70\leqslant H<150$	3
		$150\leqslant H<250$	5
2	建筑物	一般土石坝	−1
		常规重力坝	1
		两种坝型或引水线路大于3km或抽水蓄能电站	2
		拱坝、碾压混凝土坝、混凝土面板堆石坝，新坝型	3
		大型地下洞室群	4
3	岩石类别	Ⅴ级以上	−2
		Ⅵ级岩石	0
		Ⅶ级岩石	1
		Ⅷ、Ⅸ级岩石	2
		Ⅹ级及以上	3
4	地形地貌	简单	−2
		中等	1
		较复杂	2
		复杂	3
5	地层岩性	均一	−2
		较均一	1
		较复杂	2
		复杂	3
6	地质构造	简单	−2
		中等	1
		较复杂	2
		复杂	3
7	坝基或厂基覆盖层厚度	<10m	−2
		10~20m	1
		20~ 40 m	2
		40~ 60m	4
8	水文地质	简单	−2
		中等	1
		较复杂	2
		复杂	3
9	库岸稳定	可能不稳定体 $<10\times10^4m^2$	0
		可能不稳定体 $(10\sim100)\times10^4m^2$	2
		可能不稳定体 $(100\sim500)\times10^4m^2$	3
		可能不稳定体 $500\times10^4m^2$ 以上	4
10	库区渗漏	无永久性渗漏	−1
		断层或古河道渗漏	2
		单薄分水岭渗漏	3
11	水文勘察	简单	−1
		中等	1
		复杂	3

表 10.3-2　水利水电工程勘察复杂程度表

项目	Ⅰ	Ⅱ	Ⅲ
水库、水电工程	赋分值之和≤-3	赋分值之和-3~10	赋分值之和≥10
引调水建筑物工程	丘陵、山区、沙漠地区建筑物投资之和占全部建筑物总投资≤30%	丘陵、山区、沙漠地区建筑物投资之和占建筑物总投资≤60%	丘陵、山区、沙漠地区建筑物投资之和占建筑物总投资>60%
引调水渠道管线工程	丘陵、山区、沙漠地区渠道管线长度之和占总长度≤30%	丘陵、山区、沙漠地区渠道管线长度之和占总长度≤60%	丘陵、山区、沙漠地区渠道管线长度之和占总长度>60%
河道治理建筑物及河道堤防工程	堤防等级Ⅴ级	堤防等级Ⅲ、Ⅳ级	堤防等级Ⅰ、Ⅱ级
其他		灌区田间工程 水土保持工程	

表 10.3-3　水利水电工程勘察收费附加调整系数表

序号	项目	工作内容	附加调整系数
1	坝址或坝线比较	一个或一条	0.7
2		三个或三条	1.3
3	引水线路比较	两条以上	1.2
4	岩溶地区	岩溶地区勘察	1.2
5	河床覆盖层厚度	>60 m	1.1
6	地震设防烈度	≥8 度	1.1~1.2
7	高坝勘察	>250 m	1.1
8	深埋长隧洞	埋深>1000 m，长度>8 km	1.2
9	线路勘察	两条以上	1.05~1.5

10.4 水利水电工程勘察收费基价

表 10.4-1 水利水电工程勘察收费基价表

序号	计费额	收费基价(万元)
1	200	9
2	500	20.9
3	1000	38.8
4	3000	103.8
5	5000	163.9
6	8000	249.6
7	10000	304.8
8	20000	566.8
9	40000	1054.00
10	60000	1515.20
11	80000	1960.10
12	100000	2393.40
13	200000	4450.80
14	400000	8276.70
15	600000	11897.50
16	800000	15391.40
17	1000000	18793.80
18	2000000	34948.90

注：计费额>2000000 万元的，以计费额乘以 1.7%的收费率计算收费基价。

11 电力工程勘察

11.1 说明

11.1.1 本章为火电、变电、送电、核电工程初步设计和施工图设计阶段的工程勘察收费。

11.1.2 电力工程勘察收费按下列公式计算：

工程勘察收费=工程勘察收费基价×实物工作量×附加调整系数

11.1.3 电力工程勘察作业准备费按下列公式计算：

工程勘察作业准备费=工程勘察收费基准价×工程勘察作业准备费比例

表 11.1-1　电力工程勘察作业准备费比例表

项目	发电工程		变电工程		送电工程	
机组容量或电压等级	≥300MW	<300MW	≥330kV	<330kV	≥330kV	<330kV
比例(%)	15	17	20	23	17	20

11.2　火电工程勘察复杂程度划分

11.2.1　火电、变电、送电工程勘察复杂程度赋分值见表 11.7-1。

11.2.2　火电、变电、送电工程勘察复杂程度见表 11.7-2。

11.3　火电工程勘察

表 11.3-1　火电工程勘察收费基价表

机组容量(MW)	项目	计费单位	收费基价(万元)				
			Ⅰ	Ⅱ	Ⅲ	Ⅳ	Ⅴ
>1000	初设阶段	项	303.66	425.12	607.31	880.6	1093.16
1000			274.27	383.98	548.54	795.38	987.37
800			241.62	338.27	483.24	700.7	869.83
600			204.07	285.7	408.14	591.8	734.65
300			163.26	228.56	326.51	473.44	587.72
200			25.71	175.99	251.42	364.56	452.56
100			83.27	116.57	166.53	241.47	299.75
相应机组容量	施设阶段		收费基价与初步设计阶段相同				

注：本表为安装两台机组的设计收费标准。

11.4　变电工程勘察

表 11.4-1　变电工程勘察收费基价表

电压等级(kV)	项目	计费单位	收费基价(万元)				
			Ⅰ	Ⅱ	Ⅲ	Ⅳ	Ⅴ
500	初设阶段	项	18.35	25.69	36.7	53.22	66.06
330			14.85	20.79	29.7	43.07	53.46
220			7.9	11.06	15.8	22.91	28.44
110			4.75	6.65	9.50	13.78	17.1
≤35			2.85	3.99	5.70	8.27	10.26
相应电压等级	施计阶段		附加调整系数 0.8				

表 11.4-2　火电、变电工程勘察收费附加调整系数表

序号	项目	工作内容		附加调整系数	备注
1	火电	安装一台机组		0.80	
2		每增加一台机组		1.35	
3		供热电厂勘察		1.15	
4		两个水工系统勘察		1.10	
5		扩建主厂房		0.67	
6		扩建水工系统	原规划容量内	0.15	
7			超过原规划容量新建	0.41	
8		扩建除贮灰系统	原规划容量内	0.24	收费基价为表 11.2-3 中 300MW
9			超过原规划容量新建	0.42	
10		灰坝高度超过 30m		1.05	
11	火电变电	水下地形测量超过 0.4km^2、水下钻探总进尺超过 100m 的部分执行通用工程勘察收费标准			
12		人工高边坡勘察		1.10	
13	变电	换流站勘察		1.80	
14		规划容量内扩建		0.30	
15		超过规划容量扩建		0.60	
16		测土壤电阻率及大地导电率		0.05	

11.5　送电工程勘察

表 11.5-1　送电工程勘察收费基价表

序号	电压等级（kV）	项目	计费单位	收费基价（元）				
				Ⅰ	Ⅱ	Ⅲ	Ⅳ	Ⅴ
1	500	初设阶段	km	1303	1902	2605	3777	4950
	330			1107	1615	2213	3209	4205
	220			651	950	1302	1888	2474
	110			495	723	990	1436	1881
2	相应电压等级	施设阶段		附加调整系数 4.0				

表 11.5-2　送电工程勘察收费附加调整系数表

序号	工作内容	附加调整系数	备　注
1	35kV 及以下送电工程	0.43	收费基价为表 11.4-1 中 110kV 施设收费标准
2	全数字摄影测量系统优化路径	1.00	收费基价为表 11.4-1 初设收费标准
3	110kV、220kV 施设阶段分两次进行勘察	1.20	
4	重冰区勘察		
5	稳定性评价		
6	增加塔基地形测量	1.15	
7	同塔双回路勘察		
8	量测房屋分布	1.10	
9	测土壤电阻率及大地导电率	0.40	
10	隐蔽地区面积占线路长度>50%	1.3	
11	初设阶段线路勘测长度超过方案设计长度 1.5 倍的部分，按送电工程相应收费标准收费		
12	线路长度不足 10km，按 10km 计算收费		

11.6　核电工程勘察

11.6.1　核电工程勘察执行通用工程勘察收费标准；

11.6.2　编制核电工程勘察总报告书，按照核电工程勘察收费基准价的 30% 计算收费。

11.7　火电、长输管道、铁路、公路工程勘察复杂程度

表 11.7-1　火电、长输管道、铁路、公路工程勘察复杂程度赋分表

复杂程度	Ⅰ		Ⅱ		Ⅲ		Ⅳ		Ⅴ	
因素分类	因素	分值	因素	分值	因素	分值	因素	分值	因素	分值
地形	地形平坦或稍有坡度	1 (1/1)	地形起伏小，高差在 ≤ 20m 的缓丘地区	3 (3/3)	地形起伏较大，高差在 ≤ 80m 的重丘地区	5 (6/6)	地形起伏变化大，高差在 ≤ 150m 的山区	7 (10/10)	地势起伏变化很大，高差在 > 150m 的山区	9 (14/14)

续表

复杂程度	Ⅰ		Ⅱ		Ⅲ		Ⅳ		Ⅴ	
通视通行	地区开阔，通视良好；通行方便的平原或草原	1（1/10）	高草、高农作物、树林、竹林隐蔽地区面积在≤20%；有部分杂草和低农作物或比高较小的梯田地区	2（5/16）	高草、高农作物、树林、竹林隐蔽地区面积≤40%；容易通过的沼泽水网、高差较大的梯田地区	4（8/22）	高草、高农作物、树林、竹林隐蔽地区面积≤50%；沙漠、较难通行的水网、沼泽、较深的冲沟、石峰石林及难于通行的岩石露头地区	6（12/28）	高草、高农作物、树林、竹林隐蔽地区面积>50%；岭谷险峻、地形切割剧烈、攀登艰难的山区、很难通行的沼泽、密集的荆刺灌木丛林区	8（16/36）
地物	房屋、矿洞、地质勘探点（线）、沟坎、道路、水系、灌网及各种管线等面积≤5%	1（1/1）	房屋、矿洞、地质勘探点（线）、沟坎、道路、水系、灌网及各种管线等面积≤10%	2（2/2）	房屋、矿洞、地质勘探点（线）、沟坎、道路、水系、灌网及各种管线等面积≤25%	3（3/3）	房屋、矿洞、地质勘探点（线）、沟坎、道路、水系、灌网及各种管线等面积≤40%	4（4/4）	房屋、矿洞、地质勘探点（线）、沟坎、道路、水系、灌网及各种管线等面积>40%	5（5/5）
工程	地质构造简单、地层岩性单一	1	地质构造、地层岩性较简单，不良地质及特殊地质现象极少	3	地质构造、地层岩性较复杂，不良地质现象较发育，特殊地质现象较多	5		地质构造复杂，地层岩性变化大，不良地质现象发育，特殊地质现象多	地质构造极复杂，地层岩性种类繁多，变化复杂，不良地质、特殊地质现象规模大且复杂	9

续表

复杂程度	I		II		III		IV		V	
地质	(以I类岩土为主)	(5/2)	(以II类岩土为主)	(15/5)	(以III类岩土为主)	(25/8)		(以IV类岩土为主)	(以V类岩土为主)	(45/14)
水文气象	(基础资料齐全；水文情势简单)	(1/1)	(基础资料较齐全；水文情势较简单)	(2/2)	(基础资料年限短；水文情势较复杂)	(3/3)	(基础资料较缺乏；水文情势复杂)	(4/4)	(基础资料缺乏；水文情势极其复杂)	(5/5)

注：1. 火电工程复杂程度赋分使用括号内数值，分子为发电和变电工程赋分值，分母为送电工程赋分值；

2. 岩土分类和鉴定见国标《岩土工程勘察规范》。

表 11.7-2　火电、变电、送电工程勘察复杂程度表

工程类别	复杂类别	I	II	III	IV	V
火电、变电	类别分值	9	18	35	52	73
送电		12	21	34	50	67

注：复杂程度分值处于两档之间，采用插入法计算收费。

表 11.7-3　长输管道、铁路、公路工程勘察复杂程度表

复杂类别	I	II	III	IV	V
类别分值	4	10	15	20	>25

注：复杂程度分值处于两档之间，采用插入法计算收费。

12　长输管道工程勘察

12.1　说明

12.1.1　本章为输送石油、天然气、成品油、矿浆等气态或液态介质，从外输总站到用户口站间管道工程初步设计和施工图设计阶段的工程测量及岩土工程勘察收费。

12.1.2　长输管道穿越或跨越河、渠、湖泊、冲沟、公路、铁路，以及站址、隧道等工程，执行通用工程勘察收费标准，长输管道工程勘察收费应当扣除其相应的长度。

12.1.3　长输管道工程勘察收费按照下列公式计算：

工程勘察收费＝工程勘察收费基价×实物工作量×附加调整系数

12.2　长输管道工程勘察复杂程度划分

12.2.1　长输管道工程勘察复杂程度赋分值见表11.7-1

12.2.2　长输管道工程勘察复杂程度见表11.7-3

12.3　长输管道工程勘察收费基价

表12.3-1　长输管道工程勘察收费基价表

序号	项目	计费单位	收费基价(万元)				
			Ⅰ	Ⅱ	Ⅲ	Ⅳ	Ⅴ
1	初勘	km	0.22	0.33	0.51	0.77	1.11
2	详勘		0.71	1.08	1.67	2.52	3.64

13　铁路工程勘察

13.1　说明

13.1.1　本章为铁路工程勘察收费。

13.1.2　铁路线路工程勘察按照正线公里计算收费。在铁路线路工程勘察正线公里范围内引起的其他铁路改建的工程勘察不再计算收费。

13.1.3　根据工程性质需要作工程地质加深勘察或者进行专项工程勘察的，执行通用工程勘察收费标准。

13.1.4　本收费标准中的1：2000地形图是按照宽度0.4公里计算收费的，采用航测时，宽度为0.6公里，超出的0.2公里，按照通用工程勘察收费标准另行计算收费。

13.1.5　铁路工程勘察按照按照下列公式计算：

工程勘察收费＝工程勘察收费基价×实物工作量×附加调整系数

13.2　铁路工程勘察复杂程度划分

13.2.1　铁路工程勘察复杂程度赋分值见表11.7-1

13.2.2　铁路工程勘察复杂程度见表11.7-3

13.3　铁路工程勘察收费基价

表 13.3-1　铁路工程勘察收费基价表

序号	项目	计费单位	收费基价(万元)				
			Ⅰ	Ⅱ	Ⅲ	Ⅳ	Ⅴ
1	初测	正线公里	2.46	3.16	4.64	6.30	8.50
2	定测		3.00	3.86	5.66	8.67	11.67
3	合计		5.46	7.02	10.3	14.97	20.17

注：1. 铁路工程全线复杂程度按里程加权平均确定；

2. 本表适用于新建单线非电气化铁路初测和定测两阶段工程勘察收费。

表 13.3-2　铁路工程勘察收费附加调整系数表

序号	项目	附加调整系数	备 注
1	一次勘察	0.8	按初、定测收费基价之和计算收费
2	施工图设计阶段的补充定测	0.6	按定测收费相应单价计算收费
3	新建双线	1.1	
4	增建第二线	1	
5	既有线(含电气化铁路)技术改造	0.6~0.9	根据工作量计算收费
6	新建电气化单线铁路	1.05	
7	新建电气化双线铁路	1.15	
8	电气化铁路增建第二线	1.05	
9	既有线技术改造并电化	0.8~1.05	根据工作量计算收费
10	既有线现状电化	0.7	
11	时速 160~200 公里的客运专线	1.3	不再考虑双线系数
12	正线长度在 30 公里以下的独立项目	1.5	按相应单价计算收费
13	永久碴场专用线	1	

注：1. 相应单价是指铁路工程勘察收费基价乘以附加调整系数后的单位收费价格；

2. 枢纽内的正线，一公里以上的联络线(包括干线与干线、干线与支线、专用线之间的联络线)、环到线、环发线、疏解线，一公里以上专用线的工程勘察，按照相应单价乘以线路长度计算收费；

3. 枢纽内的大站(包括编组站、工业站、含客技站的客站)，除贯通正线的工程勘察费外，加收相应单价乘以大站长度的 2 倍计算收费；

4. 枢纽内进出大站上、下行分开的疏解线，按照相应单价乘以上、下行线路长度之和计算收费；其他方向引入正线，环到线、环发线、疏解线，一公里以上联络线和专用线等在大站长度范围以内的部分，按照相应单价乘以线路长度的 0.5 倍计算收费；

5. 枢纽内的勘察为独立复杂的技术设施，如机务段、车辆段、独立货场等，或者上述设施不在大站长度范围内的工程勘察，按照铁路工程勘察收费基价乘以基线长度的 1~2 倍计算收费。

14　公路工程勘察

14.1　说明

14.1.1　本章为公路工程初测和定测阶段的工程勘察收费。

14.1.2　地质病害集中的山区公路、长大隧道及独立大桥梁，超出《公路工程勘察设计规程》常规范围的工程勘察，执行通用工程勘察收费标准。

14.1.3　本收费标准中的1：2000地形图是按照宽度0.4公里计算收费的，采用航测时，宽度为0.6公里，超出的0.2公里，按照通用工程勘察收费标准另行计算收费。

13.1.4　公路工程勘察按照下列公式计算：

工程勘察收费=工程勘察收费基价×实物工作量×附加调整系数

14.2　公路工程勘察复杂程度划分

14.2.1　公路工程勘察复杂程度赋分值见表11.7-1

14.2.2　公路工程勘察复杂程度见表11.7-3

14.3　公路工程勘察收费基价

表14.3-1　公路工程勘察收费基价表

序号	项目	公路等级	计费单位	收费基价（万元）				
				Ⅰ	Ⅱ	Ⅲ	Ⅳ	Ⅴ
1	初测	高速	正线公里	2.70	4.32	6.15	8.35	10.60
		一级		2.20	3.60	5.05	6.50	9.40
		二级 三级		1.10	1.75	2.40	3.55	5.00
2	定测	高速		3.00	4.65	6.75	9.40	11.80
		一级		2.50	3.85	5.55	7.15	10.00
		二级 三级		1.40	2.05	3.00	4.20	5.90

表14.3-2　公路工程勘察收费附加调整系数表

序号	项目		附加调整系数	备注
1	一次勘察		0.8	按初、定测收费基价之和计算收费
2	施工图阶段的补充定测		0.6	按定测收费基价计算收费
3	正线长度在30公里以下的独立项目		1.5	按相应路段主线长度计算收费
4	桥梁、隧道		2~3	
5	立体交叉	一般互通式	2	
		枢纽型互通式	3~4	

15 通信工程勘察

15.1 说明

本章为通信工程初步设计和施工图设计阶段的工程勘察收费。广播电视同类工程的勘察可以按照本章收费标准收费。

15.2 通信工程各阶段服务内容

表 15.2-1 通信工程勘察服务内容表

项目名称	一阶段勘察	二阶段勘察	
		初步设计阶段勘察	施工图设计阶段勘察
通信管道及光(电)缆线路工程	收集资料、调查情况、选择路由、现场测量、疑点坑探、测量定位、土壤 pH 值及大地电阻率分析等	收集资料、调查情况、选择路由、疑点坑探等	收集资料、调查情况、选择路由、现场测量、疑点坑探、测量定位、土壤 pH 值及大地电阻率分析等
微波、卫星及移动通信设备安装工程	收集资料、调查情况、选择路由、高程测量、站址选择、干扰调查、划线定位等	收集资料、调查情况、选择路由、高程测量、站址选择、干扰调查等	收集资料、调查情况、高程测量、划线定位等

15.3 通信工程各阶段工作量比例

表 15.3-1 通信工程勘察各阶段工作量比例表

勘察阶段(%) 工程类型	一阶段勘察	二阶段勘察	
		初步设计阶段勘察	施工图设计阶段勘察
通信管道及光(电)缆线路工程	80	40	60
微波、卫星及移动通信设备安装工程	80	60	40

15.4 通信工程勘察收费

表 15.4-1 通信管道及光电缆线路工程勘察收费基价表

序号	项 目		计费单位	收费基价(元)	备注
1	通信管道	L≤0. 2		1000	起价
		0. 2<L≤1. 0		1000	
		1. 0<L≤3. 0		3560	
		3. 0<L≤5. 0		9026	
		5. 0<L≤10. 0		12760	
		10. 0<L ≤50. 0		20095	
		L>50. 01		68095	
2	埋式光(电)缆线路长途架空光(电)缆线路	L≤1. 01		2500	起价
		1. 0<L ≤50. 0		2500	
		50. 0<L ≤200. 0		58360	
		200. 0<L≤1000. 0		206860	
		L>1000. 0		926860	
3	管道光(电)缆线路、市内架空光(电)缆线路	L≤1. 0	km	2000	起价
		1. 0<L≤10. 0		2000	
		10. 0<L≤50. 0		15770	
		L>50. 0		60970	
4	水底光(电)缆线路	L≤1. 0		3130	起价
		1. 0<L≤5. 0		3130	
		5. 0<L≤20. 0		13010	
		L>20. 0		43010	
5	海底光(电)缆线路	L≤5. 0		8500	起价
		5. 0<L≤20. 0		8500	
		20. 0<L ≤50. 0		31000	
		50. 0<L≤100. 0		72100	
		L>100. 0		137100	

注：1. 本表按照内插法计算收费；

2. 通信工程勘察的坑深均按照地面以下 3m 以内计，超过 3m 的收费另议；

3. 通信管道穿越桥、河及铁路的，穿越部分附加调整系数为 1. 2；

4. 长途架空光(电)缆线路工程利用原有杆路架设光(电)缆的，附加调整系数为 0. 8。

表 15.4-2　微波、卫星及移动通信设备安装工程勘察收费基价表

<table>
<tr><th>序号</th><th colspan="2">项目</th><th>计费单位</th><th>收费基价(元)</th></tr>
<tr><td rowspan="2">1</td><td rowspan="2">微波站</td><td>容量 16×2Mb/s 以下</td><td rowspan="7">站</td><td>4250</td></tr>
<tr><td>其他容量</td><td>6500</td></tr>
<tr><td rowspan="4">2</td><td rowspan="4">卫星通信(微波设备安装)站</td><td>Ⅰ、Ⅱ类站</td><td>30000</td></tr>
<tr><td>Ⅲ、Ⅳ类站</td><td>12000</td></tr>
<tr><td>单收站</td><td>4000</td></tr>
<tr><td>VSAT 中心站</td><td>12000</td></tr>
<tr><td>3</td><td>移动通信基站</td><td>全向、三扇区、六扇区</td><td>4250</td></tr>
</table>

注：1. 寻呼基站工程勘察费按照移动通信基站计算收费；

2. 微蜂窝基站工程勘察费按照移动通信基站的 80%计算收费。

16　海洋工程勘察

16.1　说明

16.1.1　本章适用于离岸水深 5m 至 1000m 的海洋工程勘察。

16.1.2　海洋工程勘察技术工作费收费比例为 22%。

16.2　海底地形测量

表 16.2-1　海底地形多波束测量实物工作收费基价表

<table>
<tr><th>水深 D(m)</th><th>计费单位</th><th>收费基价(元)</th></tr>
<tr><td>5<D≤10</td><td rowspan="6">km</td><td>92032</td></tr>
<tr><td>10<D≤20</td><td>48016</td></tr>
<tr><td>20<D≤40</td><td>23008</td></tr>
<tr><td>40<D≤80</td><td>11504</td></tr>
<tr><td>80<D≤150</td><td>5752</td></tr>
<tr><td>D>150</td><td>2876</td></tr>
</table>

注：1. 单波束测量执行通用工程勘察水域测量收费标准；

2. 多波束单次测量收费低于 10000 元时，按照 100000 元计算收费。

16.3 海底面状况侧扫

表 16.3-1 海底面状况侧扫实物工作收费基价表

水深 D(m)	计费单位	收费基价(元)
5<D≤20	km	2373
20<D≤50		2157
50<D≤100		2373
100<D≤150		2588
D>150		3020

注：工作量少于 15km 的，按照 15km 计算收费。

16.4 底质取样

表 16.4-1 底质取样实物工作收费基价表

序号	项目	水深 D(m)	计费单位	收费基价(元)
1	表层取样	D>150	站	2192
		50<D≤150		3396
		5<D≤50		6208
2	柱状取样	D>150		4386
		50<D≤150		6792
		5<D≤50		12417

注：柱状样品超过标准长度或者重复取样三次以上的，附加调整系数为 1.15~1.30。

16.5 岸边气象、潮位、波浪观测

表 16.5-1 岸边气象、潮位、波浪观测实物工作收费基价表

序号	观测项目	时间	计费单位	收费基价(元)
1	潮位	月/年	站	49000/310000
2	气象	月/年		50000/300000
3	波浪	月/年		55000/330000
4	三要素在同一站位观测	月/年		90000/500000

注：设站条件十分困难地区，附加调整系数为 1.15~1.30。

16.6 离岸气象、潮位、波浪观测

表 16.6-1 离岸气象、潮位、波浪观测实物工作收费基价表

序号	观测项目	时间	计费单位	收费基价(元)
1	潮位	月	站	70000
2	气象	月		80000
3	波浪	月		90000
4	流速、流向	月		90000

注：海况恶劣季节或者潮流、海流流速大于 5 节海区，附加调整系数为 1. 15~1. 30。

16.7 海流、温盐、悬浮泥沙观测

表 16.7-1 海流、温盐、悬浮泥沙观测复杂程度分类表

类别因素	Ⅰ	Ⅱ	Ⅲ
水深 D(m)	$5<D\leqslant 10$	$10<D\leqslant 20$	$D>20$
锚泊	粉砂质泥	泥质粉砂	铁板砂
潮差 T(m)	$T<2$	$2\leqslant T\leqslant 3$	$T>3$
最大流速 V_{max}(m/s)	$V_{max}<2.5$	$2.5\leqslant V_{max}\leqslant 3.5$	$V_{max}>3.5$
作业地点海况条件	0~1 级	2 级	> 2 级

注：1. 海况分级见《海滨观测规范》；

2. 本表同时具备两项及以上因素的，按照最高类别计算收费。

表 16.7-2 海流、温盐、悬浮泥沙观测实物工作收费基价表

序号	观测项目	计费单位	收费基价(元)		
			Ⅰ	Ⅱ	Ⅲ
1	流速、流向	站·周日	12000	14000	18000
2	温度、盐度		6000	6000	7000
3	患浮泥沙		7000	7000	8000
4	三项同时观测		25000	27000	33000

注：1. 多船同步观测时，附加调整系数为 1. 30；

2. 表面漂流观测每次收费 7000 元。

16.8 海洋工程地质钻探

表 16.8-1 海洋工程地质钻探实物工作收费基价表

序号	水深 D(m)	进尺深度 D(m)	计费单位	收费基价(元)
1	$5<D\leq20$	$D\leq10$	m	5650
		$10<D\leq50$		5400
		$50<D\leq120$		5300
		$D>120$		5830
2	$D>20$	$D\leq10$		6780
		$10<D\leq50$		6480
		$50<D\leq120$		6360
		$D>120$		6990

注：工作内容包括取样、标贯、护壁等，每 2m 取样、标贯各一次。

16.9 海底地层探测

表 16.9-1 海底地层探测实物工作收费基价表

序号	探测方式	计费单位	收费基价(元)
1	浅层	km	2157
2	单道地震(电火花式)	km	2772
3	多道地震	CDP	150

注：1. 测线方向与流向交角大于 60°时，多道地震测量附加调整系数为 1.15~1.30；

2. 浅层、单道地震工作量少于 15km 的，按 15km 计算收费。

16.10 其他海洋工程勘察项目

表 16.10-1 其他海洋工程勘察实物工作收费基价表

序号	项目	计费单位	收费基价(元)
1	水化学	站	1954
2	沉积物化学	站	见表 16.4-1 中序号 1
3	泥温	站	2128
4	污损生物	站・年	85000
5	地磁观测	km	2157

注：1. 本表服务内容包括选址、导航定位、技术设计、设备配置、样品处理等；

2. 水化学每站按 5 层采取水样；

3. 沉积物化学与海底底质取样同时作业时，只收取每站 500 元的样品处理费。

附件 3：

工程设计收费标准

1　总则

1.0.1　工程设计收费是指设计人根据发包人的委托，提供编制建设项目初步设计文件、施工图设计文件、非标准设备设计文件、施工图预算文件、竣工图文件等服务所收取的费用。

1.0.2　工程设计收费采取按照建设项目单项工程概算投资额分档定额计费方法计算收费。

铁道工程设计收费计算方法，在交通运输工程一章中规定。

1.0.3　工程设计收费按照下列公式计算

（1）工程设计收费=工程设计收费基准价×(1±浮动幅度值)

（2）工程设计收费基准价=基本设计收费+其他设计收费

（3）基本设计收费=工程设计收费基价×专业调整系数×工程复杂程度调整系数×附加调整系数

1.0.4　工程设计收费基准价

工程设计收费基准价是按照本收费标准计算出的工程设计基准收费额，发包人和设计人根据实际情况，在规定的浮动幅度内协商确定工程设计收费合同额。

1.0.5　基本设计收费

基本设计收费是指在工程设计中提供编制初步设计文件、施工图设计文件收取的费用，并相应提供设计技术交底、解决施工中的设计技术问题、参加试车考核和竣工验收等服务。

1.0.6　其他设计收费

其他设计收费是指根据工程设计实际需要或者发包人要求提供相关服务收取的费用，包括总体设计费、主体设计协调费、采用标准设计和复用设计费、非标准设备设计文件编制费、施工图预算编制费、竣工图编制费等。

1.0.7　工程设计收费基价

工程设计收费基价是完成基本服务的价格。工程设计收费基价在《工程设计收费基价表》(附表一)中查找确定，计费额处于两个数值区间的，采用直线内插法确定工程设计收费基价。

1.0.8　工程设计收费计费额

工程设计收费计费额，为经过批准的建设项目初步设计概算中的建筑安装工程费、设备与工器具购置费和联合试运转费之和。

工程中有利用原有设备的，以签订工程设计合同时同类设备的当期价格作为工程设计收费的计费额；工程中有缓配设备，但按照合同要求以既配设备进行工程设计并达到设备安装和工艺条件的，以既配设备的当期价格作为工程设计收费的计费额；工程中有引进设备的，按照购进设备的离岸价折换成人民币作为工程设计收费的计费额。

1.0.9　工程设计收费调整系数

工程设计收费标准的调整系数包括：专业调整系数、工程复杂程度调整系数和附加调整系数。

（1）专业调整系数是对不同专业建设项目的工程设计复杂程度和工作量差异进行调整的系数。计算工程设计收费时，专业调整系数在《工程设计收费专业调整系数表》(附表二)中查找确定。

（2）工程复杂程度调整系数是对同一专业不同建设项目的工程设计复杂程度和工作量差异进行调整的系数。工程复杂程度分为一般、较复杂和复杂三个等级，其调整系数分别为：一般(Ⅰ级)0.85；较复杂(Ⅱ级)1.0；复杂(Ⅲ级)1.15。计算工程设计收费时，工程复杂程度在相应章节的《工程复杂程度表》中查找确定。

（3）附加调整系数是对专业调整系数和工程复杂程度调整系数尚不能调整的因素进行补充调整的系数。附加调整系数分别列于总则和有关章节中。附加调整系数为两个或两个以上的，附加调整系数不能连乘。将各附加调整系数相加，减去附加调整系数的个数，加上定值1，作为附加调整系数值。

1.0.10　非标准设备设计收费按照下列公式计算

非标准设备设计费=非标准设备计费额×非标准设备设计费率

非标准设备计费额为非标准设备的初步设计概算。非标准设备设计费率在《非标准设备设计费率表》(附表三)中查找确定。

1.0.11　单独委托工艺设计、土建以及公用工程设计、初步设计、施工图设计的，按照其占基本服务设计工作量的比例计算工程设计收费。

1.0.12　改扩建和技术改造建设项目，附加调整系数为1.1~1.4。根据工程设计复杂程度确定适当的附加调整系数，计算工程设计收费。

1.0.13　初步设计之前，根据技术标准的规定或者发包人的要求，需要编制总体设计的，按照该建设项目基本设计收费的5%加收总体设计费。

建设项目工程设计由两个或者两个以上设计人承担的，其中对建设项目工程设计合理性和整体性负责的设计人，按照该建设项目基本设计收费的5%加收主体设计协调费。

1.0.15　工程设计中采用标准设计或者复用设计的，按照同类新建项目基本设计收费的30%计算收费；需要重新进行基础设计的，按照同类新建项目基本设计收费的40%计算收费；需要对原设计做局部修改的，由发包人和设计人根据设计工作量协商确定工程设计收费。

1.0.16　编制工程施工图预算的，按照该建设项目基本设计收费的10%收取施工图预算编制费；编制工程竣工图的，按照该建设项目基本设计收费的8%收取竣工图编制费。

1.0.17　工程设计中采用设计人自有专利或者专有技术的，其专利和专有技术收费由发包人与设计人协商确定。

1.0.18　工程设计中的引进技术需要境内设计人配合设计的，或者需要按照境外设计程序和技术质量要求由境内设计人进行设计的，工程设计收费由发包人与设计人根据实际发生的设计工作量，参照本标准协商确定。

1.0.19　由境外设计人提供设计文件，需要境内设计人按照国家标准规范审核并签署确认意见的，按照国际对等原则或者实际发生的工作量，协商确定审核确认费。

1.0.20　设计人提供设计文件的标准份数，初步设计、总体设计分别为10份，施工图设计、非标准设备设计、施工图预算、竣工图分别为8份。发包人要求增加设计文件份数的，由发包人另行支付印制设计文件工本费。工程设计中需要购买标准设计图的，由发包人支付购图费。

1.0.21　本收费标准不包括本总则1.0.1以外的其他服务收费。其他服务收费，国家有收费规定的，按照规定执行；国家没有收费规定的，由发包人与设计人协商确定。

2　矿山采选工程设计

2.1　矿山采选工程范围

适用于有色金属、黑色冶金、化学、非金属、黄金、铀、煤炭以及其他矿种采选工程。

2.2 矿山采选工程各阶段工作量比例

表 2.2-1 矿山采选工程各阶段工作量比例表

工程类型 \ 设计阶段	初步设计（%）	施工图设计（%）
有色金属、黄金、铀矿、其他矿种采选工程 化学矿新技术采选工程、黑色冶金露天采矿工程	40	60
黑色冶金坑内采矿工程 煤炭矿山采选、水煤浆制备与燃烧应用、煤层气抽放工程	35	65
化学矿常规技术采选工程 非金属矿采选工程、黑色冶金选矿工程	30	70

2.3 矿山采选工程复杂程度

2.3.1 坑内采矿工程

表 2.3-1 坑内采矿工程复杂程度表

等级	工程设计条件
Ⅰ级	1. 地形、地质、水文条件简单； 2. 开拓运输系统单一，斜井串车，平硐溜井，主、副、风井条数≤3 条； 3. 矿石品种单一，不分采的采矿工程
Ⅱ级	1. 地形、地质、水文条件较复杂； 2. 缓倾斜薄矿体或埋藏深度>500m 的矿体； 3. 开拓运输系统较复杂，斜井箕斗，主、副、风井条数≥4 条，有系统的顶板管理设施； 4. 两种矿石品种，有分采、分贮、分运设施的采矿工程
Ⅲ级	1. 地形、地质、水文条件复杂； 2. 缓倾斜中厚矿体或大水矿床； 3. 开拓运输系统复杂，斜井胶带，联合开拓运输系统，有复杂的疏干、排水系统及设施； 4. 两种以上矿石品种，有分采、分贮、分运设施，采用充填采矿法或特殊采矿法的各类采矿工程； 5. 铀矿采矿工程

2.3.2 露天采矿工程

表 2.3-2 露天采矿工程复杂程度表

等级	工程设计条件
Ⅰ级	1. 地形、地质、水文条件简单； 2. 矿体埋藏垂深<120m 的山坡与深凹露天矿； 3. 单一采场的一般露天矿，开拓运输系统单一； 4. 矿石品种单一，不分采的采矿工程； 5. 水深<6m 采金船采金工程
Ⅱ级	1. 地形、地质、水文条件较复杂； 2. 矿体埋藏垂深≥120m 的深凹露天矿； 3. 多采场的露天矿，两种以上开拓运输方式； 4. 两种矿石品种，有分采、分贮、分运设施的采矿工程； 5. 水深 6~9m 采金船采金工程
Ⅲ级	1. 地形、地质、水文条件复杂； 2. 缓倾斜中厚矿体，海拔标高>3000m 的高山矿床，含流沙矿床； 3. 有防寒保温或治理流沙设施，有露天转坑内措施； 4. 两种以上矿石品种或含有用元素，有矿石倒装及分采、分贮、分运设施的采矿工程； 5. 水深>9m 采金船或阶地采金工程

2.3.3 选矿工程

表 2.3-3 选矿工程复杂程度表

等级	工程设计条件
Ⅰ级	1. 处理易选矿石； 2. 一段磨矿； 3. 单一选矿方法，单一产品的选矿工程
Ⅱ级	1. 处理两种矿石； 2. 两段磨矿； 3. 两种选矿方法，两种产品的选矿工程
Ⅲ级	1. 处理两种以上矿石； 2. 两段以上磨矿； 3. 两种以上选矿方法，两种以上产品； 4. 采用重介质、反浮选冷结晶等方法的选矿工程

2.3.4 煤炭矿井工程

表 2.3-4 煤炭矿井工程复杂程度表

等级	工程设计条件
Ⅰ级	1. 地形较平坦，地质构造简单，褶曲宽缓，断层稀少，工程地质条件简单； 2. 煤层、煤质稳定，全区可采，无岩浆岩侵入，无自然发火； 3. 矿床充水条件简单； 4. 地压、地温正常，煤层及瓦斯无突出的采矿工程
Ⅱ级	1. 地形起伏不大，地质构造较复杂，褶曲、断层不影响采区划分，无不良工程地质现象； 2. 煤层在可采范围内厚度变化不大，全区大部分可采，偶见少量岩浆岩，自然发火倾向小； 3. 矿床充水条件较复杂，沙漠地区有溃水溃沙； 4. 地压呈现强烈，地温正常，瓦斯含量低的采矿工程
Ⅲ级	1. 地形复杂，地质构造复杂，褶曲、断层较密集，第四系地层稳定性差； 2. 煤层倾角、厚度、煤质变化大，局部不可采，且结构复杂，有岩浆岩侵入，有自然发火危险； 3. 矿床充水条件复杂，水患严重； 4. 地压大，地温局部偏高，高瓦斯需抽放，煤层及瓦斯突出的采矿工程

2.3.5 煤炭露天矿工程

表 2.3-5 煤炭露天矿工程复杂程度表

等级	工程设计条件
Ⅰ级	1. 地质构造简单，矿田地形为Ⅰ类； 2. 煤层赋存条件属Ⅰ类，煤层单一，煤层埋藏深度≤50m； 3. 采用单一开采工艺，设计技术一般的采矿工程
Ⅱ级	1. 地质构造较复杂，矿田地形为Ⅱ类； 2. 煤层赋存条件属Ⅱ类，煤层结构较复杂，煤质变化较大，可采煤层 2 层，煤层埋藏深度 50~100m； 3. 采用单一开采工艺，设计技术较复杂的采矿工程
Ⅲ级	1. 地质构造复杂，矿田地形为Ⅲ类及以上； 2. 煤层赋存条件属Ⅲ类，煤层结构复杂，煤质变化大，可采煤层多于 2 层，煤层埋藏深度≥100m； 3. 采用综合开采工艺，设计技术复杂的采矿工程

2.3.6 选煤厂及其他煤炭工程

表 2.3-6 选煤厂及其他煤炭工程复杂程度表

等级	工程设计条件
Ⅰ级	1. 新建筛选厂(车间)工程; 2. 只有井下开采的煤层气工程
Ⅱ级	1. 新建入洗下限>25mm 选煤厂工程; 2. 钻井 1~4 层、2 种井下抽放工艺、2~3 个抽放系统的煤层气工程
Ⅲ级	1. 新建入洗下限≤25mm 选煤厂工程; 2. 钻井>5 层、3 种井下抽放工艺、>4 个抽放系统的煤层气工程; 3. 水煤浆制备及燃烧应用工程

注：Ⅲ级选煤厂、水煤浆制备及燃烧应用工程，附加调整系数为 1.4。

3 加工冶炼工程设计

3.1 加工冶炼工程范围

适用于机械、船舶、兵器、航空、航天、电子、核加工、轻工、纺织、林产、农业(粮食)、内贸、建材、钢铁、有色等各类加工工程，钢铁、有色等冶炼工程。

3.1.1 加工冶炼工程示例

表 3.1-1 加工冶炼工程示例表

工程类别	工程示例
机械	矿山、交通、铁道、港口、工程、石油、化工、电力、纺织、医疗、农业环保、通用、食品及包装等机械，汽车、电机、电器、电材、仪器仪表，机床工具、磨料磨具、机械基础件，社会公共安全产品及衡器等
船舶	船舶制造，船坞、船台、滑道等
兵器	枪炮、坦克、步兵战车，光学、光电、电子兵器，弹、引信、靶厂、防化器材、民爆器材等
航空	航空主机、辅机、零部件、航空维修、试验室等
航天	航天产品总装、部装、零部件、试验、测试等
电子	微电子、通信设备、电子器件、电子终端产品等
核加工	核燃料元(组)件、铀浓缩、核技术及同位素应用等
轻工	制浆造纸、日用机械、日用硅酸盐、日用化学制品、制盐、食品、皮革毛皮及制品、塑料原料及制品、家用电器、烟草等

续表

工程类别	工程示例
纺织	纺织、印染、服装加工等
林产	木材加工、人造板、林产化工等
农业(粮食)内贸	粮油饲料、果蔬、畜牧水产、种子加工，农、副、水产品等仓储、保鲜、冷藏，制冰厂、屠宰厂等
建材	水泥及水泥制品、玻璃、陶瓷、耐火材料、建筑材料等
钢铁	烧结球团、炼铁、炼钢、铁合金、轧钢、钢铁加工、焦化耐火材料等
有色	重金属、轻金属、稀有金属、稀土、半导体材料、粉末冶金及硬质合金等冶炼与加工工程

3.2 加工冶炼工程各阶段工作量比例

表 3.2–1 加工冶炼工程各阶段工作量比例表

设计阶段 工程类型	初步设计(%)	施工图设计(%)
加工冶炼工程	35	65
核加工工程	40	60

3.3 加工冶炼工程复杂程度

表 3.3–1 加工冶炼工程复杂程度表

等级	工程设计条件
Ⅰ级	技术简单、工艺成熟、生产流程较短的一般加工及冶炼工程，主要有： 1. 一般机械辅机及配套厂工程； 2. 船舶辅机及配套厂，船舶普航仪器厂，<3000t 的坞修车间、船台滑道、吊车道工程； 3. 电子终端产品装配厂工程； 4. 文体用品、玩具、工艺美术品、日用杂品、金属制品厂工程； 5. 针织、服装厂工程； 6. 小型林产加工工程； 7. 小型冷库、屠宰厂、制冰厂，一般农业(粮食)与内贸加工工程； 8. 普通水泥、平板玻璃深加工、砖瓦水泥制品厂工程； 9. 小型、技术简单的焦化、耐火材料、烧结球团、钢铁加工及配套工程； 10. 小型、技术简单的建筑铝材、铜材加工及配套工程

续表

等级	工程设计条件
Ⅱ级	工艺技术及产品结构较复杂，生产流程较长，技术含量较高的加工及冶炼工程，主要有： 1. 一般机械零部件加工及配套厂工程； 2. 造船厂、修船厂，船体加工装配、管子加工车间，3000～10000t 坞修车间、船台滑道工程； 3. 常规兵器、光学兵器、靶厂、防化器材、民用爆破器材厂工程； 4. 航空辅机厂、航空零部件厂工程； 5. 航天零部件厂工程； 6. 电子元件、材料厂工程； 7. 简单核技术及同位素应用工程； 8. 食品、制盐、酿酒、烟草、皮革毛皮、家电、塑料制品、日用硅酸盐制品工程 9. 棉、毛、丝、麻、纤维纺织厂工程； 10. 中型或者技术较复杂的林产加工工程； 11. 中型冷库、屠宰厂、制冰厂，技术较复杂的农业(粮食)与内贸加工工程； 12. <2000t 的水泥生产线，格法、压延玻璃生产线，组合炉拉丝玻璃纤维，非金属材料，空心砖、玻璃钢、耐火材料、建筑及卫生陶瓷厂工程； 13. 常规技术的焦化、耐火材料、烧结球团、钢铁冶炼、加工及配套工程； 14. 常规技术的有色冶炼、加工及配套工程
Ⅲ级	工艺技术及产品结构复杂，自动化程度高，技术含量高的加工及冶炼工程，主要有： 1. 机械主机制造厂，试验站(室)、试车台、动力站房、计量检测站、空分站，自动化立体和多层仓库工程； 2. 船舶主机厂、特机厂，船舶工业特种涂装车间，>10000t 坞修车间、船台滑道干船坞，船模试验水池，海洋开发工程设备厂、水声设备及水中兵器厂、精密航海仪器厂工程； 3. 兵器的弹及装药、火工品、引信工程，光电、电子器件及兵器工程，坦克、装甲车、自行火炮系统的主机厂及大型装配厂工程； 4. 航空主机厂、装配厂、维修厂，航空试验测试工程； 5. 航天产品总装厂、部装厂、航天试验测试工程； 6. 微电子器件、显示器件、电子玻璃、电子终端产品生产厂，洁净度高于 1000 级的洁净厂房工程； 7. 铀冶炼、铀浓缩、核燃料元(组)件厂等核加工工程； 8. 制浆造纸、日用化学制品、日用陶瓷、塑料原料、电池、感光材料、制糖、盐化工工程； 9. 印染、非织造布工程； 10. 大型林产加工厂、技术复杂或者采用新技术的林产加工工程； 11. 大型冷库、屠宰厂、制冰厂，技术复杂的农业(粮食)与内贸加工工程； 12. ≥2000t 的水泥生产线，浮法玻璃生产线，池窑拉丝玻璃纤维、特种纤维，新型建材，特种陶瓷生产线工程； 13. 技术复杂的焦化、耐火材料、烧结球团、钢铁冶炼、加工及配套工程； 14. 技术复杂的有色冶炼、加工及配套工程，稀有金属、稀土、半导体材料冶炼及加工工程

注：1. 编制钢结构施工详图，按照钢结构出厂价格的 2.5%计算收费；

2. 单独委托设备的基础设计，按照设备总价的 2.5%计算收费。

4 石油化工工程设计

4.1 石油化工工程范围

适用于石油、天然气、石油化工、化工、火化工、核化工、化学纤维和医药工程。

4.2 石油化工工程各阶段工作量比例

表 4.2-1 石油化工工程各阶段工作量比例表

设计阶段 工程类型	初步设计 （%）	施工图设计 （%）	基础设计 （%）	详细设计 （%）
一般石油、石化、化工工程	35	65	50	50
新技术石油、石化、化工工程	50	50	60	40
火化工、核化工、化纤、医药工程	40	60	50	50
核设施退役工程	60	40	65	35

注：1. 新技术工程指主要工艺、设备采用新工艺、新设备、新材料、新技术的工程；

2. 基础设计是指设计内容和深度达到国际惯例或者行业规定要求，并可替代初步设计的设计。

4.3 石油化工工程复杂程度

表 4.3-1 石油化工工程复杂程度表

等级	工程设计条件
Ⅰ级	技术一般的工程，主要包括： 1. 油气田井口装置和内部集输管线，油气计量站、接转站等场站、总容积$<50000m^3$或品种<5种的独立油库工程； 2. 平原微丘陵地区长距离油、气、水煤浆等各种介质的输送管道和中间场站工程 3. 工艺过程比较简单的石化、药品、无机盐生产装置工程； 4. 石油化工工程的辅助生产设施和公用工程
Ⅱ级	技术较复杂的工程，主要包括： 1. 油气原油脱水转油站、油气水联合处理站、总容积$\geq 5000m^3$或品种≥ 5种的独立油库、天然气处理和轻烃回收厂站、三次采油回注水处理工程； 2. 山区沼泽地带长距离油、气、水煤浆等各种介质的输送管道和首站、末站、压气站、调度中心工程； 3. 常压蒸馏、减压蒸馏、叠合、脱硫、脱硫醇、凝淅油回收、电精制、化学精制、氧化沥青、石蜡成型、丁烯氧化脱氢、MDPE、丁二烯抽提、乙腈、塑料薄膜、塑料地毯、塑料编织袋生产装置工程； 4. 磷肥、农药制剂、混配肥、工艺复杂的无机盐、普通橡胶制品工程； 5. 涤纶、丙纶常规切片纺丝等一般化纤工程； 6. 医药制剂、中药、药用材料、药品包装（外包装除外）、医疗器械生产装置，医药科研、药品检测设施工程； 7. 冷冻、脱盐、联合控制室、中高压热力站、环境监测、工业监视、三级污水处理工程

续表

等级	工程设计条件
Ⅲ级	技术复杂的工程，主要包括： 1. 油气田天然气液化及提氦、硫磺回收及下游装置、稠油及三次采油联合处理站、地下储气库、滩海或浅海油气田工程、石油滚动开发工程； 2. 复杂的油、气、水煤浆等各种介质的长输管道穿跨越工程； 3. 催化裂化、催化重整、加氢、制氢、常减压联合蒸馏、芳烃、MTBE、气体分馏、分子筛、脱蜡、烷基化、脱磺制硫及尾气处理、乙烯、对苯二甲酸等单体原料、合成塑料、合成橡胶、合成纤维生产装置，LPG、LNG 低温储存运输设施，重油(氧化沥青除外)、润滑油加工工程； 4. 合成氨、制酸、制碱、复合肥生产装置，火化工，子午线轮胎、胶片、精细化工生物化学品、复杂化纤工程； 5. 放射性药品、化学合成药品、抗生素药品生产装置工程； 6. 铀转换化工、乏燃料后处理、核三废治理、核设施退役处理工程

注：增加管段图设计的，附加调整系数为 1.1。

5　水利电力工程设计

5.1　水利电力工程范围

适用于水利、发电、送电、变电、核能工程。

5.2　水利电力工程各阶段工作量比例

表 5.2-1　水利电力工程各阶段工作量比例表

工程类型＼设计阶段		初步设计（%）	招标设计（%）	施工图设计（%）
核能、送电、变电工程		40		60
火电工程		30		70
水库、水电、潮汐工程		25	20	55
风电工程		45		55
引调水工程	建构筑物	25	20	55
	渠道管线	45	20	35
河道治理工程	建构筑物	25	20	55
	河道堤防	55	10	35
灌区田间工程		60		40
水土保持工程		70	10	20

5.3 水利电力工程复杂程度

5.3.1 电力、核能、水库工程

表 5.3-1 电力、核能、水库工程复杂程度表

等级	工程设计条件
Ⅰ级	1. 新建 4 台以上同容量凝汽式机组发电工程，燃气轮机发电工程； 2. 电压等级 110kV 及以下的送电、变电工程； 3. 设计复杂程度赋分值之和≤-20 的水库和水电工程
Ⅱ级	1. 新建或扩建 2~4 台单机容量 50MW 以上凝汽式机组及 50MW 及以下供热机组发电工程； 2. 电压等级 220kV、330kV 的送电、变电工程； 3. 设计复杂程度赋分值之和为-20~20 的水库和水电工程
Ⅲ级	1. 新建一台机组的发电工程，一次建设两种不同容量机组的发电工程，新建 2~4 台单机容量 50MW 以上供热机组发电工程，新能源发电工程(风电、潮汐等)； 2. 电压等级 500kV 送电、变电、换流站工程； 3. 核电工程、核反应堆工程； 4. 设计复杂程度赋分值之和≥20 的水库和水电工程

注：1. 水电工程可行性研究与初步设计阶段合并的，设计总工作量附加调整系数为 1.1；
2. 水库和水电工程计费额包括水库淹没区处理补偿费和施工辅助工程费。

5.3.2 其他水利工程

表 5.3-2 其他水利工程复杂程度表

等级	工程设计条件
Ⅰ级	1. 丘陵、山区、沙漠地区的建筑物投资之和与建设项目中所有建筑物投资之和的比例<30%的引调水建筑物工程； 2. 丘陵、山区、沙漠地区渠道管线长度之和与建设项目中所有渠道管线长度之和的比例<30%的引调水渠道管线工程； 3. 堤防等级 V 级的河道治理建(构)筑物及河道堤防工程； 4. 灌区田间工程； 5. 水土保持工程

续表

等级	工程设计条件
Ⅱ级	1. 丘陵、山区、沙漠地区的建筑物投资之和与建设项目中所有建筑物投资之和的比例在30%～60%的引调水建筑物工程； 2. 丘陵、山区、沙漠地区渠道管线长度之和与建设项目中所有渠道管线长度之和的比例在30%～60%的引调水渠道管线工程； 3. 堤防等级Ⅲ、Ⅳ级的河道治理建(构)筑物及河道堤防工程
Ⅲ级	1. 丘陵、山区、沙漠地区的建筑物投资之和与建设项目中所有建筑物投资之和的比例>60%的引调水建筑物工程； 2. 丘陵、山区、沙漠地区管线长度之和与建设项目中所有渠道管线长度之和的比例>60%的引调水渠道管线工程； 3. 堤防等级Ⅰ、Ⅱ级的河道治理建(构)筑物及河道堤防工程； 4. 护岸、防波堤、围堰、人工岛、围垦工程，城镇防洪、河口整治工程

注：引调水渠道或管线、河道堤防工程附加调整系数为 0.85；灌区田间工程附加调整系数为 0.25；水土保持工程附加调整系数为 0.7；河道治理及引调水工程建筑物、构筑物工程附加调整系数为 1.3。

5.4　水库和水电工程复杂程度赋分

表 5.4-1　水库和水电工程复杂程度赋分表

项目	工程设计条件	赋分值
枢纽布置方案比较	一个坝址或一条坝线方案	-10
	两个坝址或两条坝线方案	5
	三个坝址或三条坝线方案	10
建筑物	有副坝	-1
	土石坝、常规重力坝	2
	有地下洞室	6
	两种坝型或两种厂型	7
	新坝型，拱坝、混凝土面板堆石坝、碾压混凝土坝	7
综合利用	防洪、发电、灌溉、供水、航运、减淤、养殖具备一项	-6
	防洪、发电、灌溉、供水、航运、减淤、养殖具备两项	1
	防洪、发电、灌溉、供水、航运、减淤、养殖具备三项	2
	防洪、发电、灌溉、供水、航运、减淤、养殖具备四项	4
	防洪、发电、灌溉、供水、航运、减淤、养殖具备五项及以上	6

续表

项目	工程设计条件	赋分值
环保	环保要求简单	-3
	环保要求一般	1
	环保有特殊要求	3
泥沙	少泥沙河流	-4
	多泥沙河流	5
冰凌	有冰凌问题	5
主坝坝高	坝高<30m	-4
	坝高 30~50m	1
	坝高 51~70m	2
	坝高 71~150m	4
	坝高>150m	6
地震设防	地震设防烈度≥7 度	4
基础处理	简单：地质条件好或不需进行地基处理	-4
	中等：按常规进行地基处理	1
	复杂：地质条件复杂，需进行特殊地基处理	4
下泄流量	窄河谷坝高在 70m 以上、下泄流量 25000m^3/s 以上	4
地理位置	地处深山峡谷，交通困难、远离居民点、生活物资供应困难	3

6　交通运输工程设计

6.1　交通运输工程范围

适用于铁路、公路、水运、城市交通、民用机场、索道工程。

6.2　交通运输工程各阶段工作量比例

表 6.2-1　交通运输工程各阶段工作量比例表

设计阶段 / 工程类型		初步设计（%）	施工图设计（%）
公路工程		45	55
水运、索道工程		40	60
城市交通工程	城市道路	45	55
	地铁、轻轨	45	55
民用机场工程		45	55

6.3 交通运输工程复杂程度

6.3.1 公路、城市道路、轨道交通、索道工程

表 6.3-1 公路、城市道路、轨道交通、索道工程复杂程度表

等级	工程设计条件
Ⅰ级	1. 三级、四级公路及交通安全设施、道班房工程
Ⅱ级	1. 二级公路及交通安全设施、收费系统及管理养护服务设施工程； 2. 城市街区道路、次干路工程
Ⅲ级	1. 高速公路、一级公路工程； 2. 高速公路、一级公路的交通安全设施、监控系统、通信系统、收费系统及管理养护服务设施工程； 3. 城市主干路、快速路、城市地铁、轻轨、广场、停车场工程； 4. 客(货)运索道工程

注：Ⅰ级工程附加调整系数为 1.89；Ⅲ级工程中“序号 1”高速公路、一级公路工程附加调整系数为 0.61。

6.3.2 公路和城市桥梁、隧道工程

表 6.3-2 公路和城币桥梁、隧道工程复杂程度表

等级	工程设计条件
Ⅰ级	1. 总长<1000m，水深<15m，单孔跨径为 30~50m 的预应力混凝土简支梁，30~50m 的预应力混凝土连续箱梁等大桥工程； 2. 地质构造简单，长度<500m 的隧道工程
Ⅱ级	1. 总长>1000m，水深>15m，单孔跨径为 30~50m 的预应力混凝土简支梁，30~100m 的预应力混凝土连续箱梁等大桥工程； 2. 地质构造简单，长度在 500~1000m 的隧道工程； 3. 城市立交桥、人行天桥、地下通道、涵洞工程
Ⅲ级	1. 总长>1000m，水深>15m，单孔跨径为>250m 的预应力混凝土连续结构和钢筋混凝土拱桥，跨度 400~1000m 的斜拉桥，800~1500m 的悬索桥等大桥工程； 2. 地质构造复杂，长度>1000m 的隧道工程； 3. 全苜蓿叶型、双喇叭型、枢纽型等各类独立的互通式立体交叉工程

注：1. 公路桥梁、隧道工程附加调整系数，Ⅰ级工程为 2.0，Ⅲ级工程为 0.7；

2. 城市道路、桥梁、隧道通过地下管网密集区的，附加调整系数为 1.1。

6.3.3 水运工程

表 6.3-3 水运工程复杂程度表

等级	工程设计条件
Ⅰ级	1. <1000t 级的码头工程； 2. <300t 级的船闸工程，<100t 级的升船机工程； 3. 内河<300t 级和沿海<5000t 级的航道工程； 4. 各类疏浚、吹填、造陆工程
Ⅱ级	1. 1000～10000t 级的码头工程； 2. <1000t 级的渔业、油、汽、危险品码头工程； 3. 300～1000t 级的船闸工程，100～500t 级的升船机工程； 4. 内河 300～1000t 和沿海 5000～30000t 级的航道工程
Ⅲ级	1. >10000t 级的码头工程； 2. ≥1000t 级的渔业、油、气、危险品码头工程； 3. 离岸孤立建筑物、单点(多点)系泊工程与开敞式码头工程； 4. >1000t 级的船闸工程，>500t 级的升船机工程； 5. 内河>1000t 级和沿海>30000t 级的航道工程； 6. 各类水上交通管制工程

6.3.4 民用机场工程

表 6.3-4 民用机场工程复杂程度表

等级	工程设计条件	
	场道及空中交通管制工程	助航灯光工程
Ⅰ级	3C 及以下	Ⅰ类及以下
Ⅱ级	4D、4C	Ⅱ类
Ⅲ级	4E 及以上	Ⅲ类

注：1. 工程项目设计技术条件划分标准见《民用机场飞行区技术标准》；

2. 民用机场总体规划设计费，根据工程规模和复杂程度在 15 万～150 万元区间内计算。

6.4 铁路工程设计收费

铁路的线路、电气化和通信信号工程采取实物工作量定额计费方法计算收费，铁路的枢纽、特大桥、长隧道工程采取按照投资额百分比计费方法计算收费。

6.4.1 铁路工程设计收费基价

表 6.4-1 铁路工程设计收费基价表

工程类型	复杂程度	计费单位	初步设计(万元)	施工图设计(万元)
新建单线非电气化铁路工程	Ⅰ	正线公里	1.86	2.34
	Ⅱ		1.95	2.44
	Ⅲ		2.58	3.23
	Ⅳ		3.26	4.07
	Ⅴ		4.05	5.08
单线铁路电气化工程		电气化公里	0.52	0.64
单线铁路通信信号工程		电务公里	0.45	0.54

注：1. 工程设计复杂程度与工程勘察复杂程度相同；

2. 新建非电气化双线铁路，按照新建单线非电气化铁路工程设计收费基价乘以 1.2 的系数计算收费，非电气化铁路增建第二线，按照新建单线非电气化铁路工程设计收费基价乘以 1.1 的系数计算收费；

3. 非电气化铁路技术改造，根据设计内容和工作量，按照新建单线非电气化铁路工程设计收费基价乘以 0.6~1.0 的系数计算收费；

4. 新建双线铁路电气化及增建二线电气化，按照单线铁路电气化工程设计收费基价乘以 1.5 的系数计算收费，防干扰设计(初步设计和施工图设计)按每电气化公里 1040 元计算收费；

5. 新建单线、双线、增建二线、既有线改造，同时进行电气化设计且由一个设计人设计的，设计收费=相应的线路设计收费+相应的电气化设计收费×0.8；

6. 既有铁路现状电气化设计(包括电气化设计及引起的土建改造)且由一个设计人设计的，设计收费=相应的线路设计收费×0.6+相应的电气化设计收费×0.8；

7. 时速 160~200km 的客运专线(双线)设计，按照新建单线电气化铁路设计收费乘以 1.3 的系数计算收费，电气化部分单独委托设计的，按照双线铁路电气化工程设计收费基价乘以 1.1 的系数计算收费；

8. 新建、改建铁路引起支线、专用线改建部分，按照相应线路设计收费乘以 0.6 的系数计算收费；

9. 线路设计长度<30km，碴场专用线设计<5km 的，按照相应线路设计收费乘以 1.5 的系数计算收费；

10. 单独委托新建双线及增建二线铁路通信信号设计的，按照单线铁路通信信号工程设计收费基价乘以 1.5 的系数计算收费；

11. 单独委托线路通信信号设计的，其线路设计收费乘以 0.92 的系数计算收费；

12. 铁路工程简化设计阶段的，大中型建设项目乘以 0.85 的系数计算设计收费，小型建设项目按照总则 1.0.8 规定的计费额，乘以 2.5%的收费率计算收费；

13. 青海、新疆地区铁路设计，乘以 1.1 的系数计算收费。自然条件特别恶劣地区的设计，由发包人和设计人协商确定收费；

14. 铁路大中型建设项目提供设计文件的份数，按照规定执行。

6.4.2 铁路枢纽、特大桥、长隧道工程设计收费率

表 6.4-2 铁路枢纽、特大桥、长隧道工程设计收费率表

设计阶段	初步设计	施工图设计
费率（%）	0.58	0.72

注：1. 铁路枢纽、单独委托特大桥、长隧道设计的，按照本表计算收费，其中双线特大桥、长隧道按照本表乘以 0.8 的系数计算收费；

2. 本表设计收费的计费额，按照总则 1.0.8 的规定执行；

3. 枢纽中线路（包括有中间站的环线）长度>10km 的，按照本章 6.4.1“铁路工程设计收费基价”的规定计算收费；

4. 按照本表收费的枢纽、特大桥、长隧道，线路工程设计收费应当扣除其相应的长度。

7 建筑市政工程设计

7.1 建筑市政工程范围

适用于建筑、人防、市政公用、园林绿化、电信、广播电视、邮政工程。

7.2 建筑市政工程各阶段工作量比例

表 7.2-1 建筑市政工程各阶段工作量比例表

工程类型＼设计阶段		方案设计（%）	初步设计（%）	施工图设计（%）
建筑与室外工程	Ⅰ级	10	30	60
	Ⅱ级	15	30	55
	Ⅲ级	20	30	50
住宅小区（组团）工程		25	30	45
住宅工程		25		75
古建筑保护性建筑工程		30	20	50
智能建筑弱电系统工程			40	60
室内装修工程		50		50
园林绿化工程	Ⅰ、Ⅱ级	30		70
	Ⅲ级	30	20	50
人防工程		10	40	50
市政公用工程	Ⅰ、Ⅱ级		40	60
	Ⅲ级		50	50

续表

设计阶段 / 工程类型		方案设计（%）	初步设计（%）	施工图设计（%）
广播电视、邮政工程工艺部分			40	60
电信工程			60	40
建筑工程专业	建筑	35～43		
	结构	24～30		
	设备	28～38		

注：提供两个以上建筑设计方案，且达到规定内容和深度要求的，从第二个设计方案起，每个方案按照方案设计费的50%另收方案设计费。

7.3 建筑市政工程复杂程度

7.3.1 建筑、人防工程

表 7.3-1 建筑、人防工程复杂程度表

等级	工程设计条件
Ⅰ级	1. 功能单一、技术要求简单的小型公共建筑工程； 2. 高度<24m 的一般公共建筑工程； 3. 小型仓储建筑工程； 4. 简单的设备用房及其他配套用房工程； 5. 简单的建筑环境设计及室外工程； 6. 相当于一星级饭店及以下标准的室内装修工程； 7. 人防疏散干道、支干道及人防连接通道等人防配套工程
Ⅱ级	1. 大中型公共建筑工程； 2. 技术要求较复杂或有地区性意义的小型公共建筑工程； 3. 高度 24～50m 的一般公共建筑工程； 4. 20 层及以下一般标准的居住建筑工程； 5. 仿古建筑、一般标准的古建筑、保护性建筑以及地下建筑工程； 6. 大中型仓储建筑工程； 7. 一般标准的建筑环境设计和室外工程； 8. 相当于二、三星级饭店标准的室内装修工程； 9. 防护级别为四级及以下同时建筑面积<10000m^{2}的人防工程

续表

等级	工程设计条件
Ⅲ级	1. 高级大型公共建筑工程； 2. 技术要求复杂或具有经济、文化、历史等意义的省(市)级中小型公共建筑工程； 3. 高度>50m 的公共建筑工程； 4. 20 层以上居住建筑和 20 层及以下高标准居住建筑工程； 5. 高标准的古建筑、保护性建筑和地下建筑工程； 6. 高标准的建筑环境设计和室外工程； 7. 相当于四、五星级饭店标准的室内装修，特殊声学装修工程； 8. 防护级别为三级以上或者建筑面积≥10000m² 的人防工程

注：1. 大型建筑工程指 20001m² 以上的建筑，中型指 5001～20000m² 的建筑，小型指 5000m² 以下的建筑；

2. 古建筑、仿古建筑、保护性建筑等，根据具体情况，附加调整系数为 1.3～1.6；

3. 智能建筑弱电系统设计，以弱电系统的设计概算为计费额，附加调整系数为 1.3；

4. 室内装修设计，以室内装修的设计概算为计费额，附加调整系数为 1.5；

5. 特殊声学装修设计，以声学装修的设计概算为计费额，附加调整系数为 2.0；

6. 建筑总平面布置或者小区规划设计，根据工程的复杂程度，按照每 10000～20000 元/ha 计算收费。

7.3.2 园林绿化工程

表 7.3-2 园林绿化工程复杂程度表

等级	工程设计条件
Ⅰ级	1. 一般标准的道路绿化工程； 2. 片林、风景林等工程
Ⅱ级	1. 标准较高的道路绿化工程； 2. 一般标准的风景区、公共建筑环境、企事业单位与居住区的绿化工程
Ⅲ级	1. 高标准的城市重点道路绿化工程； 2. 高标准的风景区、公共建筑环境、企事业单位与居住区的绿化工程； 3. 公园、度假村、高尔夫球场、广场、街心花园、园林小品、屋顶花园、室内花园等绿化工程

7.3.3 市政公用工程

表 7.3-3 市政公用工程复杂程度表

等级	工程设计条件
Ⅰ级	1. 庭院户内燃气管道工程； 2. 一般给排水地下管线（DN<1.0m，无管线交叉）工程； 3. 小型垃圾中转站，简易堆肥工程； 4. 供热小区管网（二级网）工程
Ⅱ级	1. 城市调压站，瓶组站，<5000户气化站、混气站，<500m^{3}储配站工程； 2. 城区给排水管线，一般地下管线（DN<1.0m，有管线交叉），<1m^3/s加压泵站，简单构筑物工程； 3. >100t/天的大型垃圾中转站，垃圾填埋场、机械化快速堆肥工程； 4. ≤2MW的小型换热站工程
Ⅲ级	1. 城市超高压调压站，市内管线及加压站，穿、跨越管网，≥5000户气化站、混气站，≥500m^{3}储配站、门站、气源厂、加气站工程； 2. 大型复杂给排水管线，市政管网，大型泵站、水闸等构筑物，净水厂，污水处理厂工程； 3. 垃圾系统工程及综合处理与利用、焚烧工程； 4. 锅炉房，穿、跨越供热管网，>2MW换热站工程； 5. 海底排污管线，海水取排水、淡化及水处理工程

7.3.4 广播电视、邮政、电信工程

表 7.3-4 广播电视、邮政、电信工程复杂程度表

等级	工程设计条件
Ⅰ级	1. 广播电视中心设备（广播1套，电视1~2套）工程； 2. 中波发射台设备（单机功率P≤1kW）工程； 3. 短波发射台设备（单机功率P≤50kW）工程； 4. 电视、调频发射塔（台）设备（单机功率P≤kW）工程； 5. 广播电视收测台设备工程； 6. 三级邮件处理中心工艺工程； 7. 简单的电信工程

续表

等级	工程设计条件
Ⅱ级	1. 广播电视中心设备(广播 2~3 套，电视 3~5 套)工程； 2. 中波发射台设备(单机功率 1kW<P≤20kW)工程； 3. 短波发射台设备(单机功率 50kW<P≤150kW)工程； 4. 电视、调频发射塔(台)设备(单机功率 1kW<P≤10kW，塔高<200m)工程； 5. 广播电视传输网络工程； 6. 二级邮件处理中心及各类转运站工艺工程； 7. 较复杂的电信工程
Ⅲ级	1. 广播电视中心设备(广播 4 套以上，电视 6 套以上)工程； 2. 中波发射台设备(单机功率 P>20kW)工程； 3. 短波发射台设备(单机功率 P>150kW)工程； 4. 电视、调频发射塔(台)设备(单机功率 P>10kW，塔高≥200m)工程； 5. 电声设备、演播厅、录(播)音馆、摄影棚设备工程； 6. 广播电视卫星地球站、微波站设备工程； 7. 广播电视光缆、电缆节目传输工程； 8. 一级邮件处理中心工艺工程； 9. 复杂的电信工程

8　农业林业工程设计

8.1　农业林业工程范围

适用于农业、林业工程。

8.2　农业林业工程各阶段工作量比例

表 8.2-1　农业林业工程各阶段工作量比例表

工程类型 \ 设计阶段		初步设计（%）	施工图设计（%）
农业	综合开发、畜牧养殖、水产养殖、设施农业工程	40	60
	生态工程	100	
林业	林木种子园、森林防火、病虫害防治工程	80	20
	造林、营林工程	70	30
	标准化苗圃、花卉基地、植物园、自然保护区、森林公园、生态观光园、林业局(场)总体设计、野生动物园、濒危野生动植物保护工程	60	40
	综合开发与科技园区工程	50	50
	木材运输、贮木场工程	30	70

8.3 农业林业工程复杂程度

表 8.3-1 农业林业工程复杂程度表

等级	工程设计条件
Ⅰ级	1. 平原区高差<5m 或坡降<1/500、土壤水文地质条件一般的农业综合开发工程； 2. 机械化程度较低、环境控制简单的畜牧场工程； 3. 地形与水文条件简单、给排水系统简易的水产养殖工程； 4. 生态农业工程、旱作农业工程，草原三化治理工程； 5. 高差<500m 的丘陵地区、林区边缘距公路或铁路<20km，总面积<150000ha、设计年产量<100000m^{3}的林场的林业局(场)总体设计、木材运输和贮木场工程； 6. 规模较小、技术难度小的其他林业工程
Ⅱ级	1. 丘陵地区高差 5～50m 或坡降 1/500～1/100、土壤水文地质条件较差的农业综合开发工程； 2. 饲养管理、环境控制半自动化的畜牧场工程； 3. 地形与水文条件及给排水系统复杂、有人工孵化、温室育苗等设施的水产养殖工程； 4. 一般生产型温室及农业设施工程； 5. 高差在 500～1000m 的山区、林区边缘距公路或铁路 20～30km、总面积为 150000～350000ha、设计年产量为 100000～300000m^3 的林业局(场)总体设计、木材运输和贮木场工程； 6. 规模中等、技术难度较大、工作环境较差的其他林业工程
Ⅲ级	1. 山区高差>50m 或坡降>1/100、土壤水文地质条件差的农业综合开发工程； 2. 饲养管理、环境控制全自动化或采用新工艺新技术的畜牧场工程； 3. 采用工厂化养殖、水循环回用、自动化程度高的水产养殖工程； 4. 较复杂的科研或观光型温室及农业设施工程； 5. 高差>1000m 的高山地区、林区边缘距公路或铁路>30km，总面积>350000ha、年产量>300000m^{3}的林业局(场)总体设计、木材运输和贮木场工程； 6. 规模较大、技术复杂、工作环境差或有特殊工艺要求的其他林业工程

9　附表

附表一　工程设计收费基价表　　单位：万元

序号	计费额	收费基价
1	200	9.0
2	500	20.9
3	1000	38.8
4	3000	103.8
5	5000	163.9
6	8000	249.6
7	10000	304.8
8	20000	566.8
9	40000	1054.0
10	60000	1515.2
11	80000	1960.1
12	100000	2393.4
13	200000	4450.8
14	400000	8276.7
15	600000	11897.5
16	800000	15391.4
17	1000000	18793.8
18	2000000	34948.9

注：计费额>2000000万元的，以计费额乘以1.6%的收费率计算收费基价。

附表二　工程设计收费专业调整系数表

工程类型	专业调整系数
1. 矿山采选工程	
黑色、黄金、化学、非金属及其他矿采选工程	1.1
采煤工程，有色、铀矿采选工程	1.2
选煤及其他煤炭工程	1.3

续表

工程类型	专业调整系数
2. 加工冶炼工程	
各类冷加工工程	1.0
船舶水工工程	1.1
各类冶炼、热加工、压力加工工程	1.2
核加工工程	1.3
3. 石油化工工程	
石油、化工、石化、化纤、医药工程	1.2
核化工工程	1.6
4. 水利电力工程	
风力发电、其他水利工程	0.8
火电工程	1.0
核电常规岛、水电、水库、送变电工程	1.2
核能工程	1.6
5. 交通运输工程	
机场场道工程	0.8
公路、城市道路工程	0.9
机场空管和助航灯光、轻轨工程	1.0
水运、地铁、桥梁、隧道工程	1.1
索道工程	1.3
6. 建筑市政工程	
邮政工艺工程	0.8
建筑、市政、电信工程	1.0
人防、园林绿化、广电工艺工程	1.1
7. 农业林业工程	
农业工程	0.9
林业工程	0.8

附表三　非标准设备设计费率表

类别	非标准设备分类	费率(%)
一般	技术一般的非标准设备，主要包括： 1. 单体设备类：槽、罐、池、箱、斗、架、台，常压容器、换热器、铅烟除尘、恒温油浴及无传动的简单装置； 2. 室类：红外线干燥室、热风循环干燥室、浸漆干燥室、套管干燥室、极板干燥室、隧道式干燥室、蒸汽硬化室、油漆干燥室、木材干燥室	10~13
较复杂	技术较复杂的非标准设备，主要包括： 1. 室类：喷砂室、静电喷漆室； 2. 窑类：隧道窑、倒焰窑、抽屉窑、蒸笼窑、辊道窑； 3. 炉类：冷、热风冲天炉、加热炉、反射炉、退火炉、淬火炉、锻烧炉、坩锅炉、氢气炉、石墨化炉、室式加热炉、砂芯烘干炉、干燥炉、亚胺化炉、还氧铅炉、真空热处理炉、气氛炉、空气循环炉、电炉； 4. 塔器类：Ⅰ、Ⅱ类压力容器、换热器、通信铁塔； 5. 自动控制类：屏、柜、台、箱等电控、仪控设备，电力拖动、热工调节设备； 6. 通用类：余热利用、精铸、热工、除渣、喷煤、喷粉设备、压力加工、钣材、型材加工设备，喷丸强化机、清洗机； 7. 水工类：浮船坞、坞门、闸门、船舶下水设备、升船机设备； 8. 试验类：航空发动机试车台、中小型模拟试验设备	13~16
复杂	技术复杂的非标准设备，主要包括： 1. 室类：屏蔽室、屏蔽暗室； 2. 窑类：熔窑、成型窑、退火窑、回转窑； 3. 炉类：闪速炉、专用电炉、单晶炉、多晶炉、沸腾炉、反应炉、裂解炉、大型复杂的热处理炉、炉外真空精炼设备； 4. 塔器类：Ⅲ类压力容器、反应釜、真空罐、发酵罐、喷雾干燥塔、低温冷冻、高温高压设备、核承压设备及容器、广播电视塔桅杆、天馈线设备； 5. 通用类：组合机床、数控机床、精密机床、专用机床、特种起重机、特种升降机、高货位立体仓贮设备、胶接固化装置、电镀设备自动、半自动生产线； 6. 环保类：环境污染防治、消烟除尘、回收装置； 7. 试验类：大型模拟试验设备、风洞高空台、模拟环境试验设备	16~20

注：1. 新研制并首次投入工业化生产的非标准设备，乘以 1.3 的调整系数计算收费；

2. 多台(套)相同的非标准设备，自第二台(套)起乘以 0.3 的调整系数计算收费。

附录

中华人民共和国价格法

（1997 年 12 月 29 日第八届全国人民代表大会常务委员会第二十九次会议通过中华人民共和国主席令第九十二号公布）

第一章　总则

第一条　为了规范价格行为，发挥价格合理配置资源的作用，稳定市场价格总水平，保护消费者和经营者的合法权益，促进社会主义市场经济健康发展，制定本法。

第二条　在中华人民共和国境内发生的价格行为，适用本法。本法所称价格包括商品价格和服务价格。

商品价格是指各类有形产品和无形资产的价格。服务价格是指各类有偿服务的收费。

第三条　国家实行并逐步完善宏观经济调控下主要由市场形成价格的机制。价格的制定应当符合价值规律，大多数商品和服务价格实行市场调节价，极少数商品和服务价格实行政府指导价或者政府定价。

市场调节价，是指由经营者自主制定，通过市场竞争形成的价格。

本法所称经营者是指从事生产、经营商品或者提供有偿服务的法人、其他组织和个人。

政府指导价，是指依照本法规定，由政府价格主管部门或者其他有关部门，按照定价权限和范围规定基准价及其浮动幅度，指导经营者制定的价格。

政府定价，是指依照本法规定，由政府价格主管部门或者其他有关部门，按照定价权限和范围制定的价格。

第四条　国家支持和促进公平、公开、合法的市场竞争，维护正常的价格秩序，对价格活动实行管理、监督和必要的调控。

第五条　国务院价格主管部门统一负责全国的价格工作。国务院其他有关部门在各自的职责范围内，负责有关的价格工作。

县级以上地方各级人民政府价格主管部门负责本行政区域内的价格工作。县级以上地方各级人民政府其他有关部门在各自的职责范围内，负责有关的价格工作。

第二章　经营者的价格行为

第六条　商品价格和服务价格，除依照本法第十八条规定适用政府指导价或者政府定价外，实行市场调节价，由经营者依照本法自主制定。

第七条　经营者定价，应当遵循公平、合法和诚实信用的原则。

第八条　经营者定价的基本依据是生产经营成本和市场供求状况。

第九条　经营者应当努力改进生产经营管理，降低生产经营成本，为消费者提供价格合理的商品和服务，并在市场竞争中获取合法利润。

第十条　经营者应当根据其经营条件建立、健全内部价格管理制度，准确记录与核定商品和服务的生产经营成本，不得弄虚作假。

第十一条　经营者进行价格活动，享有下列权利：

（一）自主制定属于市场调节的价格；

（二）在政府指导价规定的幅度内制定价格；

（三）制定属于政府指导价、政府定价产品范围内的新产品的试销价格，特定产品除外；

（四）检举、控告侵犯其依法自主定价权利的行为。

第十二条　经营者进行价格活动，应当遵守法律、法规，执行依法制定的政府指导价、政府定价和法定的价格干预措施、紧急措施。

第十三条　经营者销售、收购商品和提供服务，应当按照政府价格主管部门的规定明码标价，注明商品的品名、产地、规格、等级、计价单位、价格或者服务的项目、收费标准等有关情况。

经营者不得在标价之外加价出售商品，不得收取任何未予标明的费用。

第十四条　经营者不得有下列不正当价格行为：

（一）相互串通，操纵市场价格，损害其他经营者或者消费者的合法权益；

（二）在依法降价处理鲜活商品、季节性商品、积压商品等商品外，为了排挤竞争对手或者独占市场，以低于成本的价格倾销，扰乱正常的生产经营秩序，损害国家利益或者其他经营者的合法权益；

（三）捏造、散布涨价信息，哄抬价格，推动商品价格过高上涨的；

（四）利用虚假的或者使人误解的价格手段，诱骗消费者或者其他经营者与其进行交易；

（五）提供相同商品或者服务，对具有同等交易条件的其他经营者实行价格歧视；

（六）采取抬高等级或者压低等级等手段收购、销售商品或者提供服务，变相提高或者压低价格；

（七）违反法律、法规的规定牟取暴利；

（八）法律、行政法规禁止的其他不正当价格行为。

第十五条 各类中介机构提供有偿服务收取费用，应当遵守本法的规定。法律另有规定的，按照有关规定执行。

第十六条 经营者销售进口商品、收购出口商品，应当遵守本章的有关规定，维护国内市场秩序。

第十七条 行业组织应当遵守价格法律、法规，加强价格自律，接受政府价格主管部门的工作指导。

第三章 政府的定价行为

第十八条 下列商品和服务价格，政府在必要时可以实行政府指导价或者政府定价：

（一）与国民经济发展和人民生活关系重大的极少数商品价格；

（二）资源稀缺的少数商品价格；

（三）自然垄断经营的商品价格；

（四）重要的公用事业价格；

（五）重要的公益性服务价格。

第十九条 政府指导价、政府定价的定价权限和具体适用范围，以中央的和地方的定价目录为依据。

中央定价目录由国务院价格主管部门制定、修订，报国务院批准后公布。

地方定价目录由省、自治区、直辖市人民政府价格主管部门按照中央定价目录规定的定价权限和具体适用范围制定，经本级人民政府审核同意，报国务院价格主管部门审定后公布。

省、自治区、直辖市人民政府以下各级地方人民政府不得制定定价目录。

第二十条 国务院价格主管部门和其他有关部门，按照中央定价目录规定的定价权限和具体适用范围制定政府指导价、政府定价；其中重要的商品和服务价格的政府指导价、政府定价，应当按照规定经国务院批准。

省、自治区、直辖市人民政府价格主管部门和其他有关部门，应当按照地方定价目录规定的定价权限和具体适用范围制定在本地区执行的政府指导价、政府定价。

市、县人民政府可以根据省、自治区、直辖市人民政府的授权，按照地方定价目录规定的定价权限和具体适用范围制定在本地区执行的政府指导价、政府定价。

第二十一条 制定政府指导价、政府定价，应当依据有关商品或者服务的社会平均成本和市场供求状况、国民经济与社会发展要求以及社会承受能力，实行合理的购销差价、批零差价、地区差价和季节差价。

第二十二条 政府价格主管部门和其他有关部门制定政府指导价、政府定价，应当开展价格、成本调查，听取消费者、经营者和有关方面的意见。

政府价格主管部门开展对政府指导价、政府定价的价格、成本调查时，有关单位应当如实反映情况，提供必需的账簿、文件以及其他资料。

第二十三条 制定关系群众切身利益的公用事业价格、公益性服务价格、自然垄断经营的商品价格等政府指导价、政府定价，应当建立听证会制度，由政府价格主管部门主持，征求消费者、经营者和有关方面的意见，论证其必要性、可行性。

第二十四条 政府指导价、政府定价制定后，由制定价格的部门向消费者、经营者公布。

第二十五条 政府指导价、政府定价的具体适用范围、价格水平，应当根据经济运行情况，按照规定的定价权限和程序适时调整。

消费者、经营者可以对政府指导价、政府定价提出调整建议。

第四章　价格总水平调控

第二十六条 稳定市场价格总水平是国家重要的宏观经济政策目标。国家根据国民经济发展的需要和社会承受能力，确定市场价格总水平调控目标，列入国民经济和社会发展计划，并综合运用货币、财政、投资、进出口等方面的政策和措施，予以实现。

第二十七条 政府可以建立重要商品储备制度，设立价格调节基金，调控价格，稳定市场。

第二十八条 为适应价格调控和管理的需要，政府价格主管部门应当建立价格监测制度，对重要商品、服务价格的变动进行监测。

第二十九条 政府在粮食等重要农产品的市场购买价格过低时，可以在收购中实行保护价格，并采取相应的经济措施保证其实现。

第三十条 当重要商品和服务价格显著上涨或者有可能显著上涨，国务院和省、自治区、直辖市人民政府可以对部分价格采取限定差价率或者利润率、规定限价、实行提价申报制度和调价备案制度等干预措施。

省、自治区、直辖市人民政府采取前款规定的干预措施，应当报国务院备案。

第三十一条 当市场价格总水平出现剧烈波动等异常状态时，国务院可以在全国范围内或者部分区域内采取临时集中定价权限、部分或者全面冻结价格的紧急措施。

第三十二条 依照本法第三十条、第三十一条的规定实行干预措施、紧急措施的情形消除后，应当及时解除干预措施、紧急措施。

第五章　价格监督检查

第三十三条 县级以上各级人民政府价格主管部门，依法对价格活动进行监督检查，并依照本法的规定对价格违法行为实施行政处罚。

第三十四条 政府价格主管部门进行价格监督检查时，可以行使下列职权：

（一）询问当事人或者有关人员，并要求其提供证明材料和与价格违法行为有关的其他资料；

（二）查询、复制与价格违法行为有关的账簿、单据、凭证、文件及其他资料，核对与价格违法行为有关的银行资料；

（三）检查与价格违法行为有关的财物，必要时可以责令当事人暂停相关营业；

（四）在证据可能灭失或者以后难以取得的情况下，可以依法先行登记保存，当事人或者有关人员不得转移、隐匿或者销毁。

第三十五条 经营者接受政府价格主管部门的监督检查时，应当如实提供价格监督检查所必需的账簿、单据、凭证、文件以及其他资料。

第三十六条 政府部门价格工作人员不得将依法取得的资料或者了解的情况用于依法进行价格管理以外的任何其他目的，不得泄露当事人的商业秘密。

第三十七条 消费者组织、职工价格监督组织、居民委员会、村民委员会等组织以及消费者，有权对价格行为进行社会监督。政府价格主管部门应当充分发挥群众的价格监督作用。

新闻单位有权进行价格舆论监督。

第三十八条 政府价格主管部门应当建立对价格违法行为的举报制度。

任何单位和个人均有权对价格违法行为进行举报。政府价格主管部门应当对举报者给予鼓励，并负责为举报者保密。

第六章 法律责任

第三十九条 经营者不执行政府指导价、政府定价以及法定的价格干预措施、紧急措施的，责令改正，没收违法所得，可以并处违法所得 5 倍以下的罚款；没有违法所得的，可以处以罚款；情节严重的，责令停业整顿。

第四十条 经营者有本法第十四条所列行为之一的，责令改正，没收违法所得，可以并处违法所得 5 倍以下的罚款；没有违法所得的，予以警告，可以并处罚款；情节严重的，责令停业整顿，或者由工商行政管理机关吊销营业执照。有关法律对本法第十四条所列行为的处罚及处罚机关另有规定的，可以依照有关法律的规定执行。

有本法第十四条第(一)项、第(二)项所列行为，属于是全国性的，由国务院价格主管部门认定；属于是省及省以下区域性的，由省、自治区、直辖市人民政府价格主管部门认定。

第四十一条 经营者因价格违法行为致使消费者或者其他经营者多付价款的，应当退还多付部分；造成损害的，应当依法承担赔偿责任。

第四十二条 经营者违反明码标价规定的，责令改正，没收违法所得，可以并处 5000 元以下的罚款。

第四十三条 经营者被责令暂停相关营业而不停止的，或者转移、隐匿、销毁依法登记保存的财物的，处相关营业所得或者转移、隐匿、销毁的财物价值 1 倍以上 3 倍以下的罚款。

第四十四条 拒绝按照规定提供监督检查所需资料或者提供虚假资料的，责令改正，予以警告；逾期不改正的，可以处以罚款。

第四十五条 地方各级人民政府或者各级人民政府有关部门违反本法规定，超越定价权限和范围擅自制定、调整价格或者不执行法定的价格干预措施、紧急措施的，责令改正，并可以通报批评；对直接负责的主管人员和其他直接责任人员，依法给予行政处分。

第四十六条 价格工作人员泄露国家秘密、商业秘密以及滥用职权、徇私舞弊、玩忽职守、索贿受贿，构成犯罪的，依法追究刑事责任；尚不构成犯罪的，依法给予处分。

第七章 附则

第四十七条 国家行政机关的收费，应当依法进行，严格控制收费项目，限定收费范围、标准。收费的具体管理办法由国务院另行制定。

利率、汇率、保险费率、证券及期货价格，适用有关法律、行政法规的规定，不适用本法。

第四十八条 本法自 1998 年 5 月 1 日起施行。

价格违法行为行政处罚规定

（中华人民共和国国务院令第 585 号）

《国务院关于修改〈价格违法行为行政处罚规定〉的决定》已经 2010 年 11 月 29 日国务院第 134 次常务会议通过，现予公布，自公布之日起施行。

第一条 为了依法惩处价格违法行为，维护正常的价格秩序，保护消费者和经营者的合法权益，根据《中华人民共和国价格法》（以下简称价格法）的有关规定，制定本规定。

第二条 县级以上各级人民政府价格主管部门依法对价格活动进行监督检查，并决定对价格违法行为的行政处罚。

第三条 价格违法行为的行政处罚由价格违法行为发生地的地方人民政府价格主管部门决定；国务院价格主管部门规定由其上级价格主管部门决定的，从其规定。

第四条 经营者违反价格法第十四条的规定，有下列行为之一的，责令改正，没收违法所得，并处违法所得 5 倍以下的罚款；没有违法所得的，处 10 万元以上 100 万元以下的罚款；情节严重的，责令停业整顿，或者由工商行政管理机关吊销营业执照：

（一）除依法降价处理鲜活商品、季节性商品、积压商品等商品外，为了排挤竞争对手或者独占市场，以低于成本的价格倾销，扰乱正常的生产经营秩序，损害国家利益或者其他经营者的合法权益的；

（二）提供相同商品或者服务，对具有同等交易条件的其他经营者实行价格歧视的。

第五条 经营者违反价格法第十四条的规定，相互串通，操纵市场价格，造成商品价格较大幅度上涨的，责令改正，没收违法所得，并处违法所得5倍以下的罚款；没有违法所得的，处10万元以上100万元以下的罚款，情节较重的处100万元以上500万元以下的罚款；情节严重的，责令停业整顿，或者由工商行政管理机关吊销营业执照。

除前款规定情形外，经营者相互串通，操纵市场价格，损害其他经营者或者消费者合法权益的，依照本规定第四条的规定处罚。

行业协会或者其他单位组织经营者相互串通，操纵市场价格的，对经营者依照前两款的规定处罚；对行业协会或者其他单位，可以处50万元以下的罚款，情节严重的，由登记管理机关依法撤销登记、吊销执照。

第六条 经营者违反价格法第十四条的规定，有下列推动商品价格过快、过高上涨行为之一的，责令改正，没收违法所得，并处违法所得5倍以下的罚款；没有违法所得的，处5万元以上50万元以下的罚款，情节较重的处50万元以上300万元以下的罚款；情节严重的，责令停业整顿，或者由工商行政管理机关吊销营业执照：

（一）捏造、散布涨价信息，扰乱市场价格秩序的；

（二）除生产自用外，超出正常的存储数量或者存储周期，大量囤积市场供应紧张、价格发生异常波动的商品，经价格主管部门告诫仍继续囤积的；

（三）利用其他手段哄抬价格，推动商品价格过快、过高上涨的。

行业协会或者为商品交易提供服务的单位有前款规定的违法行为的，可以处50万元以下的罚款；情节严重的，由登记管理机关依法撤销登记、吊销执照。

前两款规定以外的其他单位散布虚假涨价信息，扰乱市场价格秩序，依法应当由其他主管机关查处的，价格主管部门可以提出依法处罚的建议，有关主管机关应当依法处罚。

第七条 经营者违反价格法第十四条的规定，利用虚假的或者使人误解的价格手段，诱骗消费者或者其他经营者与其进行交易的，责令改正，没收违法所得，并处违法所得5倍以下的罚款；没有违法所得的，处5万元以上50万元以下的罚款；情节严重的，责令停业整顿，或者由工商行政管理机关吊销营业执照。

第八条 经营者违反价格法第十四条的规定，采取抬高等级或者压低等级等手段销售、收购商品或者提供服务，变相提高或者压低价格的，责令改正，没收违法所得，并处违法所得5倍以下的罚款；没有违法所得的，处2万元以上20万元以下的罚款；情节严重的，责令停业整顿，或者由工商行政管理机关吊销营业执照。

第九条 经营者不执行政府指导价、政府定价，有下列行为之一的，责令改正，没收违法所得，并处违法所得5倍以下的罚款；没有违法所得的，处5万元以上50万元以下的罚款，情节较重的处50万元以上200万元以下的罚款；情节严重的，责令停业整顿：

（一）超出政府指导价浮动幅度制定价格的；

（二）高于或者低于政府定价制定价格的；

（三）擅自制定属于政府指导价、政府定价范围内的商品或者服务价格的；

（四）提前或者推迟执行政府指导价、政府定价的；

（五）自立收费项目或者自定标准收费的；

（六）采取分解收费项目、重复收费、扩大收费范围等方式变相提高收费标准的；

（七）对政府明令取消的收费项目继续收费的；

（八）违反规定以保证金、抵押金等形式变相收费的；

（九）强制或者变相强制服务并收费的；

（十）不按照规定提供服务而收取费用的；

（十一）不执行政府指导价、政府定价的其他行为。

第十条 经营者不执行法定的价格干预措施、紧急措施，有下列行为之一的，责令改正，没收违法所得，并处违法所得5倍以下的罚款；没有违法所得的，处10万元以上100万元以下的罚款，情节较重的处100万元以上500万元以下的罚款；情节严重的，责令停业整顿：

（一）不执行提价申报或者调价备案制度的；

（二）超过规定的差价率、利润率幅度的；

（三）不执行规定的限价、最低保护价的；

（四）不执行集中定价权限措施的；

（五）不执行冻结价格措施的；

（六）不执行法定的价格干预措施、紧急措施的其他行为。

第十一条 本规定第四条、第七条至第九条规定中经营者为个人的，对其没有违法所得的价格违法行为，可以处10万元以下的罚款。

本规定第五条、第六条、第十条规定中经营者为个人的，对其没有违法所得的价格违法行为，按照前款规定处罚；情节严重的，处10万元以上50万元以下的罚款。

第十二条 经营者违反法律、法规的规定牟取暴利的，责令改正，没收违法所得，可以并处违法所得5倍以下的罚款；情节严重的，责令停业整顿，或者由工商行政管理机关吊销营业执照。

第十三条 经营者违反明码标价规定，有下列行为之一的，责令改正，没收违法所得，可以并处5000元以下的罚款：

（一）不标明价格的；

（二）不按照规定的内容和方式明码标价的；

（三）在标价之外加价出售商品或者收取未标明的费用的；

（四）违反明码标价规定的其他行为。

第十四条 拒绝提供价格监督检查所需资料或者提供虚假资料的，责令改正，给予警告；逾期不改正的，可以处10万元以下的罚款，对直接负责的主管人员和其他直接责任人员给予纪律处分。

第十五条 政府价格主管部门进行价格监督检查时，发现经营者的违法行为同时具有下列三种情形的，可以依照价格法第三十四条第（三）项的规定责令其暂停相关营业：

（一）违法行为情节复杂或者情节严重，经查明后可能给予较重处罚的；

（二）不暂停相关营业，违法行为将继续的；

（三）不暂停相关营业，可能影响违法事实的认定，采取其他措施又不足以保证查明的。

政府价格主管部门进行价格监督检查时，执法人员不得少于2人，并应当向经营者或者有关人员出示证件。

第十六条 本规定第四条至第十三条规定中的违法所得，属于价格法第四十一条规定的消费者或者其他经营者多付价款的，责令经营者限期退还。难以查找多付价款的消费者或者其他经营者的，责令公告查找。

经营者拒不按照前款规定退还消费者或者其他经营者多付的价款，以及期限届满没有退还消费者或者其他经营者多付的价款，由政府价格主管部门予以没收，消费者或者其他经营者要求退还时，由经营者依法承担民事责任。

第十七条 经营者有《中华人民共和国行政处罚法》第二十七条所列情形的，应当依法从轻或者减轻处罚。

经营者有下列情形之一的，应当从重处罚：

（一）价格违法行为严重或者社会影响较大的；

（二）屡查屡犯的；

（三）伪造、涂改或者转移、销毁证据的；

（四）转移与价格违法行为有关的资金或者商品的；

（五）经营者拒不按照本规定第十六条第一款规定退还消费者或者其他经营者多付价款的；

（六）应予从重处罚的其他价格违法行为。

第十八条 本规定中以违法所得计算罚款数额的，违法所得无法确定时，按照没有违法所得的规定处罚。

第十九条 有本规定所列价格违法行为严重扰乱市场秩序，构成犯罪的，依法追究刑事责任。

第二十条 经营者对政府价格主管部门作出的处罚决定不服的，应当先依法申请行政复议；对行政复议决定不服的，可以依法向人民法院提起诉讼。

第二十一条 逾期不缴纳罚款的，每日按罚款数额的3%加处罚款；逾期不缴纳违法所得的，每日按违法所得数额的2‰加处罚款。

第二十二条 任何单位和个人有本规定所列价格违法行为，情节严重，拒不改正的，政府价格主管部门除依照本规定给予处罚外，可以公告其价格违法行为，直至其改正。

第二十三条 有关法律对价格法第十四条所列行为的处罚及处罚机关另有规定的，可以依照有关法律的规定执行。

第二十四条 价格执法人员泄露国家秘密、经营者的商业秘密或者滥用职权、玩忽职守、徇私舞弊，构成犯罪的，依法追究刑事责任；尚不构成犯罪的，依法给予处分。

第二十五条 本规定自公布之日起施行。

国家发展计划委员会关于印发《招标代理服务收费管理暂行办法》的通知

（计价格〔2002〕1980 号）

各省、自治区、直辖市计委、物价局：

为规范招标代理服务收费行为，维护招标人、投标人和招标代理机构的合法权益，促进招标代理行业的健康发展，我委制定了《招标代理服务收费管理暂行办法》（以下简称《办法》），现印发给你们，请按照执行。

根据《国家计委、财政部关于整顿招标投标收费的通知》（计价格〔2002〕520 号）规定，实行由中标人付费的机电设备招标代理服务，可暂按现行有关规定执行，至 2004 年 1 月 1 日统一执行委托人付费。机电设备招标代理服务收费标准，自《办法》生效之日起按《办法》规定执行。

药品集中招标采购收费暂按现行有关规定执行。

特此通知。

附件：招标代理服务收费管理暂行办法

附件：

招标代理服务收费管理暂行办法

第一条　为规范招标代理服务收费行为，维护招标人、投标人和招标代理机构的合法权益，根据《中华人民共和国价格法》《中华人民共和国招标投标法》及有关法律、行政法规，制定本办法。

第二条　中华人民共和国境内发生的各类招标代理服务的收费行为，适用本办法。

第三条　本办法所称招标代理服务收费，是指招标代理机构接受招标人委托，从事编制招标文件（包括编制资格预审文件和标底）、审查投标人资格，组织投标人踏勘现场并答疑，组织开标、评标、定标，以及提供招标前期咨询、协调合同的签订等业务所收取的费用。

第四条　招标代理机构从事招标代理业务并收取服务费用的，必须符合《中华人民共和国招标投标法》第十三条、第十四条规定的条件，具备独立法人资格和相应资质。

第五条　招标代理机构应当在招标人委托的范围内办理招标事宜，遵守国家法律、法规及政策规定，符合招标人的技术、质量要求。

第六条　招标代理服务应当遵循公开、公正、平等、自愿、有偿的原则。严格禁止任何单位和个人为招标人强制指定招标代理机构或强制具有自行招标资格的单位接受代理并收取费用。

第七条　招标代理服务收费按照招标代理业务性质分为：

（一）各类土木工程、建筑工程、设备安装、管道线路敷设、装饰装修等建设以及附带服务的工程招标代理服务收费。

（二）原材料、产品、设备和固态、液态或气态物体和电力等货物及其附带服务的货物招标代理服务收费。

（三）工程勘察、设计、咨询、监理，矿业权、土地使用权出让、转让和保险等工程和货物以外的服务招标代理服务收费。

第八条　招标代理服务收费实行政府指导价。

第九条　招标代理服务收费采用差额定率累进计费方式。收费标准按本办法附件规定执行，上下浮动幅度不超过20%。具体收费额由招标代理机构和招标委托人在规定的收费标准和浮动幅度内协商确定。出售招标文件可以收取编制成本费，具体定价办法由省、自治区、直辖市价格主管部门按照不以营利为目的的原则制定。

第十条　招标代理服务实行"谁委托谁付费"。

工程招标委托人支付的招标代理服务费，可计入工程前期费用。货物招标和服务招标委托人支付的招标代理服务费，按照财政部门规定列支。

第十一条　招标代理机构按规定收取代理费用和出售招标文件后，不得再要求招标委托人无偿提供食宿、交通等或收取其他费用。

第十二条　招标代理业务中有超出本办法第三条规定的要求的，招标代理机构可与招标委托人就所增加的工作量，另行协商确定服务费用。

第十三条　招标代理服务收费纠纷，依据《中华人民共和国价格法》《中华人民共和国合同法》及其他有关法律、法规处理。

第十四条　各级政府有关部门或者其授权、委托的单位，按照国务院关于招标投标管理职能分工规定履行监督职能，要求招标投标当事人履行审批、备案及其他手续的，一律不得收费。

违反前款规定，擅自设立收费项目、制定收费标准以及收取管理性费用的，由政府价格主管部门予以处罚。

第十五条 招标代理机构违反本办法规定的，由政府价格主管部门依据《中华人民共和国价格法》和《价格违法行为行政处罚规定》予以查处。

第十六条 本办法由国家计委负责解释。

第十七条 本办法自 2003 年 1 月 1 日起执行。国家计委及有关部门，各省、自治区、直辖市价格主管部门制定的相关规定，凡与本办法相抵触的，自本办法生效之日起废止。

附：招标代理服务收费标准

附：

招标代理服务收费标准

服务类型 / 费率 / 中标金额(万元)	货物招标	服务招标	工程招标
100 以下	1.5%	1.5%	1.0%
100~500	1.1%	0.8%	0.7%
500~1000	0.8%	0.45%	0.55%
1000~5000	0.5%	0.25%	0.35%
5000~10000	0.25%	0.1%	0.2%
10000~100000	0.05%	0.05%	0.05%
1000000 以上	0.01%	0.01%	0.01%

注：1. 按本表费率计算的收费为招标代理服务全过程的收费基准价格，单独提供编制招标文件(有标底的含标底)服务的，可按规定标准的 30%计收。

2. 招标代理服务收费按差额定率累进法计算。例如：某工程招标代理业务中标金额为 6000 万元，计算招标代理服务收费额如下：

100 万元×1.0%=1 万元

(500-100)万元×0.7%=2.8 万元

(1000-500)万元×0.55%=2.75 万元

(5000-1000)万元×0.35%=14 万元

(6000-5000)万元×0.2%=2 万元

合计收费=1+2.8+2.75+14+2=22.55(万元)

国家发展计划委员会　国家环境保护总局关于规范环境影响咨询收费有关问题的通知

（计价格[2002]125号）

各省、自治区、直辖市及计划单列市、副省级省会城市计委、物价局、环境保护局：

为规范建设项目环境影响咨询收费行为，维护委托方和咨询机构合法权益，提高建设项目环境影响咨询工作质量，促进建设项目环境影响咨询业的健康发展，现就环境影响咨询收费有关问题通知如下：

一、环境影响咨询是建设项目前期工作中的重要环节。环境影响咨询内容包括：编制环境影响报告书(含大纲)、环境影响报告表和对环境影响报告书(含大纲)、环境影响报告表进行技术评估。

二、建设项目环境影响咨询收费属于中介服务收费，应当遵循公开、平等、自愿、有偿的原则，委托方根据国家有关规定可自主选择有资质的环境影响评价机构开展环境影响评价工作，相应的环境影响评估机构负责对评价报告进行技术评估工作。

三、建设项目环境影响咨询收费实行政府指导价，从事环境影响咨询业务的机构应根据本通知规定收取费用。具体收费标准由环境影响评价和技术评估机构与委托方以本通知附件规定基准价为基础，在上下20%的幅度内协商确定。

四、环境影响咨询收费以估算投资额为计费基数，根据建设项目不同的性质和内容，采取按估算投资额分档定额方式计费。不便于采取按估算投资额分档定额计费方式的，也可以采取按咨询服务工日计费。具体计费办法见本通知附件。

五、环境影响评价、技术评估机构从事建设项目环境影响评价、技术评估业务，必须符合国家及项目所在地的总体规划和功能区划，符合国家产业政策、环境标准和相关法律、法规规定。

六、编制环境评价大纲应符合以下服务质量标准：确定评价范围和敏感保护目标，选定评价标准，阐述工程特征和环境保护特征，识别和筛选污染因子、评价因子、设置评价专题，确定评价重点，选定监测项目、点位(断面)、频次和时段，确定预测评价模式和参数等。

编制环境影响报告书应符合以下服务质量标准：建设项目概况，周围环境现状，建设项目对环境可能造成影响的分析和预测，环境保护措施及其经济、技术论证，环境保护措施经济损益分析，对建设项目实施环境监测的建议和环境影响评价结论等。

七、评估建设项目环境影响评价大纲应符合以下服务质量标准：初步确认项目选址、选线的环境可行性是否正确，评价等级、评价范围、评价因子、评价方法和预测模式选用是否准确，敏感目标、监测布点、监测时间和频率选择是否合理，评价内容是否全面和评价重点是否突出等基本内容。评估建设项目环境影响报告应符合以下服务质量标准：源强和物料平衡是否准确，工艺是否符合清洁生产要求，环境影响预测参数选择是否合理和预测结果是否正确，污染防治、生态保护措施是否完善可行，经济指标是否适当，总量控制指标是否符合国家和地方要求，选址、选线环境可行性结论是否明确，评价结论是否可信，是否符合国家有关环境影响评价、评估技术导则、规范等。

八、环境影响评价、技术评估机构应当按照合同约定向委托方提供符合国家相关规定的咨询服务；服务成果达不到合同约定的，应当负责完善，造成损失的，根据损失程度应将部分或全部服务费退还委托方。

九、委托方应遵守本通知规定和项目合同约定，为接受委托的环境影响评价、评估机构提供履约必须的工作条件和资料。因委托方原因造成咨询业务量增加或延期的，环境影响评价、评估机构可与委托方协商加收费用。建设项目环境影响咨询服务费用计入建设项目前期工作费。

十、委托方和环境影响咨询服务机构违反本通知规定的，由价格主管部门依据《中华人民共和国价格法》及有关法规予以处罚。

附件 1：建设项目环境影响咨询收费标准

附件 2：建设项目环境影响咨询收费标准调整系数

附件 3：按咨询服务人员工日计算建设项目环境影响咨询收费标准

附件1：

建设项目环境影响咨询收费标准

估算投资额(亿元) 咨询服务项目(万元)	0.3以下	0.3~2	2~10	10~50	50~100	100以上
编制环境影响报告书(含大纲)	5~6	6~15	15~35	35~75	75~110	110
编制环境影响报告表	1~2	2~4	4~7	7以上		
评估环境影响报告书(含大纲)	0.8~1.5	1.5~3	3~7	7~9	9~13	13以上
评估环境影响报告表	0.5~0.8	0.8~1.5	1.5~2	2以上		

注：1. 表中数字下限为不含，上限为包含；

2. 估算投资额为项目建议书或可行性研究报告中的估算投资额；

3. 咨询服务项目收费标准根据估算投资额在对应区间内用插入法计算；

4. 以本表收费标准为基础，按建设项目行业特点和所在区域的环境敏感程度，乘以调整系数，确定咨询服务收费基准价。调整系数见附件2。

5. 评估环境影响报告书(含大纲)的费用不含专家参加审查会议的差旅费；环境影响评价大纲的技术评估费用占环境影响报告书评估费用的40%。

6. 本表所列编制环境影响报告表收费标准为不设评价专题的基准价，每增加一个专题加收50%。

7. 本表中费用不包括遥感、遥测、风洞试验、污染气象观测、示踪试验、地探、物探、卫星图片解读、需要动用船、飞机等的特殊监测等费用。

附件2：

建设项目环境影响咨询收费标准调整系数

表1　环境影响评价大纲、报告书编制收费行业调整系数

行业	调整系数
化工、冶金、有色、黄金、煤炭、矿产、纺织、化纤、轻工、医药、区域	1.2
石化、石油天然气、水利、水电、旅游	1.1
林业、畜牧、渔业、农业、交通、铁道、民航、管线运输、建材、市政、烟草、兵器	1
邮电、广播电视、航空、机械、船舶、航天、电子、勘探、社会服务、火电	0.8
粮食、建筑、信息产业、仓储	0.6

表 2　环境影响评价大纲、报告书编制收费环境敏感程度调整系数

环境敏感程度	调整系数
敏感	1.2
一般	0.8

附件 3：

按咨询服务人员工日计算建设项目环境影响咨询收费标准　　单位：元

咨询人员职级	人工日收费标准
高级咨询专家	1000~1200
高级专业技术人员	800~1000
一般专业技术人员	600~800

国家测绘局关于印发《测绘工程产品价格和测绘工程产品困难类别细则》的通知

（国测财字〔2002〕3 号）

各省、自治区、直辖市测绘主管部门，计划单列市测绘主管部门，局所属各单位，国务院各有关部门：

为规范测绘工程产品价格行为，保护测绘工程产品生产单位和用户的合法权益，根据《国家计委 财政部关于将部分行政事业性收费转为经营服务性收费的通知》（财综〔2001〕94 号）的精神，我局制定了《测绘工程产品价格》《测绘工程产品困难类别细则》。现印发给你们，自颁布之日起执行。对于执行中发现的问题，请及时向我们反映。

附件 1：测绘工程产品价格

附件 2：测绘工程产品困难类别细则

附件 1：

测绘工程产品价格

说明

一、为规范测绘工程产品价格，保护测绘工程产品用户和测绘单位的合法权益，促进测绘市场健康发展，根据《中华人民共和国价格法》，结合测绘工程产品的特点，制定《测绘工程产品价格》。

二、本价格适用于国内测绘市场上发生的测绘工程产品价格行为。

三、本价格由大地测量、摄影测量与遥感、地图编制、野外地形数据采集及成图、地图数字化、数字化数据入库、界线测绘和工程测量价格组成。分别按三种困难类别制定相应的价格。

四、因特殊要求增减工作内容，其价格按本“说明”栏的规定作相应调整。

五、有关测绘工程产品的图幅标准面积按下表执行

地形图比例尺	分幅方法	实地面积(平方公里)	图上面积(平方分米)	说明
1：1000000	纬差 4°、经差 6°		22	
1：500000	纬差 2°、经差 3°		22	
1：250000	纬差 1°、经差 1.5°		23	
1：100000	纬差 20′、经差 30′	1600	16	
1：50000	纬差 10′、经差 15′	400	16	
1：25000	纬差 5′、经差 7′30″	100	16	
1：10000	纬差 2′30″、经差 3′45″	25	25	
1：5000	纬差 1′15″、经差 1′52.5″，50×50 厘米矩形分幅	6.25	25	
1：2000	50×50 厘米矩形分幅	1.0	25	
1：1000	50×40 厘米矩形分幅	0.2	20	
1：500	50×40 厘米矩形分幅	0.05	20	

六、测绘工程产品价格调整系数按下表执行

系数名称	系数	适用范围
1. 高寒、高温、高原系数	6%	凡在高寒(≤-10℃)、高温(≥35℃)、高原(海拔≥2000 米)地区进行野外测绘作业时，按本系数增加价格
2. 特区系数	12%	在经济特区进行野外测绘作业的，按本系数增加价格
3. 带状系数	30(15)%	图上宽度≤1 分米(1 分米<图上宽度≤2.5 分米)的 1：500~1：10000 比例尺带状地形测绘，按本系数增加价格
4. 小面积系数	标准幅价格×1.3	测区面积不足 1 幅的 1：500~1：5000 比例尺地形图，按本公式计算价格
5. 修测系数	(修测面积÷标准面积)×标准幅价格×1.3	1：500~1：2000 比例尺地形图修测，按本公式计算价格
6. 面积系数	(实际面积—标准面积)÷标准面积×0.8	实际图幅面积比标准图幅面积增加(减少)部分，按本系数相应增加(减少)价格

七、为保护测绘单位和用户的合法权益，防止不正当竞争，确保测绘工程产品质量，测绘工程产品合同价格可在本价格基础上上下浮动10%。

八、本价格由国家测绘局负责解释和修订。

九、本价格自颁发之日起执行。

测绘工程产品价格

项目：大地测量　　　　　　　　　　　　　　　　　　　　　　单位：元

产品名称	计量单位	价格			主要工作内容	说明
		Ⅰ	Ⅱ	Ⅲ		
一、大地测量					1. 选点：选定点位，检查通视，竖旗或立高杆，确定标高和标石类型，绘点位略图，计算图形强度，填写选点手簿及点之记，测区内迁站。 2. 造埋：标石预制，把材料、沙石运到点上，清理现场，定坑位，挖坑架标，投影埋石，量觇标和标志的高差，外部修饰，检查通视，填写点之记和办理委托保管，测区内迁站。 3. 观测：仪器检验，觇标检查加固，投影，测天顶距和水平角，测定归心元素，量标高，手簿检查，整理，归心计算，编制记簿，拼图形，测区内迁站	1. 本表所列为一、二等选埋价格，三、四等选埋价格减15%。 2. 中型标每增加2米，高型标每增加4米，价格依次递增10%
(一)三角、导线测量						
1. 标石选埋						
低型标	点/座	12051.69	13957.93	15686.71		
中型标	4米/座	20491.08	22749.76	24429.46		
高型标	19米/座	42915.08	46193.68	48974.29		
2. 观测						
(1)三角一等	点	32863.44	42417.15	53599.36		
二等	点	7371.55	9204.19	11446.12		
三、四等	点	1940.78	2456.48	2961.27		
(2)导线一、二等	点	4672.01	6472.75	8692.82		
三、四等	点	1114.63	1362.33	1640.21		
(二)电磁波测距					仪器的野外检验，觇标检查，测距，记录气象元素，手簿检查和外业计算，成果概算，测区内迁站	测边网按相应等级导线边价格减40%
三角起始边一、二等	条	19067.25	25931.44	31341.17		
导线边一、二等	条	11567.72	17119.38	21452.53		
三、四等	条	4818.26	6692.16	8303.85		

续表

产品名称	计量单位	价格			主要工作内容	说明
		Ⅰ	Ⅱ	Ⅲ		
（三）重力测量					选定点位，埋设标石，绘点之记、拍摄点位照片，办理委托保管。测前准备，起始点上观测，本点观测，根据测绘成果或利用实测方法确定坐标和高程，编制略图，手簿检查，外业计算，成果整理，测区内迁站	1. 当测线边多于点数时，每条多余的测线边，一等增加30%的费用，基本点增加24%的费用。 2. 对无人烟区、沙漠腹地等特困作业地区，另行核定价格。 3. 基本点选埋价格增加50%
1. 标石选埋						
选点、埋标志	点	3462.31	4442.01			
选点、埋标石	点	10219.41	13247.59			
2. 重力点测定						
基本点	点	47504.92	54037.00			
一等	点	12910.06	15297.17			
二等、一等引点	点	6191.69	7806.56	8963.93		
重力加密点	点	1735.36	2720.18	3692.38		
水准点上重力测定	点		533.76			
长基线上格值测定	台次		14468.10			
短基线上格值测定	台次		2253.66			
重力点坐标高程测定	点		4156.04			
（四）水准测量					1. 选埋：选线选点，实地标定，坑探（基本点上），调查旧点标志，收集气象、水文和验潮站资料，选定联测路线，准备材料，预制标石，挖坑，埋设标石或标志，量标志间高差，设指示桩或指示盘，外部修饰，填写点之记，绘线路图，办理委托保管，测区内迁站。 2. 观测：仪器和标志的野外检查，找点，挖点，观测，埋点，手簿检查计算，编制高差表，测区内迁站	1. 单线闭合环线减30%。 2. 渡河水准按河宽划分困难类别：Ⅰ类河宽<500米，Ⅱ类河宽500~2000米，Ⅲ类河宽>2000米。河宽超过3000米时，每增加1000米，价格在Ⅲ类价格基础上增加20%。 3. 计量单位以实际测量单程公里数计算。 4. 跨峡谷、沟壑水准测量参照渡河水准执行
1. 标石选埋						
基本标石	点	7098.00	8325.83	9270.67		
普通标石	点	4833.36	6071.18	6899.87		
墙角标志	点		1839.19			
基岩标石（深度≤5米）	点		30270.36			
2. 水准观测						
一等	公里	1363.76	1630.29	1891.63		
二等	公里	1149.31	1365.60	1577.43		
三等	公里	567.52	734.62	899.43		
四等	公里	502.36	645.80	787.28		
渡河水准	处	38188.80	54244.32	67736.65		

续表

产品名称	计量单位	价格			主要工作内容	说明
		Ⅰ	Ⅱ	Ⅲ		
（五）全球定位系统（GPS）测量						
1. 标石选埋					选埋：图上选点，实地标定，绘点之记、环视图，标石制作，挖埋浇灌，标石外部整饰，委托保管。	辅助点、方位点选埋按普通标石价格50%计
基岩标石	点	26619.36	29844.45	33069.55		
基本标石	点	11779.06	14163.47	16547.89		
普通标石	点	5919.08	7587.57	8943.17		
2. 外业观测					观测：计划，准备，观测，量天线高，填写手簿，外业成果整理，检查，搬迁	
A级	点	24432.55	27232.09	31270.03		
B级	点	12438.00	14467.05	17115.29		
C级	点	4338.43	5957.02	7885.21		
D级	点	2855.33	3829.51	5422.89		
E级	点	1903.56	2553.00	3512.06		
（六）数据处理					检查分析外业资料，选择平差计算方案，数据准备，上机解算，精度估算，分析处理，成果调制，技术总结，整理上交	
1. 三角、导线点平差						
一、二等	点		468.55			
三、四等	点		255.78			
		390.99				
2. 水准网平差						
		217.01		526.71		
一、二等	公里		33.95			
				313.95		
三、四等	公里		21.28			
		26.20				
3. GPS测量计算						
		17.40		41.70		
A、B级	点		1494.04			
C、D级	点		848.70			
		1300.16				
4. 重力测量计算						
		654.81				
基本网	点		5034.27			
加密点	点		167.81			
5. 其他计算	工日		209.76			
（七）大地数据库					资料分析、整理，数据、点之记采集入库，库体建立，编写数据字典，检查修改	
1. 三角测量数据库	百点		1665.75			
2. 水准测量数据库	百点		1021.66			
3. 重力测量数据库	百点		44.42			
4. GPS测量数据库	百点		12526.43			

测绘工程产品价格

项目：摄影测量与遥感　　　　　　　　　　　　　　　　　　单位：元

产品名称	计量单位	价格			主要工作内容	说明
		Ⅰ	Ⅱ	Ⅲ		
二、摄影测量与遥感						
（一）布设对空标志						
1：25000	点	3401.84	4182.83	4706.28	选点，清理场地，标志制作、安置	
1：10000～1：5000	点	2387.75	2906.75	3426.27		
1：2000～1：500	点	2073.38	2470.00	2731.99		
（二）测图控制						
1. 高级地形控制点测量					选点、埋石立杆、量标高，外业观测，成果计算，检查，测区内搬迁。	
解析点	点	3599.01	4966.54	5786.79		
电磁波测距导线	点	2584.23	3957.00	4781.37		
等外水准测量	公里	211.89	287.86	392.02		
2. 像片连测						1. 1：50000～1：5000为区域网布点价格，全野外布点时，增加50%。2. 1：2000～1：500为全野外布点价格，区域网布点时，减30%
1：50000	幅	7724.10	10335.22	12946.35	技术设计，像片选点，野外判读刺点，打桩立旗，外业观测，成果计算，像片整饰，绘点位略图和点位说明，手簿及成果检查整理，填写图历表，测区内搬迁	
1：25000	幅	5324.68	7383.82	9032.59		
1：10000	幅	3533.99	5040.62	6685.24		
1：5000	幅	2528.57	3758.10	4850.21		
1：2000	幅	2796.30	3758.10	4582.49		
1：1000	幅	2131.70	2956.08	3646.60		
1：500	幅	1467.30	2282.87	2830.71		
（三）像片调绘						1. 室内外综合判调减20%。2. 全野外测定碎部点高程时，另加像片调绘价格的30%
1：50000	幅	27331.96	37657.66	49002.96	绘制调绘范围线，地物、地貌的调绘，补测新增地物，量注比高，调查地名和境界，编写地名表（少数民族地区），着墨整饰，抄接边，检查修改，填写图历表，测区内搬迁	
1：25000	幅	13535.91	17509.13	21343.83		
1：10000	幅	8120.97	10999.81	13196.40		
1：5000	幅	4043.27	6511.73	8289.65		
1：2000	幅	2472.72	3430.95	4255.33		
1：1000	幅	1402.28	1807.99	2083.97		
1：500	幅	729.42	1148.09	1424.62		

续表

产品名称	计量单位	价格			主要工作内容	说明
		Ⅰ	Ⅱ	Ⅲ		
(四)像片图测图					扩展高程控制网，测绘地貌和新增地物、调绘地物和境界，调查注记地名，着墨整饰，绘制高程透写图，抄接边，检查修改，资料整理，测区内搬迁	
1：10000	幅	32601.22	44680.95	56198.06		
1：5000	幅	21157.21	28576.04	35157.56		
1：2000	幅	8500.01	12101.06	15263.98		
1：1000	幅	6394.19	9260.66	11871.77		
1：500	幅	4384.30	6839.79	8903.07		
(五)模拟摄影测量线划地图					晒印象片，空三加密，立体测图，编(刻)绘图，检查修改	
1：50000	幅	8025.79	11462.85	14183.87		
1：25000	幅	6161.50	8704.74	10852.90		
1：10000	幅	5474.99	8196.02	10344.18		
1：5000	幅	4445.57	6438.87	8443.83		
1：2000	幅	3843.28	5705.03	7709.99		
1：1000	幅	3023.55	4455.66	6317.41		
1：500	幅	2625.88	3914.78	5490.11		
(六)解析摄影测量					晒印象片，空中三角测量，数据采集，图形与属性编辑，建拓扑关系，接边，回放检查，修改，原数据制作，刻盘	若为 CAD 产品，价格减 23%
1：50000	幅	11252.42	18492.08	26737.25		
1：25000	幅	10311.69	14735.92	19160.16		
1：10000	幅	9741.31	13780.83	17820.35		
1：5000	幅	8280.12	11713.71	15147.29		
1：2000	幅	6175.73	8609.92	12058.37		
1：1000	幅	4283.33	6717.53	9760.28		
1：500	幅	3938.00	5771.33	8408.37		
(七)数字摄影测量	幅	11461.97	18626.70	26814.94	DLG：资料准备，扫描，空中三角测量，影像匹配，平控三维分要素数据采集，图形与属性编辑，建拓扑关系，元数据制作，回放检查，刻盘	1：50000 成图航摄比例尺为 1：35000、32 个像对；1：10000 成图航摄比例尺为 1：35000 时，2 个像对；1：10000 成图航摄比例尺为 1：20000 时，6 个像对
1. 数字线	幅	9842.94	13748.96	17654.99		
划地图	幅	8326.83	11616.12	14905.40		
(DLG)	幅					
1：50000	幅					
1：10000	幅					
1：5000	幅					
	幅					

续表

产品名称	计量单位	价格			主要工作内容	说明
		Ⅰ	Ⅱ	Ⅲ		
1∶2000	幅	6133.27	8404.27	11707.54		3.1∶50000和1∶10000成图，像对数每增（减）10%，价格增（减）5%。
1∶1000	幅	4182.46	6453.46	9343.82		
1∶500	幅	3784.00	5478.06	7955.50		
2. 数字高程模型（DEM）					立体纠正DEM、DOM：资料准备，扫描，空中三角测量，影像匹配，生成DEM单模型，数字微分纠正计算，生成DOM单模型，影像拼接增强，图面整饰，回放检查，元数据制作，刻盘记带。	4. DEM的困难类别按其精度划分：Ⅰ类为三级精度：Ⅱ类为二级精度：Ⅲ类为一级精度。
1∶50000	幅	4499.83	6950.58	9401.32		5. DLG若为CAD产品，价格减少20%
1∶10000	幅	2027.09	3052.67	4078.24		
1∶5000	幅	1818.00	2532.10	3252.15		
1∶2000	幅	1329.05	1820.30	2544.00		
1∶1000	幅	770.34	1279.15	2040.03		
1∶500	幅	534.01	1043.62	1702.43		
3. 数字正射影像图（DOM）					单片纠正DOM：资料准备，扫描，空中三角测量，内定向，后方交会，单片微分纠正，影像数字镶嵌，图面整饰，回放检查，元数据制作，刻盘。	6. DLG成图，若需房檐改正，价格增加20%。
1∶50000						7.1∶500～1∶2000DLG为建筑工业区价格，若为一般地区价格减30%
彩色航片						
立体纠正	幅		10080.54			
单片纠正	幅		8307.38			
黑白航片						
立体纠正	幅		5040.27			
单片纠正	幅		4153.69			
卫星图像纠正					卫片DOM：资料准备，多光谱数据融合，精校正，图廓裁切，图面整饰，回放检查，元数据制作，刻盘	
多光谱数据	幅		1594.18			
全色或单波段数据	幅		956.51			

续表

产品名称	计量单位	价格			主要工作内容	说明
		Ⅰ	Ⅱ	Ⅲ		
1：10000						
彩色航片						
立体纠正	幅		6340.83			
单片纠正	幅		5442.57			
黑白航片						
立体纠正	幅		2113.61			
单片纠正	幅		1814.19			
1：5000						
彩色航片	幅		3184.65			
黑白航片	幅		1061.55			
1：2000～1：500						
彩色航片	幅		2729.67			
黑白航片	幅		909.89			

测绘工程产品价格

项目：野外地形数据采集及成图　　　　单位：元

产品名称	计量单位	价格			主要工作内容	说明
		Ⅰ	Ⅱ	Ⅲ		
三、野外地形数据采集及成图						
(一)数字线划地图					图根控制，野外采集数据，属性调查，绘示意图，室内编辑，接边，回放检查，整理资料	
(DLG)	幅	27306.54	45459.97	72521.73		
1：2000	幅	15842.20	27639.66	39437.13		
1：1000	幅	9353.67	13456.15	19340.32		
1：500						
(二)数字高程模型					图根控制，采集高程数据，编辑处理，接边，内插 DEM，检查，资料整理	
(DEM)						
1：10000	幅	11448.31	15638.23	21906.77		
1：5000	幅	9092.84	11637.76	16261.28		
1：2000	幅	6649.09	9092.00	12722.67		

续表

产品名称	计量单位	价格			主要工作内容	说明
		Ⅰ	Ⅱ	Ⅲ		
四、地图编制	幅	12680.88	20713.67	26847.81	熟悉编辑指示，制定编图计划，编写图幅编绘说明，基本资料加工，增补现势资料，展绘图廓、坐标网、控制点，兰图拼帖，编制图例及各要素指标图，编绘各要素，书写注记，抄接边，图廓外整饰，填写图历簿，检查，修改。	
(一)地形图	幅	9764.55	15898.73	21010.50		
1. 编绘	幅	9326.48	15022.43	19403.96		
1：1000000	幅	6118.08	9185.12	11667.97		
1：500000	幅	5533.86	7578.55	9696.28		
1：250000	幅	4803.56	6630.64	8308.84		
1：100000	幅	4073.38	5828.98	7213.46		
1：50000	幅	3050.97	4803.62	6264.12		
1：25000	幅	1845.28	4073.59	5546.99		
1：10000	幅	1559.66	2946.87	4160.87		
1：5000	幅					
1：2000	幅					
1：1000	幅					

测绘工程产品价格

项目：地图编制　　　　单位：元

产品名称	计量单位	价格			主要工作内容	说明
		Ⅰ	Ⅱ	Ⅲ		
2. 清绘(刻绘)					熟悉编辑指示，准备工作，编注记表，分版或一版清(刻)绘各要素，剪贴注记，抄接边，作分色样图，填写图历簿，检查，修改。	
1：1000000	幅	7948.08	14374.31	18609.81		
1：500000	幅	6522.65	11634.39	15139.61		
1：250000	幅	6227.14	10246.91	13094.93		
1：100000	幅	3928.79	6194.45	7894.35		
1：50000	幅	3490.59	5316.25	6849.80		
1：25000	幅	2906.38	4732.04	6119.54		
1：10000	幅	2614.28	4220.89	5535.32		
1：5000	幅	2176.13	3271.54	4513.00		
1：2000	幅	1733.44	2860.18	3986.89		
1：1000	幅	1213.40	2080.13	2946.87		
1：500	幅	866.73	1300.06	1906.78		

续表

产品名称	计量单位	价格			主要工作内容	说明
		Ⅰ	Ⅱ	Ⅲ		
3. 连编带绘(刻)					熟悉编辑指示，制订编图计划，编写图幅技术说明，增补现势资料，展绘图廓、坐标网、控制点，兰图拚贴，编制图例及各要素指标图，做各要素草图，连编带绘(刻)各要素，编注记表，剪贴注记，抄接边，做分色样图(或做撕膜版)，填写图历簿，检查，修改	
1：1000000	幅	14141.40	23488.63	30572.08		
1：500000	幅	10786.93	18016.47	23858.52		
1：250000	幅	10490.09	16921.11	22032.88		
1：100000	幅	7286.47	11521.93	14954.13		
1：50000	幅	6264.05	9185.11	12106.14		
1：25000	幅	5533.86	7872.28	10061.46		
1：10000	幅	5095.66	6848.33	8673.96		
(二)普通地理图					编绘：熟悉编辑指示，收集、整理、分析、增补制图资料，基本资料加工，展绘图廓、坐标网，拼贴兰图，编绘地图各要素，书写注记，绘制图例，整饰，填写图历簿，检查，修改。清绘：与地形图清绘(刻绘)相同	1. 计量单位为图上面积；2. 图集图册编绘加15%；3. 连编带绘(刻)按编绘价格的120%计
1. 全国图、世界图	平方分米	433.54	866.72	1343.45		
编绘	平方分米	234.03	468.07	728.08		
清绘						
2. 省、市、自治区图	平方分米	303.29	585.00	906.43		
编绘	平方分米	173.35	337.97	546.03		
清绘						
3. 地、县、乡图						
编绘	平方分米	242.76	390.12	528.75		
清绘	平方分米	156.04	246.89	337.97		
(三)数字制图					原稿准备(不含原稿编篡)，扫描，图形处理，分层矢量化，符号化，编辑整理，回放校对，检查修改，输出印刷胶片	
1. 普通地理图	平方分米	363.31	462.14	659.77		
2. 地形图						
1：5000	幅	2327.34	4452.92	6578.50		
1：2000	幅	1660.14	3592.49	5524.84		
1：1000	幅	1156.93	2123.11	3089.28		

测绘工程产品价格

项目：地图数字化　　　　　　　　　　　　　　　　　　单位：元

产品名称	计量单位	价格 I	价格 Ⅱ	价格 Ⅲ	主要工作内容	说明
五、地图数字化						
(一)数字线划地图(DLG)					资料准备，预处理，扫描、手扶数字化，图形编辑，绘审校草图，接边，属性数据录入，建拓扑关系，建符号库，压缩存储，刻盘，绘图	1. 系全要素采集。2. DLG若为CAD产品，价格减少20%
1：1000000	幅	11686.98	25798.35	39909.74		
1：250000	幅	11245.46	24975.46	38896.14		
1：50000 彩图	幅	9603.45	18824.12	27660.60		
1：50000 分要素二底图	幅	8004.80	14728.20	21451.62		
1：10000	幅	5806.60	8688.06	11569.51		
1：5000	幅	4997.04	7504.32	10011.62		
1：2000	幅	3423.57	5352.25	7280.93		
1：1000	幅	2505.77	3855.85	5591.67		
1：500	幅	1617.01	2774.21	4124.29		
(二)数字高程模型(DEM)					资料准备，地貌及相关水涯线扫描，细化，矢量化，赋高程值，采集离散高程点，坐标转换，TIN内插，DEM生成，检查修改，刻盘，绘图	
1：1000000	幅	5611.96	10786.70	16153.09		
1：250000	幅	5185.45	10360.21	15726.60		
1：50000 彩图	幅	3216.55	6295.40	9181.81		
1：50000 分要素二底图	幅	2520.32	4829.45	7138.58		
1：10000	幅	1799.70	2954.26	3916.39		
1：5000	幅	1355.87	2318.01	3280.15		

续表

产品名称	计量单位	价格			主要工作内容	说明
		Ⅰ	Ⅱ	Ⅲ		
（三）数字栅格地图（DRG）					资料准备，坐标系转换，扫描，影像预处理，色彩归化，几何纠正，裁切拼接，图例处理，图廓注记叠合，元数据生成，绘图，检查，数据压缩存贮，刻盘	
1：1000000～1：250000						
彩图	幅		1660.43			
分要素二底图	幅		996.26			
1：100000～1：10000						
彩图	幅		1217.65			
分要素二底图	幅		664.17			
1：2000～1：500	幅		461.12			

测绘工程产品价格

项目：数字化数据入库　　单位：元

产品名称	计量单位	价格			主要工作内容	说明
		Ⅰ	Ⅱ	Ⅲ		
六、数字化数据入库						
（一）地形数据库					入库数据检查，数据整理，投影转换，数据库体建立，检查，编写数据字典	
1：1000000	幅		2988.92			
1：250000	幅		2717.20			
1：50000	幅		1902.05			
1：10000	幅		1086.89			
1：2000	幅		626.76			
1：1000	幅		470.07			
1：500	幅		313.38			
（二）高程模型数据库					入库数据检查，数据整理，投影转换，数据库体建立，检查，编写数据字典	
1：1000000	幅		1130.89			
1：250000	幅		904.72			
1：50000	幅		581.46			
1：10000	幅		232.58			

续表

产品名称	计量单位	价格			主要工作内容	说明
		Ⅰ	Ⅱ	Ⅲ		
(三)地名数据库					入库数据检查，部分数据项自动生成，数据整理，数据库体建立，编写数据字典	
1∶1000000	幅		662.80			
1∶250000	幅		662.80			
1∶50000	幅		460.52			
1∶10000	幅		230.25			
(四)正射影像数据库					入库数据检查，影像拼接，数据整理，数据库体建立，编写数据字典	
1∶250000	幅		710.40			
1∶50000	幅		473.60			
1∶10000	幅		204.76			
1∶2000	幅		77.72			

测绘工程产品价格

项目：界线测绘　　　　单位：元

产品名称	计量单位	价格			主要工作内容	说明
		Ⅰ	Ⅱ	Ⅲ		
七、界线测绘					控制测量，界址点测量，地籍要素数据采集编辑，面积量算，地籍图(含宗地)绘制，检查修改，成果整理	不含地籍调查费用
(一)地籍测绘						
1∶2000	平方公里	182037.48	227142.79	292223.77		
1∶1000	平方公里	204733.62	255367.63	328166.44		
1∶500	平方公里	227527.11	284264.50	372196.76		
(二)房产测绘					控制测量，界址点测量，地籍调绘，面积量算，分幅平面图测绘，分丘平面图绘制，检查修改，资料整理(1∶1000、1∶500房产测绘不含房产调查和分户图绘制费用)。	Ⅰ类：住宅用房；Ⅱ类：商业楼用房；Ⅲ类：多功能综合楼用房
1∶1000	平方公里	245516.16	306441.15	384605.44		
1∶500	平方公里	272773.37	339706.14	425793.69		
分户图	平方米	1.36	2.04	2.72	分层分户平面图测绘，房产调查，分户面积、共有面积、分摊面积测算，检查修改，资料整理	

续表

产品名称	计量单位	价格			主要工作内容	说明
		Ⅰ	Ⅱ	Ⅲ		
(三)境界测绘 省、市、县界	公里	3320.49	4032.12	4743.76	收集资料，界点测定，界点摄影，填写界桩登记表，边界地物地貌修测，边界线标绘，绘边界协议书附图，编写边界走向和界桩位置说明，检查修改，资料整理	

测绘工程产品价格

项目：工程测量　　　　单位：元

产品名称	计量单位	价格			主要工作内容	说明
		Ⅰ	Ⅱ	Ⅲ		
八、工程测量						
(一)控制测量					准备工作，选点，埋石，观测，测定气象元素，绘点之记，计算	
二等三角	点	7705.15	11719.69	17352.87		适用于市政工程控制测量。
三等三角	点	5290.13	7924.18	11135.76		
四等三角	点	2828.10	4160.91	5475.72		
一、二级小三角	点	1216.26	1872.99	2442.14		
一、二、三级导线	公里	2976.40	6378.30	9567.35		
三等电磁波测距导线	点	3941.63	6359.10	9081.75		
四等电磁波测距导线	点	2262.10	3661.72	5061.33		
二、三、四等水准选埋	点	1016.88	1509.51	2061.63		水准测量以实际测量的单程公里数计算
二等水准测量	公里	837.61	1164.93	1728.54		
三、四等水准测量	公里	522.10	675.85	842.70		
等外水准测量	公里	250.74	378.98	486.05		
GPS 测量						B 级以上按大地测量中 GPS 测量价格计算
C 级	点	6221.23	8488.39	10755.53		
D 级	点	5269.61	7212.01	9154.40		
E 级	点	4683.79	6360.78	7983.47		

续表

产品名称	计量单位	价格			主要工作内容	说明
		Ⅰ	Ⅱ	Ⅲ		
(二)平板仪测图						
一般地区					图根点控制测量，碎部测量，着铅，检查修改，成果整理	
1∶2000	平方公里	12326.65	19845.22	29154.30		
1∶1000	平方公里	27964.89	46750.20	66181.92		
1∶500	平方公里	77267.44	127901.81	179387.50		
建筑、工业区						
1∶2000	平方公里	23489.01	40030.52	57801.46		
1∶1000	平方公里	58817.80	92916.14	131792.30		
1∶500	平方公里	159890.53	226992.29	301456.34		
1∶200	幅	1456.48	1893.43	2621.67		
(三)管线测量					布设图根导线，引测水准，测管线起点、折点、交点、终点、分支点、变坡点和变径点的座标和高程，管线调查，管线探测，资料整理，计算，展点，清绘，绘略图，写说明，检查修改	计量系按管线长度累计计算(不足0.5公里时以0.5公里计)
竣工测量	公里	4206.88	5757.97	7896.38		
管线探测	公里	8119.00	12683.23	17247.47		
(四)滩涂测量					准备、控制，测深，测障碍物，验潮，修测岸线，绘图，检查修改，整理成果	
1∶10000	平方公里	19376.11	25534.12	31692.14		
1∶5000	平方公里	32059.13	40823.32	50000.30		
1∶2000	平方公里	413345.20	54286.74	67228.28		
1∶1000	平方公里	63469.27	88175.71	112882.16		
1∶500	平方公里	199045.18	239820.09	284167.35		
(五)水下地形测量						
1. 浅海(水深5~30米)测量						
1∶10000	平方公里		23364.24			

续表

产品名称	计量单位	价格			主要工作内容	说明
		Ⅰ	Ⅱ	Ⅲ		
1：5000	平方公里		41205.48		资料准备，定位，测深，验潮，导航，资料整理，数据录入，处理，潮汐改正，坐标改正，编辑，注记整饰，绘图，检查修改，整理成果。	
1：2000	平方公里		58622.19			
1：500	平方公里		389352.71			
扫海	平方公里		471458.64			
2. 河湖测量						
1：10000	平方公里	11303.10	16494.19	21685.28	检校仪器，展点，确定测站位置，测注高程点，测绘水边线及水下地形，接边，整饰，外业资料检查整理，测区内迁站	
1：5000	平方公里	21195.51	35682.75	45959.85		
1：2000	平方公里	37214.26	58229.02	79243.78		
1：1000	平方公里	65553.07	103796.67	142040.27		
1：500	平方公里	170817.60	269298.08	367778.56		
3. 河道断面测量						
(1)纵断面 1：10000	公里	2404.49	2749.04	3287.26		
(2)横断面					准备工作，检校仪器，测量断面点的位置和高程，整理计算，编制成果表，绘制断面图和平面图，检查修改，着墨整饰，编写资料说明，测区内迁站	计量按断面宽度累计计算
平均宽度 200 米以内						
1：10000	公里	5688.61	7106.87	8776.22		
1：2000	公里	6751.07	8974.66	11198.23		
平均宽度 200~500 米						
1：10000	公里	5461.49	6218.51	8152.62		
1：2000	公里	5954.49	8158.78	10027.84		
平均宽度 500~1000 米						
1：10000	公里	4384.98	5774.34	7411.47		
1：2000	公里	4864.16	6527.02	8022.27		
平均宽度 1000~2000 米						
1：10000	公里	3913.13	5551.15	6278.98		
1：2000	公里	4480.35	5969.21	7122.85		

续表

产品名称	计量单位	价格			主要工作内容	说明
		Ⅰ	Ⅱ	Ⅲ		
平均宽度2000米以上						
1∶10000	公里	3196.63	4625.96	6086.03		
1∶2000	公里	3816.36	5116.47	6955.47		
(3)淤积断面1∶2000	公里	7534.12	9788.76	12043.42		
4. 渠、堤测量						
(1)纵断面1∶10000	公里	1747.93	2272.29	3495.81	纵断面中心导线测量，纵横断面测量，资料整理，编制成果表，绘制纵横断面图及检校，测区内迁移	
(2)横断面						
平均宽度200米以内						
1∶10000	公里	1346.52	1923.60	3318.21		
1∶2000	公里	1827.42	2596.86	4376.19		
平均宽度200~500米						
1∶10000	公里	1885.13	2693.04	4645.50		
1∶2000	公里	2558.39	3635.60	6126.66		
平均宽度500~800米						
1∶10000	公里	2289.08	3270.12	5640.96		
1∶2000	公里	3106.61	4414.66	7439.52		
(六)市政工程测量						
1. 工程线路测量	公里	4897.12	6804.20	12452.97	踏勘，选线，定线(不含纵横断面施测)，检校仪器，测定起点，终点，折点，交点，方向点，测曲线，联测条件座标，计算数据，绘中线示意图，编制成果表，资料整理，编写施测报告，检查修改。	不足0.5公里时以0.5公里计
2. 规划道路定线	公里	3627.49	4586.28	5545.06	踏勘，准备资料，补充控制点，拨地钉桩，钉方向桩。联测条件座标，计算导线，计算垂距，解算交点坐标，检查验收，整理资料，抄录成果通知单	

续表

产品名称	计量单位	价格			主要工作内容	说明
		Ⅰ	Ⅱ	Ⅲ		
（七）变形测量	组工日		2454	4265	踏勘，技术设计，埋石（沉降观测点），观测（含定期观测），内业计算，绘制形变曲线图，编写说明，检查修改，资料整理	1. 班组定员5人。 2. Ⅲ类系指从基础层开始测量
（八）其他 1. 建筑用地拨地定桩 2. 建筑物放线 3. 人防洞室（含天然洞穴）测量 4. 极坐标细部点测量	件（4点） 件 公里 点	2030. 75	2594. 32 2594. 32 2964. 66 60. 00	3898. 58	仪器检验，踏勘，选点，测角，测距，测高，测细部点座标，内业计算，绘制平面位置图，提交图纸资料	1. 人防工事宽度按10m考虑，宽度小于10m时，价格增加30%。 2. 长度不足0. 5公里时以0. 5公里计

附件2：

测绘工程产品困难类别细则

一、本细则作为《测绘工程产品价格》中各个测绘工作项目困难类别的划分依据。

二、本细则所列项目的困难类别是依据测绘工作内容、技术工艺条件和测区自然环境条件划分成三类的。

三、本细则将《测绘工程产品价格》中259个测绘工作项目按困难类别异同综合成33项，其中17项列表诠释；16项用图标明地域分布。

四、本细则中困难类别图的最小图块为1：100000地形图分幅网格。

五、本细则由国家测绘局负责解释和修订。

六、本细则自颁布之日起执行。

国家发展计划委员会关于印发《建设项目前期工作咨询收费暂行规定》的通知

（计价格[1999]1283号）

各省、自治区、直辖市物价局(委员会)、计委(计经委)，中国工程咨询协会：

为规范建设项目前期工作咨询收费行为，维护委托人和工程咨询机构的合法权益，促进工程咨询业的健康发展，我委制定了《建设项目前期工作咨询收费暂行规定》，现印发给你们，请按照执行，并将执行中遇到的问题及时反馈我委。

建设项目前期工作咨询收费暂行规定

第一条 为提高建设项目前期工作质量，促进工程咨询社会化、市场化，规范工程咨询收费行为，根据《中华人民共和国价格法》及有关法律法规，制定本规定。

第二条 本规定适用于建设项目前期工作的咨询收费，包括建设项目专题研究、编制和评估项目建议书或者可行性研究报告，以及其他与建设项目前期工作有关的咨询服务收费。

第三条 建设项目前期工作咨询服务，应遵循自愿原则，委托方自主决定选择工程咨询机构，工程咨询机构自主决定是否接收委托。

第四条 从事工程咨询的机构，必须取得相应工程咨询资格证书，具有法人资格，并依法纳税。

第五条 工程咨询机构应遵守国家法律、法规和行业行为准则，开展公平竞争，不得采取不正当手段承揽业务。

第六条 工程咨询机构提供咨询服务，应遵循客观、科学、公平、公正原则，符合国家经济技术政策、规定，符合委托方的技术、质量要求。

第七条 工程咨询机构承担编制建设项目的项目建议书、可行性研究报告、初步设计文件的，不能再参与同一建设项目的项目建议书、可行性研究报告以及工程设计文件的咨询评估业务。

第八条 工程咨询收费实行政府指导价。具体收费标准由工程咨询机构与委托方根据本规定的指导性收费标准协商确定。

第九条 工程咨询收费根据不同工程咨询项目的性质、内容，采取以下方法计取费用：

（一）按建设项目估算投资额，分档计算工程咨询费用（见附件一、二）。

（二）工程咨询工作所耗工日计算工程咨询费用（见附件三）。

按照前款两种方法不便于计费的，可以参照本规定的工日费用标准由工程咨询机构与委托方议定。但参照工日计算的收费额，不得超过按估算投资额分档计费方式计算的收费额。

第十条 采取按建设项目估算投资额分档计费的，以建设项目的项目建议书或者可行性研究报告的估算投资为计费依据。使用工程咨询机构推荐方案计算的投资与原估算投资发生增减变化时，咨询收费不再调整。

第十一条 工程咨询机构在编制项目建议书或者可行性研究报告时需要勘察、试验，评估项目建议书或者可行性研究报告时需要对勘察、试验数据进行复核，工作量明显增加需要加收费用的，可由双方另行协商加收的费用额和支付方式。

第十二条 工程咨询服务中，工程咨询机构提供自有专利、专有技术，需要另行支付费用的，国家有规定的，按规定执行；没有规定的，由双方协商费用额和支付方式。

第十三条 建设项目前期工作咨询应体现优质优价原则。优质优价的具体幅度由双方在规定的收费标准的基础上协商确定。

第十四条 工程咨询费用，由委托方与工程咨询机构依据本规定，在工程咨询合同中以专门条款确定费用数额及支付方式。

第十五条 工程咨询机构按合同收取咨询费用后，不得再要求委托方无偿提供食宿、交通等便利。

第十六条 工程咨询机构对外聘专家的付费按工日费用标准计算并支付，外聘专家，如有从业单位的，专家费用应支付给专家从业单位。

第十七条 委托方应按合同规定及时向工程咨询机构提供开展咨询业务所必须的工作条件和资料。由于委托方原因造成咨询工作量增加或延长工程咨询期限的，工程咨询机构可与委托方协商加收费用。

第十八条 工程咨询机构提交的咨询成果达不到合同规定标准的，应负责完善，委托方不另支付咨询费。

第十九条 工程咨询合同履行过程中，由于咨询机构失误造成委托方损失的，委托方可扣减或者追回部分以至全部咨询费用，对造成的直接经济损失，咨询机构应部分或全部赔偿。

第二十条 涉外工程咨询业务中有特殊要求的，工程咨询机构可与委托方参照国外有关收费办法协商确定咨询费用。

第二十一条 建设项目投资额在3000万元以下的和除编制、评估项目建议书或者可行性研究报告以外的其他建设项目前期工作咨询服务的收费标准，由各省、自治区、直辖市价格主管部门会同同级计划部门制定。

第二十二条 本规定由各级价格主管部门监督执行。

第二十三条 本规定由国家发展计划委员会负责解释。

第二十四条 本规定自发布之日起执行。

附件1：

按建设项目估算投资额分档收费标准 单位：万元

估算投资额 咨询评估项目	3000万元～ 1亿元	1亿元～ 5亿元	5亿元～ 10亿元	10亿元～ 50亿元	50亿元 以上
一、编制项目建议书	6～14	14-～37	37～55	55～100	100～125
二、编制可行性研究报告	12～28	28～75	75～110	110～200	200～250
三、评估项目建议书	4～8	8～12	12～15	15～17	17～20
四、评估可行性研究报告	5～10	10～15	15～20	20～25	25～35

注：1. 建设项目估算投资额是指项目建议书或者可行性研究报告的估算投资额。

2. 建设项目的具体收费标准，根据估算投资额在相对应的区间内用插入法计算。

3. 根据行业特点和各行业内部不同类别工程的复杂程度，计算咨询费用时可分别乘以行业调整系数和工程复杂程度调整系数（见附表二）。

附件 2：

按建设项目估算投资额分档收费的调整系数

行　　业	调整系数 （以表一所列收费标准为 1）
一、行业调整系数	
1. 石化、化工、钢铁	1.3
2. 石油、天然气、水利、水电、交通（水运）、化纤	1.2
3. 有色、黄金、纺织、轻工、邮电、广播电视、医药、煤炭、火电（含核电）、机械（含船舶、航空、航天、兵器）	1.0
4. 林业、商业、粮食、建筑	0.8
5. 建材、交通（公路）、铁道、市政公用工程石化、化工、钢铁、石油、天然气、水利、水电、交通（水运）、化纤、有色、黄金、纺织、轻工、邮电、广播电视、医药、煤炭、火电（含核电）、机械（含船舶、航空、航天、兵器）、林业、商业、粮食、建筑、建材、交通（公路）、铁道、市政公用工程	0.7
二、工程复杂程度调整系数	0.8～1.2

注：工程复杂程度具体调整系数由工程咨询机构与委托单位根据各类工程情况协商确定。

附件 3：

工程咨询人员工日费用标准

单位：元

咨询人员职级	工日费用标准
一、高级专家	1000～1200
二、高级专业技术职称的咨询人员	800～1000
三、中级专业技术职称的咨询人员	600～800